Treasures for Scholars Worldwide

洱源縣圖書館藏古籍善本彙編

（下）

洱源縣圖書館 編

广西师范大学出版社
GUANGXI NORMAL UNIVERSITY PRESS
·桂林·

本書得到『雲南省哲學社會科學學術著作出版專項經費』資助

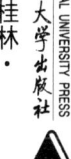

目録

滇詩嗣音集二十卷補遺一卷　（清）黄琮編纂　清刻本　卷十六至補遺……一
鶴陽新河詩集一卷　（清）朱洪章撰　清光緒八年（一八八二）刻本……二三九
大清礦務章程正章　（清）農工商部編　清光緒三十四年（一九〇八）鉛印本……二九五
雲南省議會彈劾鹽運使由雲龍違法貪污之書牘不分卷　（民國）佚名編　民國鉛印本……三七五
東大陸主人言志録一卷　（民國）唐繼堯撰　民國石印本……四三九
附録：洱源縣圖書館藏古籍書目……五一一
後　記……六一五

滇詩嗣音集（二）

滇詩嗣音集二十卷補遺一卷　卷十六至補遺

（清）黄琮編纂

清刻本

滇詩嗣音集

文

滇詩嗣音集卷十六

昆明黃琮象坤輯
呈貢戴淳古村定

尹尚廉 號退谷昆明人嘉慶癸酉舉人有玉案山房詩鈔

擬古

滿月上東山。已照前溪水。掬水弄清輝。冰輪碎皓指。煙露溼荷華。所思在萬里。道路阻且長。何由見之子。
洪鐘振雲漢。由來只希音。時俗爭旦夕。安知志士心。紛華神易微。迂拙器斯深。蒲柳媚春姿。松柏森寒林。落落無寸美。冥冥乃千尋。

游太華山同徐勉齋

登高望始遐。嘉招原不偶。自慙嬰世塵。曠懷亦何有。矗矗太華峯西臥昆池久渾淪與峭拆正奇俱莫朽樓臺嵌空青城郭渺虛牖策杖盡幽微緣穴礙襟肘俯視已屛削仰看仍壁陡障日石倒垂逆雲崖御走憩息澹煙波嘯歌淩牛斗安能遂素心永結麋鹿友

雜詩

精力日苦少憂患日苦多百年燥石火尺地生風波冉冉西隤日滔滔東下河古人不可見感歎將如何

汛官吟 王元新嘗營外委駐某汛偵得某寨夷匪謀逆情狀請於主將率兵捕之事未上聞外委後陣亡於楚黔軍其子以恩例襲雲騎尉

圖蔓折萌蛇擢虺徑入虎穴踐虎尾活盡蒼生無人知男兒如此豈不偉君不見新嘗營在哀牢北屯兵戍守

酋魁賊將軍建纛坐尋城小校分防當四塞 國恩漸
被幾百年夷性時時猶反側彼何人斯生姦謀謬假神
君恣蠱惑夜出鑄鐵爲戈矛晝伏剋期結爨僰剋期烯
亂在今宵花裙遠近來如潮城中楮燎競買盡謂言祈
福山中燒更衣獨學蠻奴賤麻袋負背笠遮面走過絕
澗隨眾八虜態一一目親見三門牢守步入鄰一榻高
懸黃封遍座中心方疑汎官天上軍忽若流電蒼鷹奮
擊氣力雄妖狐掃盪巢穴空此舉若弟遲時刻禍機一
發殊洶洶料知雞犬被殺戮未免 宵旰勞明聰撫輪
金錢糜鉅萬格鬬瘴癘衝青紅跳梁荒陬雖小醜獻俘
泮水皆膚公燎原之勢竟星滅九閽無由達 宸衷曲

突徙薪古所歎。支離生柳身逾窮。不是苗疆血化碧。
特典焉能旌孤忠。

覆舟歎

昨日晃州船打破。人行灘頭水力懦。今日北溶復破船。
水滿船中人尚臥。船鈎石上不得行。獨抱束書升篷坐。
木簰如山壓頭來。舟人號呼檣盡墮。後簰繼至號益哀。
隨流几喜沿船過。可憐千里船爲家。蕩盡生涯失客貨。
習坎入坎防偶疏。載舟覆舟害斯大。水面有誰相排擠。
鯫生自是多坎坷。終朝愁結轉豁然。不死一身卽無禍。
或者天憐詩境平。故出奇險參寒餓。丈夫事業未可知。
努力窮途泣則那。

游瀕珠洞

尋陽八月夜三五。擬邀素娥歌金縷。廣寒未闢日方高。驄馬連錢出訪古。度阡越陌背晝城。歷壑經邱得瑤圃。青石豁開陰巖懸。銀濤倒瀉潛虬吐。曲屈漱玉翻雪花。小聲搖琴大擊鼓。水面落葉青鳥銜。靈跡傳留今莫覩。卻喜此湫清一泓。如絲抽蠶箭離弩。源深桃花人問津。澤潤稻田民安堵。黃河氣勢通天河。九曲奇觀壯寰宇。近聞水決重爲災。魚鼈生靈亦何苦。術窮伯禹憂唐嶢。安得六鼇戴山爲砥柱。我笑不如韓昌黎。赤足當流意栩栩。濫叨賓客陪歐陽。青山白雲恣仰俯。涼風侵肌難久留。緘愁割愛劇璜琥。老龍送客誰敢違。飛上峰頭

噴珠雨錦衣難逐洗新塵燕寢清香凝芳杜北風蕭蕭何處來燈前亂颭池蓮舞何不吹空一天雲呼月好勸杯中酤諸公皆醉我豈醒醉時莫夢昆明浦

暮望有懷

向晚西園樹鳥棲靜不聞星稀山吐月天闊海歸雲多腐紆儒術長貧淡世氛同門舊相識惆悵久離羣

奉懷段七峰先生

萬里將書劍十年游帝都壯心薄軒冕勝事滿江湖秋老仍淹晉詩工再入吳清芬何處接空對海雲孤

乙丑感遇

四塞兵戈後連州瘴癘中頻驚當世難不覺此身窮米

菊淩秋露。看鴻下朔風。有生無限事。豈獨惜詩工。

游湧泉寺呈朱竹田先生并簡何門諸子索和

陋嶺滇城北。谿迴道曲經。幽琴彈不斷。瀑水濺山亭。坐愛梵王宇。環看羣峭青。流觴追往跡。唱答絕塵冥。

碧嶢書屋省毅玉峰外舅同諸子宿太華寺

山海千秋壯。飛樓暮靄邊。白雲生下界。明月挂中天。禪榻空塵夢。秋聲雜夜泉。那堪向明發。舟騎各紛然。

進耳寺

勝地西山足。尋來興覺清。崖陰千樹合。海氣一樓明。古殿休祈夢。通人豈問名。中宵聽不寐。空外澗泉聲。

出都

宵旰勤勞日求賢意靡涯一身期許國萬里竟還家忍別都門柳回看　上苑花暫將孤直性歸臥託煙霞

旅夜書懷

挂席發江渚羈愁此夕清危峰天際碧空水月中明身世非無累文章豈爲名不知橫塞雁何事動悲鳴

渡荆江

歸路一何遠荆歌夜又聞大江橫楚國孤棹指滇雲白浪日邊捲青山煙外分自非舟楫具濟物意空殷

清溪洞

古洞青山麓天然結構分誰能賦招隱我欲託孤雲石發滿叢筍泉生幽簟紋安知門外路車馬日紛紛

閒居有感

三畝揚雄舊草亭。終年獨守太元經。酒邀碧海蒼龍勸。琴許青天白鶴聽。窗外月明橫桂影。座中風冷散蘭馨。諸君誰愛疏狂性。贏得柴扉盡日扃。

秋懷

願違身困爲無能。徙倚荒天獨撫膺。世上白駒虛歲月。眼中黃葉舊親朋。雁門四顧愁平子。茅屋千秋歎杜陵。欲訪商山從甪里。紫芝歌入碧雲層。

西華洞

海源山半西華洞。苔壁芝房天自生。滴髓泉多垂玉乳。懸空石欲響鐘聲。有時銜雨龍能出。無事巢雲鶴一鳴。

十二瓊樓何處所。聳身便擬在層城。

上寨驛和趙惺齋韻

鄉園漸近減征愁。野店風光足少留。路欲到家偏計日。人因失意倍驚秋。世情盡等莊生馬。生計將乘范蠡舟。一曲青山一溪水。可憐身在客中樓。

冬夜病中

凝霜如水浸銀釭。高枕蕭齋氣未降。藥裏幾人能問疾。梅花一夜忽橫窗。塵連蛛網迷殘卷。雲擁鴻音渡遠江。安得加餐舒鬱結。東風好理釣魚艭。

憶故園梅花

寒滿空林皓月孤。綺窗芳影不勝臞。相思人在江南北。

欲問春回信有無未許溪山供嘯傲頻催霜雪上頭顱
一枝莫惜因風寄爲緩鄉愁擣客途

遇同鄉

武陵縣北遇同鄉駐馬迴車怨夕陽兩字平安傳語罷
不知何事淚千行

王壽昌字眉仙永北人嘉慶癸酉舉人官

羅漢巖

鐵壁立青冥嵯峨作奇態層巒疊雲根羣峭起天外拔
地千百尋橫空成險怪巖壑爭幽深亭臺自杳靄髣髴
見一徑崎嶇入寒翠攀蘿遲廻登佳致殊可愛石氣襲
人爽綠陰搖地碎疏林生古芳老樹飽清籟俯仰皆蒼

茫。咫尺冥明晦。僧語響虛碧。人影出遥黛。誰知煙霞中。
有此豁目界。側身踞白雲。悠然得無礙。

太華山望昆池

空際俯汪洋。滿目碧不了。浪翻萬頃天。光摇百丈島。沙
洲春樹微。遠浦歸帆小。南去疑無地。西顧亦何渺。茀見
一片明。中有千峰倒。隱約生寒煙。長空斷飛鳥。

自羅漢巖往太華失路誤蹈危巖間冒險而下惕
然成詠

翩然下石樓。言尋太華寺。舉步迷歸歧。氛氳羃雲氣。孥
纙上鐵壁。茫茫迷所至。立身天外峰。失足懼顛墜。下臨
但只雲。上隨層巖勢。林疏黄葉肥。澗溼碧苔膩。側趾雖

有隙。回首已無地。觳觫躡松根。逡巡下空際。衣拖半林嵐。影落千尋翠。殘喘付煙蘿。驚魂正揺曳。驀然得芳草。乃復踐人世。山前逢野僧。殷勤相藉慰。寄語後來者。跬步宜仔細。

羅漢巖石洞歌

豈有奇境非天生。豈有靈區由人成。獨傳此洞神工鬼斧自揮運。鑴危斮嶮。鑿破鐵壁。遂使混沌生虛明。萬竅玲瓏透山骨。雲根劈碎。絲絲邐邐入月窟。谽谺廓落。險絕不可窺。探之乍明乍暗。其勢嶙峋而勃窣。噴雲吸霧作奇幽。穿冥貫漠。一罅縈紆互出沒。石氣氤氳凝積而不散。結為空碧。寒輝照人正恍惚。心揺股慄。側身屈膝入其間道狹磴危手攀鐵鎖足踏飛巖欲墮不墮行而前時時頭與雲相觸不覺冠履襟袖皆氤煙洞窮舉目豁然得勝概依巖薄障崆峒突竅一龕高闢喬峰顛列丹鏤翠剔蒼玉疏檽怪孔啞然噓青天石筍劃盡只留滿腹煙霞骨踐之足下鏗訇淸越如聞洪鐘玉磬聲相宣龕前隙地不過四五尺收盡千里萬里山川風物歸虛壁上吞悠悠無際之長空下臨百丈不測之深碧分入游目一旦忽改觀頓失生平一邱一壑之所得乃知異境不必天造地設始爲佳祇此已覺三六洞天七二福地皆無色

周師 號龍峰陸涼人嘉慶甲戌進士改庶吉士官衢州府知府

秋夜偶成

秋來曾不見賓鴻。細數深宵漏未終。寒館蛩吟人靜後。小窗燈暗月明中。徒教記得離家日。巳是聽殘落木風。豈弟言歸歸計阻。八千里路夢難通。

李重發 號春圃鶴慶人嘉慶甲戌進士官新安縣知縣

碧梧

碧梧如車蓋。垂蔭平軒廣。撫之暫盤桓。朝夕愜幽賞。瀟灑侵暝色。涼陰初月上。微風颯然至。密葉流清響。四壁寂無聲。乍覺秋氣爽。不寐隱几坐。澄心入非想。

遠道

遠道若爲客。異鄉無與親。孤燈寒照夢。殘月曉窺人。始

信身爲患誰知仕更貧何如依畎畝疏水樂天眞

需次

征車幾度上京華繫念浮名轉覺差四十年中渾似夢
八千里外迴無家風雲壯志隨時減詩酒閒情觸興賒
宦轍飄蓬難自主不知何處寄生涯

楊文源 號右淇昆明人嘉慶丙子舉人

燈下吟

昔余失母時正當三十歲兄弟共五人哀哀摧五內兒今亦失母髫齡且嬉戲念此寐難成靈燈耿虛位兒亦若解事勸翁休垂淚問兒勸何爲兒淚已盈眥急起誘兒歡恐驚老父睡

示幼子純

吁嗟乎兒無母亦何苦飢寒不自知晨昏淚如雨餐宿隨爾祖誦讀隨爾父誦讀不勤爾父怒爾母地下裂腸肚何不思爾母握手遺爾語兒讀書守規矩無違父言少受箠楚自今以後母不能顧汝

述母教

兒須善讀書讀多義理足兒不善讀書讀漸失眞樸古來賢達無他異千秋事業四方志況汝生時白屋寒懸弧豈爲科名計男兒不識忠孝字卷帙等身徒強記吁嗟乎母言在耳母長逝獨對寒燈垂雙淚

題戴古村採藥圖

白雲不出青山隅雲根泉靈瑤草蘇披圖恍然見我友拍手直欲相招呼杏林春風桂苑露故人都就青雲路問君何事採藥行一笑不答入雲去

送董竹溪師服闋北上

春風一路到金臺旌旆迢迢柳暗催萬里心先朝北闕十年詔許讀南陔門牆得捧先生杖廊廟還須內相才料得五雲清切地有人計日望師來

雨中酬戴古村

閉門旬日易蹉跎黃菊籬邊擁綠莎久雨客來花徑少故人詩寄草堂多慵臨乞米真卿帖欣和停雲栗里歌安得來朝開霽色閒攜琴鶴一相過

春草

不盡煙痕雜雨痕。萋萋苒苒徧郊原。絮飛隔岸疑無路。花落人家尚掩門。望去綠波牽別緒。踏來金谷引詩魂。故人拾翠如相問。碧毯平[redacted]一樽。

謝寶林書來

書來涕淚爲君垂。君恨終天正此時。尚報平安娛老父。那知羈旅作孤兒。一棺淺土悲遲葬。萬里輕裝肯仗誰。深悔舊年燕市別。不能攜手促歸期。

詠梅

踏遍山巔又水隈。爲尋芳信幾徘徊。斜陽谷口逢僧去。凍雪橋邊載酒來。縱未開時猶悵望。偶聞香處屢疑猜殷勤會與東風約。不見梅花不肯回。

詠菊

超然世外不知春。徙倚籬邊別有神。疏冷最宜三徑月。清癯如對六朝人。舍南舍北蛩聲急。秋雨秋風蝶夢頻。忽憶故交芳躅遠。前身原是此花身。

後詠菊

瀼瀼寒露漸爲霜。籬下階前次第黃。幾日西風尋舊約。一年花事賸孤芳。直須和淚吟秋興。莫便餐英向夕陽。記得去年重九節。萱堂親采泛壺觴。

梅花

雪後臘前見一枝。竹交松互水穿籬。不因冷處花齊放。

春到人間總未知。

李　綬字榮黼鶴慶人嘉慶丙子舉人官教諭

讀蘭止菴先生滇南本草

先生小隱隱石羊遺文飽挹經籍光。出山儻膺調燮任。
定與劉宋相頡頏。枉軸枉薖不肯起。白木長鑱此知已。
一笻一笠搜靈藥。踏徧山崖更水涘。鈎籃采采生芳馨。
枯荄用當如參苓。草木有幸備驅使。缺漏足補神農經。
杏林橘井等閒事。數紙活人具深意。直是痌瘝一片心。
莫教看作青囊字。頻年疫癘成災殃。十室九屋多喪亡。
手撫遺編屢歎息。起死焉得仙人方。

戴家政號有廷景東人嘉慶丙子舉人官知縣

憶栗仲大令

都爲浮名累。心交憶沈郎。世情覆手雨。宦跡滿頭霜。老筆波瀾壯。閒吟日月長。滔滔流水急。蘭蕙尚三湘。

李　煌　號楠堂昆明人嘉慶丁丑進士改庶吉士官至戶部左侍郎

清明

他鄉時節又清明。三月春無一日晴。寒食愁多偏是客。亂山看飽不知名。晚風帆影歸魂重。舊酒衫痕溼淚輕。舟中有亡婦櫬最怕篷窗聽雨夜。斷腸不住子規聲。

鎮遠府

巖頭雉堞勢崢嶸。鎖鑰苗疆第一程。水泝上流循楚盡。山依南去到滇平。嵌空石坐同龕佛。扼險營屯對岸兵。

武營皆在對岸更喜故人飛舄在。隔年舊夢話分明。郡守為陸虹江同年

即景

夕陽屋角半明滅。牧童牛背歌聲歇。淺水涉來未到家。松影半山纔見月。

倪慎樞 原名植字梅岑昆明人嘉慶丁丑進士官襄垣縣知縣

白沙地行霧雨中至夜始達阿都田

羣山巃嵸四面。更為密霧幛。遂令咫尺間。莫辨途所向。稍坦亦犖确。況復數下上。巖聚太古陰。雨霰時飄颺。輿夫怨喃喃。徒行自惆悵。一步一皷傾。命倚青竹杖。正歌行不得。暮色已彌望。戢乞野人火。然竹走曼幛。泥塗與風雨。艱辛備旅況。村店一杯酒。小飲神復王。

宿海源寺

空山迴寥夐兀坐忘夜久風鈴停語初梵唄已寂後湛然清我心寒月挂虛牖恨未攜琴來中宵一揮手

劉寄菴師欲爲蘇節婦立傳因所居與之相近囑詢崖略卒爾賦呈

漁村面滄波嶙峋枕壘嶂平原劃阡陌土地頗淸曠居人雜耕漁衡宇互背向徐氏百餘戶丁男實健壯貧者有天鳳樸訥亦直諒生女淑且貞拔出姊妹行東南福海村繞蘆間一榜寥落居人稀蘇家物無長兩貧願爲偶儷皮遂相抗十六賦于歸二十所天喪息女啼抱中老姑痛堂上矢志四五年相安幸無恙姑實慈且愚大

義未曉暢不忍老貧身累媳少倚伎媒人悄來議強娶逞狂妄節婦心悲摧計窮覷白浪可憐無瑕玉拌向魚腹葬千古劉蘭芝遙遙兩相望急拯幸復甦旁觀亦悽愴失節不如死志決甯惆悵生存獲守志何憂姑無養拮据三十秋白楊繞姑壙女亡壻亦亡隻身伴破盆貞氣撐空腸力作猶昔況今年春夏交塾師上其狀夫子兩字褒苦節已獲償更欲紀其詳顛末囑相訪細細詢村人語同知無誑陳詩備鎖細敬以質絳帳

將有武定之行薄暮雨中過辭寄菴師

久聚不知樂將離情何苦過從得頃刻不惜冒暑雨侍坐忘饑歸官街屢促鼓檐澑轉澎湃行潦溢門戶回憶

三年來因依得所主惜哉口耳學仰愧敎思普正如甘霖滋不能潤斥鹵遙遙求道心自今力尚努

奉送寄菴師歸里

別久獲暫聚相聚卽相離寸心寬幾何禁此愁萬縷英英太虛雲乘化任飲吐出岫原偶然抱石欲終古猿鶴喜可知吟嘯媚舊主獨有桃與李春風少温煦心親無遠近縶維亦安取攝屩期異日潭西聽揮麈

陪李刺史游獅子山

平陸睇絕頂一角露雲構縈紆登山椒巘崿翻莫覯躋險引臂登注窪俯身就陰陽判咫尺虧蔽互左右桃簇枝若綺苔滲石似繡林罨晴曦穿巖顯蒼藤覆巑岏方

壘嶂。崚岈忽啓寶。豈無麐麖伏。疑爲鬼神鏤。千仞一振衣。遙矚小宇宙。

中秋臥疾不克玩月作

明月於人泯厚薄。無擇茅檐與畫閣。玉宇高寒銀漢微。一例清光照灼灼。萌愁空際浮雲來。匣中寶鑑常不開。今歲中秋實希有。長天萬里絕點埃。惜我空牀偶抱病。祇見酴醾一痕映。樽罍未識何人傾。絃管遙聽別院盛。亭毒大化靡不周。一物一氣難相侔。眼前風月尙如此。人間萬事眞悠悠。

小飲大觀樓上遇大風雨

歸舟未晚游興豪。層樓正好傾村醪。凭檻巡檐一俯視。

斜陽晶晃明波濤。鵝鷺如漚遞隱見。葭葦因風弄蔥蒨。
蕭疏聚落儼布棊。鬟鬠遥岑欲貼鈿。滃然雲氣蒸太空。
攪天忽作飀飀風。雨聲甫從空處聽。一霎檐溜飛如泓。
阿香轟闐引連鼓。金蛇紛飛爛傾吐。凡鱗戢戢深淵潛。
虁蜺蟠龍倏起舞。湖底誰將陰火烹。跳珠盡作魚眼生。
偃仰不憂老樹拔。振撼秖恐高樓傾。穿窗急點忽無數。
避席移樽屢卻顧。雨衣曷嘗非瓦爲。依舊霑濡遍袍袴。
迴思小艇看晴雲。今何慼慼昔何欣。矢當學道粗有得。
欣戚一視無紛紜。

義象冢行

李陵援絕終降北。哥舒屈膝向逆賊。壯哉彥章眞男兒。

人死留名豹留皮。南中自昔以象戰。馳驅騰踏捷且便。土逆昔年忽潛煽。黑山萬騎突州縣。遮野穿林槍與箭。豼貅毬縮鐵衣顫。有象直出當一面。橫蹴賊營駛於電。大軍從之驅精鍊。迅掃妖氛還清宴。奮尾歸來怒未倦。蔽體傷痍血花濺。可憐區區報國心。空餘殺魄壓荒甸。將軍動容深憐渠。坏土甃甓集畚鍤。崇坊歸然樹道側。至今行人常欷歔。君不見車里以南金齒西。瑤光淪精羣象嘶。一旦虞人具弓弩。剝齒入市偕文犀。萬物有生必有死。不死戰陣死山谿。

獅山弔建文帝并從亡諸臣

嵔㠥猨猊峰。古剎倚其脊。灌木繞傑閣。指點帝釋蹟。憶晉燕子飛渡江。金川門啓宵人降。蒼黃主臣安所適。緇錫遠寄西南邦。彈棊石上少恐怖。棲禪谷口無驚懼。新帝知有逃天子。溥海搜求苦未已。蟄龍若也頭角呈。重耳豈貸懷公死。空山幸得全餘生。羈紲諸臣力竭矣。乾坤亦既更滄桑。一一肅侍如廟廊。朱姚久不配成祖。程葉今猶依惠皇。蜘蛛絡壁竹鼬竄。伏臘誰與陳椒漿。薜荔蕭蕭暮雨灑。弔罷忠魂淚盈把。長風天際何怒號。疑有英靈翩然下。

贈謝石臞

小謝何淸發。談詩邁等倫。八叉爭迅疾。七字最鮮新。花月陶情處。巖廊有用身。由來鵰與鶚。終見出風塵。

我祖偕君祖。林棲臭味投。遺文時一讀。勝地記曾游。曩屐思靈運。溪山見柳州。傳鈔眞妙事。餘韻兩家留。

同楊鳳池游正覺海源二寺

少壯曾游地。今來鬢已斑。浮生如夢幻。終古此溪山。舊侶難重聚。眞僧去不還。自非新得友。誰共叩禪關。

贈證初上人

衆生流浪日營營。公獨脩然冰雪清。鄰曲無由見顏色。塵寰那得知姓名。壁間破衲何曾挂。几上殘經偶一橫。猶恐世緣消未盡。深山移錫歲頻更。

寺僧送折枝山茶花

有約花時醉曲闌。山深無那杖藜難。橫枝偶自禪房出。

絕豔欣從老屋看。異日遠游空結想。今晨相對借銷寒。何須更促三春景。窨室溫湯藝牡丹。

楊　鯤　字圖南昆明人諸生

別母

親心繫兒身。天地與之長。迢迢念道里。歷歷憂星霜。兒未離膝下。已望兒還鄉。

落花江

烏夜啼。烏夜啼。東方欲曙月平西。春江夢寒人不見。春閨思絕青蛾低。昨日辭家去故里。正值江頭花落始。殘紅萬點趁東風。隨郎渡盡江天涘。及今猶是落花江。及今不是落花水。朝聞風雨不勝愁。盼回江水空悠悠。

行蹤

行蹤渾不定。廿載獨蹉跎。客路秋風早。江城夜雨多。艱難傷世故。情散憶山阿。愁聽林間鳥。聲聲喚奈何。

黃鶴樓

青年作客出長沙。獨上仙樓日已斜。猶有白雲空鶴影。誰吹玉笛落梅花。窗懸驛路八千里。檻俯江城十萬家。崔顥煙波惆悵後。鄉關回首總無涯。

漢宮

落日啼鴉處處寒。西風寂寞倚闌干。長門一片清秋月。猶作昭陽殿裏看。

華 標 字古愚 昆明人布衣

十五夜對月

虛空生明月。天地覺精神。揚輝涵萬象。明鏡了無塵。況復三五夜。舉頭與我親。啓戶立清宵。相看不厭頻。既覩覆載理。復念古今人。迢迢一寸心。渺渺百年身。何能離俗垢。永令保清眞。

病愈

已苦窮愁甚。何堪瘴癘多。此生缺未補。一死恨如何。松圃仍明月。桑田尚白波。（是秋滇池水漲）朝來覺病愈。卷帙更摩挲。

送友人

君此天涯去。何時返故林。客衣春露冷。馬首白雲深。嶺樹懸孤夢。河流寄寸心。貧交無物贈。空有淚霑襟。

秋望

野曠天涯迥。蟬寒雁復哀。秋聲千樹合。夕照萬山開。物態今猶昔。年華去不來。沈淪今未已。獻賦愧無才。

悼亡

人去春歸靜掩門。自憐老至對黃昏。花飛莫怨東風妒。開落無心總是恩。

徐　敏字有功昆明人布衣有太華山詩錄

停雲和陶公韻

停雲在天。倏然作雨。靡有良朋。雲山相阻。我儀圖之。中心獨撫。將其來之。用是延佇。

瞻彼庭樹。鬱鬱其柯。佳禽來止。好音相和。矧伊人矣。綣戀實多。企予望之。其情如何。

游太華山用韋蘇州游西齋詩韻

我登幽崖畔。鳥鳴聲已寂。策杖白雲裏。山花隨意摘。飛閣迴且深。鐵橋𨁋危石。側度毛髮悚。嗟爾名利客。

游太華山用韋蘇州雨夜感懷詩韻

山水怡人性。塵氛已消散。何處清磬聲。白雲在天半。借問避暑宮。滄桑時已換。身世本無常。能無盈襟歎。

秋園

小園半弓地。淸幽寄茅屋。讀書臥南窗。秋來愛霜菊。相對欲忘言。淡然趣一足。

山中即事

幽居無俗塵，心遠境愈好。檐外鳥聲喧，窗白知天曉。起來愛朝曦，晴光徧芳草。緩步尋溪山，曲徑任探討。仄徑入嶺深，孤亭懸巖小。修篁覆澗流，古藤挂樹杪。拄杖看白雲，時逢南村老。相邀過茅舍，烹茶松葉埽。

野望和王績韻

野潤雨初霽，前林閒獨依。人家背曲水，山靄澹斜暉。草木榮相向，牛羊出未歸。聖朝無棄物，敢戀故園薇。

趙廷玉字紫岌，太和人。恩貢生

新春小飲用懿兒韻

點蒼春色好，點綴萬餘家。元日過人日，桃花又杏花。園東隨所步。甕裏不須賒歡聚貧何恨悠然玩物華。

漢江寄內

雪影湖南尙有村。吳山楚水那堪論。幾時調得茈湖鱠。同捧盤匜侍寢門。

陳著蘭 字治馨 昆明人諸生

聽畢尊生誦山笛歌漫成一首

山笛歌。山笛歌。何人吹笛山之阿。驚醒畢子之睡魔。翻身躍起倒披蓑。蓬頭跣足出雲窩。笛聲高樂陶陶手舞足蹈震山嶢。笛聲低風淒淒垂頭喪氣淚溼衣。問子何所喜。問子何所悲。子不言所喜亦不言所悲含情默默思遲遲想見山阿聞笛時。

獨步浣花亭有感

往事模糊記不全。大都我亦笑書顛。時光過去纔知幻。圭角由來總欠圓。敢不拜嘉半壁石。頗難割愛一溪蓮。呼牛呼馬眞何有。除負南華第二篇

秋花

芳信於今漸掃除。十枝零亂五枝疏。丁寧莫入江郎夢。多恐荒寒不稱渠

傳煌宣字遜子昆明人諸生

感懷

一介廉取與萬鍾亦何有。慷慨對同儕。重哉吾素守。竭力競錐刀。市井非我有。井餘於陵李。門垂彭澤柳。安知

輕利心頓易爭名藪。

大造無私庇雨露齊霑濡。上山列松柏。下澤植柳蒲。蒲柳比松柏鄙哉蒲柳愚。杯棬既有取。莞簟亦有須。第云守卑末。君子不謂迂。

我年固壯盛。我心尙孩幼。孩幼則何知。耳目多所誘。入對詩書。餘出見紛華。後因之貴其賤無乃薄者厚引領望佳人。庶爲繩愆繆。

貧士欣所許。春秋歲月稔。晨夕一飯畢。布被擁高枕。富貴人所欲。我謀亦已審。中夜起吟哦。遑恤妻子寢。簇簇頭上花。札札機頭錦。冥心投眞契。不爲不知諗。

擬古

涉江采芙蓉。芙蓉向我笑。花無摘下紅。人有幾年少。世無韓王孫。那逢阿母漂。蘆中有窮士。丈人乃同調。汝才非韓胥。胡爲自矜耀。芙蓉落又開。老至空遺誚。去去勿采采。徙倚觀垂釣。

凜凜歲云暮。曖曖日將夕。唧唧蟲語寒。星星燈火赤。後凋餘柏松。大任先困戹。困戹我辭之。將來殊可惜。我將天地爭。霄辭風雨役。輕薄蹈禍機。頽惰成懶癖。起還讀我書。鄒魯存典籍。生死我欲悪。去取僅咫尺。

孟冬寒氣至。炎方不結冰。堅冰雖不結。臨淵益兢兢。凳獨鮮兄弟。出門交良朋。高朋日滿座。貴賤兩依憑。我今已蹭蹬。如君早騫騰。騫騰早有用。蹭蹬百無能。仍塞舊虛牖仍挑舊寒燈。燈花何燦燦。虛榮未足矜。

感憤

朝爲堂上賓。暮卽路旁友。朝暮異炎涼。豈必歲月久。輾轉思復思。此心得勿負。少年寡見知。動謂俗不偶。旣謂俗不偶。胡爲日奔走。請謝富貴門。袖手休重扣。貧或可傲人。舉世嫌老醜。

板石青　南中童謠云板石青釘銀釘因續成之

板石青。釘銀釘。寒雞嘐嘐夜冥冥。征夫欲起霜飄零。思婦欲眠機未停。披衣強立天青青。東點西點數明星。

王　紀　號肅齋浪穹人嘉慶間以孝子　旌

雨雪前一夜夢母

慈親雖永訣。鞠子心時切。中夜猶歸來。明朝天雨雪。

楊　愈　字子謙昆明人　恩貢生

寄孫汝之南昌

有客豫章去。迢迢征路遐。三年吾索處。萬里爾爲家。南紀春雲合。西江夜月斜。定知滕閣上。高詠落明霞。

蘇舜齡　號孟巖甯州人　士職壽諸生

鋤地宿巖間

耘田到日暮。野宿趣幽哉。犢繫雲中樹。蓑鋪石上苔。星光巖竇入。泉響竹梢來。欲對山童語。垂頭睡草堆。

滇詩嗣音集卷十六

滇詩嗣音集卷十七

呈貢戴淳古村定　昆明黄琮象坤輯

董灼文字見三號勿軒甯州人諸生有勿軒詩鈔

小松

當階種小松小松亦滋長淩晨汲井華灌溉同頤養雖爲螻蟻纏丰神終散朗肅肅涼飆生翠葢發清響視爾如絃直使爾高千丈世或需棟梁決然試一往

花溪夜月

花溪有杜鵑溪行如旋盤泉喧澗中石月出花上山有時花未發獨照空濛間最愛月明時花光愈翕赩不爭花滿眼弟覺清暉遒只恐看花人不知山月白

贈張聲遠

吾憐張聲遠。擬託白雲間。手持碧玉杖。擔卻明月還。浮邱應捧袂。姮娥乞餘丸。遙聞笙鶴語。吟出緱氏山

自嘲

日日託沈酣。不知何所遣。身事乃依然。面目覺有靦。鵬背負青天。霜蹄下峻坂。高秋鷹隼擊。雪浪鯨鯢捲。比來文章士。雅拜隨雕蟲。自喜我足弱。甯甘罵駑蹇。朝光淩太虛。白日遞黃犬。有眉不須攢。有衣何妨典。酒價任低昂。時復進一椀。西曹苐忍之。丞相不吾褊

招飲呈劉寄菴二丈

久鬱必思噓。久臥必思起。迢迢望美人。盈盈隔秋水。賤

子畏泥塗。不獲親芳趾。亦有平時交。覩我如荆杞。願見程明道。得挹春風和。明日具雞黍。杖履肯來過。

雙琴山房侍飲

平時一杯酒。似重于黃金。我輩方外人。正喜相追尋。笑展青蓮集。醉撫嵇公琴。前賢猶可仰。飽食非素心。登山不厭高。入水不辭深。茫茫天壤間。何處求知音。

贈趙荆山

仙鶴下人間。棲遲弄雲海。六翮難高飛。仙人不相待。坐看羽翼成。飄然失所在。燕雀徒啾啾。沈憂晦光采。君能識我意。我心方憶君。如何此時人。鵷鸞竟不分。且上最高樓。開眼望白雲。莫作蓬蒿下。爭食雞鶩羣。

插籬

三徑梅已落。麗春今始繁。小草何足貴。愛此當前軒。嗟爾雜鶩族。爭食何喧喧。常恐蹈花過。蹂躪傷其根。因設小藩籬。愛惜若蘭蓀。異時花滿眼。正當春日暄。種此聊獨賞。伊誰可到門。應共天邊月。爛漫倒芳樽。

同張聲遠對月

高秋雲淨天宇空。山月湧出滄海東。遙瞻天門絡九重。星宮之君萃如蜂。戛擊鳴球鏗金鐘。羽人羅列進絲桐。玉簫金管樂無窮。鈞天之奏曲未終。更將西去登崆峒。徑赴瑤池會仙翁。辭偕鸞鳳語從容。霓裳調出廣寒宮。吾輩高歌意氣雄。雲龍風虎歡相從。怪向淮南問八公。

雞犬何自鳴雲中。張生歎我心有蓬。且進酥醾開心胷。
世上兒子多昏庸。一任東風射渠儂。好來月下臥花叢。
笑看銀河水洶洶。

石笏歌

西行上土山。有石如桓信。同身不知何年置。至今空嶙峋。
土人云此爲石笏。亘靈持以朝北極。頂上三峰稍秀出。
中無嶇角如繩直。背面書思尙遺墨。至今露洗苔紋黑。
當年抗節今安在。日轉飆輪不相待。有似屈原放逐瀟
湘時。手板沈輝變光采。嗚乎志士久淪落。抱膝長吟無
佳著。數看江亭起白鷗。胷中憤懣俱消。御詈茲作鎭威
名山。魑魅不敢輕相干。萬載畜之待時發。致君堯舜何

其賢。

與司茂才

我本幽燕俠烈客。眼色如霜照月白。三杯拂劍舞秋風。呼鷹逐兔淩紫陌。曾過信陵飲。四座寂無喧。獨有司高士。壯志如雲翻。司生手接太行猱。余亦腰間貨寶刀。播卻白髮雄心在。何時龍伯更釣鼇。

擬古

冬夜夜寒苦夜長。水晶簾箔愁風霜。良人此時在何處。弟聽砧聲也斷腸。幾度下階望明月。姮娥相見憐白髮。更憐彼此常孤棲。桂樹無端香正穉。白團欲破最淒淸。九天笑語風吹滅。風吹滅。音塵絕。年年絲管醉春風。此情何時對君說。

奉和寄菴先生落葉之作

酌酒當軒愛日暖。梧桐落葉秋風晚。聲敲碎玉來金屋。影淡碧霞氛霧捲。南山積翠今何如。東峰煙靄自相輸。看到無心雲出岫。恰得明月爭奔趨。落葉苔深不能掃。飄翩數點疾於鳥。墮地如花還自惜。撥開雲霧知多少。四序推遷此一時。一時只被秋風欺。縱然嫩綠羞青草。還看明年碧滿枝。

桃李園歌贈李向宸

君家桃李紅碧枝。十枝五枝皆絕奇。非關春時花爛漫。且看長夏子離離。君家園中燦星火。萬點朱實歎煞我。

雖不自言亦成蹊。報以瓊瑶豈相左。李侯性安貞。端本在修身。一門盡雍睦。道浹善爲鄰。豈無姜家被。白首情相親。豈無張公藝。史冊光人倫。古來賢士皆寥廓。不若與子目擊爲最眞。天作翠幕雲作屛。一度春風一度新。根不蠹。葉自匀。枝枝相抱無枯榮。烏鴉鳥雀不敢嗔。春朝夏日俱似錦。白頭看煞種花人。

懷曲江張柏軒

與君昔游五華山。丰致飄飄若神仙。琴鳴一曲彈清散。白羽翩躚下人間。與君攜榼汎昆水。輕舠竝坐入蘆葦。太華峰高金芙蓉。浮空蕩漾疑無底。我時與子心炯然。騏驎蹀躞相追攀。從茲一別無消息。明月入懷起長歎。

吁嗟世事頃刻耳。君家想在白雲裏。荒村豺虎亂縱橫。
烈士悲歌淚如水。

寤一草亭歌

主人時時對客說。此亭恰好貯明月。東來玉兔逐金烏。
萬仞雲程自此發。有時明月到天心。戶外沈沈碧海深。
第覺驚風度窗牖。捲入瑤臺一萬尋。非關冰壺潔如樓
玉樹林。明月徘徊不忍去。安得此間常照臨。

雙琴山房歌

主人抱此綠綺之名琴。良材美價值千金。幽澗泉鳴下
碧岑。流水高山負此心。獨有軒前梧桐樹。隨風和作老
龍吟。茲樹不知何年植。霜皮折裂苔蘚侵。相賞孤高不

忍伐。結得虛窗一片陰。夜來攜琴坐明月。樽中美酒聊自斟。廣陵遺散在何處。渺思息慮堪追尋。不貴音貴意深。主人之樂無古今。

[illegible]王在民

勸君莫逐長千里。一入長千墮青綺。勸君莫將西入秦。秦人慷慨易輕身。丈夫豈願埋沒蓬蒿下。今君高堂有老親。魚龍變化不可測。人生母子難再得。昨日門前買拜母。欲有行。嬌兒未出門。慈母計歸程。嬌兒離膝下。慈母暗吞聲。雖無遠別離。猶有渙縱橫。今君此去若飛鵬。男兒性命絕可輕。萬里封侯君自見。白頭眼暗難再明。白頭眼暗難再明。且回鞭轡罷長征。

龍珠山曉望

女蘿挂青煙。朝暾在樹巔。龍宮塔廟擁晴旭。馬耳雙峰高插天。山下田疇盡沃野。水光山色搖碧瓦。淡蕩輕風吹蔗葉。數點白鷗飛去也。

贈王維三

男兒不得意。出門無所適。塵世寥寥復見君。與君論心君莫逆。憐君幼讀五車書。何事惆悵頭竟白。丈夫自合安貧賤。我亦不羡五侯宅。小江潭頭葉正繁。木棉花發愛日暄。中有蛟龍囷石根。古藤崛曲或可捫。春來好鳥鳴聲喧。就中宛似桃花源。君亦提壺古寺門。更無傍人雜語言。笑看猿懸與猱翻。我自知君古道存。

留別寤一草亭梅花

窗前蒙竹色正榮。戶外梅花香更清。忽與家人別。竟爲客子行。行行復行行。拋卻江上春。一別歸來無早晚。只恐飛花笑殺人。

十八日夜火焚鄰屋而止適余外出歸草亭得無恙寄菴先生以詩見賀因作此紀之

匆軒居士臥郊垧。笑傲乾坤一草亭。偶向前途看山水。不覺淹留日已暝。歸來比鄰見赤壁。豈是周郎焚戰舶。鄰家婦子泣倚門。焦頭爛額坐相喧。欒巴一去不復返。噀酒無人傷精魂。上蒼豈爲憐高臥。草亭獨免煙氣過。欻然一見轉添愁。愁煞鄰家風雨秋。今日過我劉夫子。

見吾草亭爲吾喜。笑指何人爲返風。燎原之勢不及此。鑿池蓄水爲澆花。還有餘澤到鄰家。放眼乾坤須縱酒。柏梁失火漫長嗟。

陪寄菴先生及諸公南山嶺上看桃花

山頭漠漠飛絳紗。到眼乾坤春意奢。三天氣暖飄香屑。六馭回車映紫霞。花下閒行步窄境。參差處處留紅影。不道此山多曲折。縱無花處亦堪領。峰迴路轉深復深。中有古柏垂清陰。風吹山黛落平地。紛紅駭綠欲相侵。令我魂魄相推蕩。紫烟紅光俱直上。咆哮欲出澗中虎。如益烈山烟爭吐。山雞澤雉不自惜。共向花間鬪毛羽。卻眺瓜水湄。楊柳垂青絲。山從奇處盡。水自望中宜。白

鷗數驚起。溯雪上春枝。朝行綠水望赤城。赤城霞氣盡
含英。韶華爛漫知多少。似此風光都有情。一朝覽盡桃
花面。千株萬株眼中見。千株看來共一色。一色轉訝千
山遍。殿前舞袖春風嬌。院後笙歌流鶯囀。應共仙人萬
古宅。天台題額欲相炫劉郎欲去更依依。蜂蝶頻亦戀
人稀有夢徒誇身是阮殘霞猶自暗中飛

陪寄菴先生尹氏園看海棠

勝日尋芳不辭遠。朝出北門上峻阪。野墅雲低不見日。
獨有游人滋繾綣。纔入谷口便聞香。無數山梔惹斷腸。
仙人邀我謁紫皇。紫皇乃賜玉女之瓊漿。丹砂歷歷垂
香囊。笑攀星斗落銀漢。肯使蜀國傳芬芳。興酣日落欲

東走山中忽值龐眉叟。醼脯盛出雕玉盤。與客花間酌大斗。此翁偏餘物外情。如此奇逢能再否。

此邦

此邦滑賊無畏懼。夜半縛人女子去。去時女子不敢喧恐遭賊殺墮煙霧。此賊已去旋復來。更劫傍舍牛與財鄰人失牛心正哀。劇賊得意猶徘徊。執賊鳴官請案問豈知賊徒關親近。明日升堂擊大鼓。卻將枷鎖繫鄰父。

東張柏軒

搦管濡墨池。言言寫相思。相思在何處。乃在曲江湄。曲江酒。酒足流水。波浪拍天雲霧起。驪龍時吐千金珠。瑣屑鮫人焉得此。前月初從東山過。望君門牆高處臥。欲隨白雲上君衣。無端又被風吹墮。頃勞君書遠寄將。桃花開處斷人腸。門前盡是車馬客。生涯寥落無相識。心許故人未可攀。夢魂幾度繞青山。

夜登伏虎寺小亭

天上新月懸。人影動高樹。縹緲登飛閣。泠然得所御。巖頭古木正蒼蒼。金鈴碧瓦生寒光。此夜曲闌共僧語。不知何處是仙鄉。

乞筆呈寄菴先生

秦皇盡俘中山兔。封之管城時進御。中書君後老而禿。從茲棄置無復顧。太息秦皇眞少恩。鏤德銘功須此君。縱然訣佞多謬誤。可憐顛倒盡由人。蒙恬自倚將軍勢。

驅使此君如奴隸。班超投去竟封侯。獅豸從來不識字。
兎毫拔盡已無良。惟有鼠鬚獨擅場。自昔常供文士用。
前有右軍後歐陽。書生好書有書僻。書成落紙煙雲黑。
毫頭一點蜀山青。指下森森戈矛直。近世京牟毫亦奇。
得諸太史董竹溪。有時心手自相應。秀柔勁正偏多姿。
山東武定劉司馬。一旦抽簪息林下。有書萬卷筆千牀。
手不停披筆如瀉。書生醉後常摩挲。留無墨瀋將奈何。
只今不作桑維翰。毛錐用盡愁則那。干戈偃息文士重。
劇秦美新復何用。相如曾留封禪書。馬融自作西第頌。
我欲發憤自爲詩。芟夷醜穢茲支離。恨不如椽動天壤。
聊從使君借一枝。始皇虐爛今安在。豐碑折裂人代改。

王侯將相俱偶然。醉後冥冥付眞宰。

乞墨

王勃墨汁飲一斗。以被覆臥蒙其首。夢回逸翰破天飛。下筆千言一食有。董生不受達者呵。禁不磨墨爲墨磨。興酣淋漓書大字。疑有鬼神常訶詗。丈夫生世要膂力。大劍長槍定邦國。肉食面目何曾有。副墨書生晒菜色。卻恨年年歎筆乾。九子徒勞夢中看。插架琳瑯方飽蠹。斜陽樹影靜鳥闌。坐待陳元久不晤。楮生驕蹇或勃怒。硯田鴝眼竟焦枯。中書君起願借箸。爲問先生啟豹囊。分得廷珪一丸香。字映蕉窗文尚綠。質比兼金價更昂。上黨松煙無覓處。潘生老去誰能悟。傳語小兒漫塗鴉。

頃刻化爲煙雲去。

朱　衣　字尚絅昆明人諸生

感懷

荒園多碧樹。日暮眾禽投。動極復歸靜。循環理所周。物情有止歇。人生無逸休。慨我髮須白。猶爲稻粱謀。虛名非所慕。大雅分當求。立身惜太晚。素志苦莫酬。飢驅恆在外。經歲此淹留。徘徊增惆悵。俯仰空心憂。

呢喃梁上燕。春去秋復來。綽約枝上花。暮萎朝還開。逝川歎年華。一往何日回。人生豈不死。昧昧斯可哀。登高知崔嵬。行遠知紆迴。向使遂淪沒。空自委蒿萊。加餐更努力。學道體生才。

擬古

楚地多蕙蘭。託根在空谷。珠露綴其英。幽香散馥馥。歲暮無人采。零落依草木。北鄰有佳人。素琴揮華屋。結婚隔山陂。軒車不見速。道長音信稀。沈吟空躑躅。

病中有感

歲月歎云暮。坎壈日纏身。奈何流疫中。七日病沈淪。逢草少生意。衾枕無陽春。環顧視妻子。幾絕而復伸。固云運適值。感兆詎非人。溝壑更奚辭。遺體痛吾親。草木遂同腐。夭折究因貧。哀哉九泉下。何以慰苦辛。

蛛網

午坐雨氣涼。檐前見輕網。細紋若纖絲。橫直最疏朗。蜘蛛守其旁。隨風自飄蕩。乍見青蟲飛。瞥然投其上。投者亦何愚。網者遂竊攘。巧布雖善羅。東西任爾往。始知君子人。不入權姦黨。

寄家兄秋崖

少壯輕遠別。垂老重故鄉。試問此何日。驅馬猶瘴方。余亦齒牙落。君豈筋力強。得非飢來遣。豈有富足望。連枝念棣鄂。三載爲參商。何能免憂鬱。況乃衝風霜。昨者尺書至。鬚鬢皆已蒼。夢魂屢迷離。關河殊渺茫。望望早歸來。家庭樂未央。

勞歌

大造無私。雨露有時。羣生百物。霑濡靡遺。蘭艾不分。香

底爲。

野歎

嶺麓一孤村。昔吾淹此稱庶繁。胡爲十家今有五家存。門巷蕭瑟無雞犬。寡妻弱子啼黃昏。比年東南疫大作。四郊園圃墳雲屯。滄桑幾度殊成敗。自憐衰老身還在。駑駘無地效鞭策。頑石終期懷耿介。自墮重塵四十年。一家八口依硯田。東鄰兒女看日大。杜門貧窶焉能捐。卽今神倦筋力憊。猶然奔走無息肩。勸君撫事休煩憂。勸君乘興且遨游。不見白楊風起處。五陵昨日誇車裘

被放

我年半百尚潦倒。一生迷誤殊可知。方今　聖代急賢

豪。豈有長材終棄遺。明珠採索驪龍頷。鐵網羅取珊瑚枝。憶昔少壯喜揮霍。意氣曾將冠蓋薄。筆掃千人興最高。風還太古心如灼。富貴洛陽驕嫂妻。頗笑蘇君情狀惡。知小謀大竟何成。有如枋鷃窺雲程。造化從來無詭舛。千鈞自重蟬翼輕。同時捷足爭津要。眼中勁翮皆蓬瀛。老妻知足不鄙我。勸我無愁安棘荆。諸兒成人兩女嫁。身累漸釋心漸清。歲月東流莫可止。星星白髮已如此。市交輕薄徒紛紛。二三良朋相繼死。達亦不足慕。窮亦不足恥。丈夫貴達有生理。牢騷抑鬱胡爲耳。

山居即事

甘年心跡靜山館。傍煙蘿。得路鵷鴻翥。忘機麋鹿過。貧居愁事少。老至退心多。獨往時乘興。看雲動浩歌。

安貧

知交零落盡。白首一貧身。諸子無長策。老妻聊故人。映花殘卷展。對月破琴陳。安我分中事。勞勞任俗塵。

湖心亭晚眺

沿隄芳草碧涵煙。暮色湖心斷復連。小雨舟橫楊柳岸。斜陽人坐藕花天。顏衰已禁林中酒。歲晚曾無郭外田。不是靈均常被廢。行吟虛傍楚江邊。

楊綍 號冊亭太和人嘉慶戊寅恩科舉人官昭通府教授有冊亭詩稿

先母忌日客都中作

嗟余幼失怙。母志矢冰霜。撫孤十九月。切切哀衷腸。兒年行以壯母顏日以蒼辛積成喘咳終年難據牀貧家少甘旨禱愈惟藥湯一朝棄兒逝屈指五年長年年當此日摧慟心傍徨墓下具盤羹嗚咽不能嘗猶可將殘淚滴滴霑衣裳今茲萬里別何人薦一觴白日易頹斜高嶺草色荒望雲西更西安得雙翼翔人生圖富貴榮華耀閭鄉那復事鬱鬱京華逐名場母在未祿養母沒羈遠方不如屋上烏啞啞老烏旁

宿羅漢壁

卻近下弦月遲遲未肯明水雲留短榻星斗挂前楹幽險何年鑿登臨我輩情朝來嵐翠裏俯看日東生

立夏山中偶成

屋角禽鳴已變聲。晝敧山枕睡難成。花飛別館春初去。
雨落空庭草又生。對酒情多虛少日。懷人信遠隔重城。
萍飄身世都無定。獨步橋西閱晚耕。

游碧雲宮

不辨靈宮古路分。鐘魚隱隱斷巖聞。荒山老寺落蒼瓦。
綠樹清潭空碧雲。行榼僧歸貪茗趣。午衙蜂罷戀花醺。
名心到此都成寂。沸耳溪流日又曛。

歸日省城西道中懷昆明諸友

鴛鴦瓦上曉霜天。小立清溪一悵然。世事銷魂惟遠別。
人間適意是青年。郵亭斜日驅羸馬。古道西風咽暮蟬。
淚語相思誰寄去。頓教悵望野鷗邊。

中元節偕家葛山夜話

作客今成萬里游。京華小聚暫淹留。拋來家祭三年淚。感到鄉關七月秋。客思纏綿添酒債。緇塵黯淡染衣篝。浮名自悔初心左。伴侶蒼山坐散愁。

喜晤徐怡園拜懷令弟翼堂時客山東

殷勤訪舊快周旋。何意仍難咫尺緣。入夢相思一萬里。把杯重話十三年。升沈世事回春日。凜冽都門暮雪天。惆悵荊庭人去遠。大明湖水渺寒煙。

出都

留戀都門不肯行。連朝暮雨迫征程。朋儕盡羨還鄉樂。雲樹偏殷望闕情。舊日郵亭添燕壘。別來官鼓聽蛙更爲霖未恨出山晚。祇愧端居負聖明。

薔薇

治葉倡條看好姿。爭誇顏色陋辛夷。添來一架香侵骨。值得千金笑解頤。刺爲力微工自衞。花緣嬌重轉難支。含情含思東風裏。浣罷朝晞讀句時。

送謝石矅之武定學博任

又向滇圻訪舊游。臨歧暫與擧椐甌。一窗寒雨人將別。半榻疏燈病欲秋。此日欣看毛義檄。何時同泛李膺舟。獅山到正黃花節。白酒新詩取次酬。

哭王玉海同年

斫地難言歌莫哀。王郎今竟委蒿萊。九京未許斯人作一代誰當大雅才。歷刦青山空自好。多時別夢未輕來。訴他眞宰天應泣。暗雨陰雲鬱不開。

廿年貧賤託心交。學步淸吟當解嘲。野寺瓊花三月住。丁卯春同讀書城北僧舍奇書夜雨一燈鈔。師資博雅能兼擅。友誼纏緜味曲包。今日望衡徒憶舊。深情觸淚黯難拋。

長安我又賦將離。乙酉冬訪王海村居時余將北上款款芳樽對話時。別後魚緘曾達否。歸來蝶夢忽淒其。酸風寒食人攜榼。斜月秋墳鬼唱詩。黃土一坏成永訣。天涯何處覓相知。

輿中得黃菊一枝感賦

寒英籬落幾横斜。棖觸秋懷一倍加。久向風塵消白日。羞將憔悴對黃花。亦知入世原多事。欲寄吾生未有涯。

何日浮名謝俗累。晩香小築寄情遐。

春日重過北山舊讀書處

野花如雪壓蒼蘚。躡屐春山又幾層。惆悵鶯花舊吟地。白頭猶見故山僧。

秋夜宿大石菴

枕藉僧寮睡未成。清熒佛火夜深明。長簷謖謖寒濤湧。盡是青松作雨聲。

十七夜

秋後雲陰不放晴。最憐羈客短燈檠。蟲吟卻醒西窗夢。自起披衣看月明。星光熠燿尚微明。絡角銀河已四更。樹影橫斜秋正寂。

西風吹作亂泉聲。

訪菊

京華踸踔逐名場。若箇偷閒嗅古香。坐到日斜花弄影。熱中心事一時涼

病愈見月作

雨歇高城報夜鐘。晚吟人健破疎慵。月華忽墮橫釵影。借得鄰家一樹松。

徐嘉璠 字斐如新平人嘉慶戊寅恩科舉人

乞巧詞

曝衣樓上一鈎月。涼秋又值雙蓮節。七孔鍼輕縷漫穿。九華燈皎花初結。中庭瓜果紛駢羅。靜候雲軿渡絳河。

深閨兒女默相禱明日蛛絲得巧多。仙查孰犯銀灣地。眼看雲錦天章異。玉露金風瞬息間。星妃那與人間事。一年七夕一經過。癡骨妍皮奈爾何。祇有璇璣工織錦。魚緘能感竇連波。

戴紉蘭 號香谷昆明人嘉慶戊寅恩科舉人

安甯道中

螳川風物舊曾諳。再過雲山取次看。相業久沈增客感。文章欲繼見才難。豐碑半蝕蒼苔細。古井閒飄落葉寒。無數暮鴉啼遠道。斜陽衰草悵征鞍。

悼亡

生小愁吟潘岳詞。何堪眞作有情癡。片言爲報重泉道。

不向春山再畫眉。

陸蔭奎 號夢坡昆明人嘉慶己卯 恩科進士改庶吉士官至江蘇布政使

登大塊樓

飛樓百尺接氤氳。曉霧蒼茫氣吐吞。煙火萬家環埤堄、江潮終古閱朝昏。直教蘸柱扶坤軸。且喜鯨波靖海門。高處只疑天尺五。慙無微績答 君恩。

侯錫理 字蘊山鄧川人嘉慶己卯 恩科進士官松溪縣知縣

四兄生日

海畔重行行。征人獨踽踽。七月不知秋。溼蒸汗如雨。有兄萬里來。他鄉今寂處。三月斷音書。晨夕誰與數。況逢初度辰。遙遙雲水阻。曩憶家園居。歲節常歡聚。弟勸兄亦酬。傾樽盡淸酤。貧賤甘如飴。羹藜守環堵。連牀樂有餘。奚爲戀簪組。

歲暮

拙宦真如寄。官齋意颯然。天涯思故國。海嶠滯殘年。置散逢迎少。安貧念慮便。淡中滋味永。莫使旅愁牽。

長姪歸里

五年此晨夕。憂患與同之。後會知何日。臨歧不忍離。從官羈驥足。將毋逐烏私。努力前頭路。毋爲伏櫪悲。

內渡有期不果行

飲啄由前定。行休敢自專。計時秋已到。相望月重圓。漉汗貧番布。布以芭蕉根爲之番婦達戈紋烹茶買淡泉。臺灣水鹹澀淡水價昂奧匠風土劣。惆悵白雲邊。

戴澤溥字均仁南寧人歲貢官雲南府訓導

劉爾庸邀飲福海閣

樓高煙霞近。顧盼豁襟期。昔來花滿樹。今來葉脫枝。相去曾幾何。鬢髮白成絲。感之增歎息。對酒聊自持。醉歸見明月。相對還相思。

移居後省親

卜鄰近山村。位置聊井井。移徙勞親心。事定合歸省。吉僉兩兄弟。使我心悲哽。曉起帶霜邊。不厭衣裳冷。行行過大坡。風景宜人多。旭日散牛羊。荒圃亂鴨鵝。數日不相見。白髮彌皤皤。登堂白始末。兩弟今如何。親言各得所。勿庸常疾首。澤周事筆耕。書齋傍村後。澤純夙瘦弱。令其侍左右。比鄰有姻婭。村居更可久。須臾兄弟歸。問訊各執手。屋下多莓苔。斜陽照疏槐。飯熟母呼兒。食飽方許回。瓶中還有酒。可酌三兩杯。食畢辭親反。父母若銜悲。父母不舍兒。兒心彌依依。低頭愧兄弟。晨昏奉庭闈。

李嘉謨號晴川趙州人貢生

苦雨

旅館頻搔首。層陰不肯收。但聽今夕雨。殊動故鄉愁。山易迷煙霧。淮難辨馬牛。家書昨日問。何事苦淹留。

錢履和號勵生昆明人嘉慶己卯舉人官安岳縣知縣

新都得代

聖朝重牧民。中外蒸然治。簡畀先大僚。綜覈逮羣吏。州縣實親民。萬姓身家寄。維茲百里中。民事卽吾事。一夫不可失。六馬何由馭。戰戰復兢兢。是繁簡可御。勿存省事心。去官如初至。治國如治家。身親情乃悉。我初來始康。吏事苦未習。有如理亂絲。又如入闇室。比聞父老言。民勞亦可息。五村二十甲。俗久困徭役。澤雁鳴何哀。魴魚尾何赤。顧茲弊已深。掃除非旦夕。弊除人不知。民乃安衽席。設施苦未竟。瓜期忽已逼。去去且復留。後來煩潤色。我躬雖不親。我後曷弗恤。

書事

朝廷設百官。親民惟守令。閭閻疾苦多。採訪宜兼聽。奈何循舊規。三八期先定。積其不平鳴。適起訟者釁。是宜達民隱。勿慮爭風競。爭風息不難。虛堂懸明鏡。

生人寃易伸。死人恨難雪。救生不救死。此論恐未切。莫謂鬼無知。地下魂愁絕。所望堂上人。瘡痕細與別。髑髏雖模糊。其中有熱血。吾憐階下囚。吾哀冢中骨。

四序有乘除。往來分逆順。吾觀歲除時。斗柄樞常運。人事奈何殊。年終輒封印。有封必有開。文告紛紛遍。一張復一弛。人心勤亦倦。所賴良有司。流光惜分寸。勿以案牘勞。幸此居息宴。縣官一日勤。居民終年便。誰歟說戴星願法天行健。

養牛吟

西域人家多養牛。手搓牛乳作酥油。潤如鵞肪脂尤膩。滑比羊酪匙可流。主人飼牛牛有乳。牛還以乳食其主。牛隨主人參養熟。主人亦借牛鼓腹相依爲命牛與畜。北風一夜雪花飄。蠻方七月草已凋。檄書昨夜至蠻觸慣多事。官兵勞遠征。不如土兵利。番兒奉檄書按戶選驍騎。馬以載官兵。牛以載糗餌。主人牛多力更齊。十牛九選驅而西。主人不言空懷怨。吞聲惟向牛前訴。念爾在家食猶無。此去昌都天寒路遠更何如。公家賞需昨夜支。不知乾沒腹飽誰。爾行無食我無乳。一樣枵腹常忍飢。

水碓

姮娥擣藥多辛苦。夜深拋落月中杵。老蛟昂首怒挈來。化作機舂付龍女。道傍遙和擣衣砧。野水寒塘飛暮雨。一碓聲高一碓低。潺湲力大輕重舉。潮來潮退石點頭。響疾響徐腔應鼓。日高猶聽城旦舂。夢枕秋濤天正午。碓中浪打碎珠跳。水面風迴落花聚。計日何止斗粟多。操作不勞更賃廡。風雨時聞守魏舒。製造遙傳掀雍父。杵臼之利取雷山。濟以水德非小補。老農終歲飽黃粱。止馬毋庸憂二鬴。年終舉酒酹江神。好同井竈祀列五。

裡塘

吁嗟裡塘民何苦十室九空少積貯吁嗟裡塘民何惰
終年未解學農圃男爲鼓操女烏拉販茶僧亦西域賈
自來田功無人康出城一望空曠土或云西方序屬秋
於時爲陰不宜黍金生粟死理固然力耕何必不逢年
有田未墾地未闢貨則棄地功貪天爾民飢餓皆自取
會教荷鍤隨田父因其早晚務惟三與相地脈種宜五
汪汪之陂下田良豆爲青黃不畏霜九眞尚可種穜稑
斥鹵誰謂無稻粱代田旣搜都尉粟眼看樹禾還樹木
此事期在十年後功成告我雙黃鵠翻用翟方進事好使番民
利賴多嗚乎吾願固奢奈拙何

贈郭有堂廣文

清瘦郭夫子文章舊有名冷官將廿載傲骨足平生課士心原苦論人識最精惟君能忤俗我亦寸心傾

贈張榆南

榆南才不俗小試屈風塵愛酒常招客得官難救貧紅櫺分古意（廳署紅櫺傳爲升菴先生手植）白眼謝時人枳棘棲何久行看鳳翮振

中江道中

驛路逢春好江干緩緩過田收冬水足山入暮雲多野戍都栽杏人家愛養鵞還看新燕至歲月苦消磨

安泉山拜賈浪仙墓

豈有黃金鑄斯人難再生范陽歸路遠司戶一官輕白

骨埋荒冢青山了世情。不須悲謫宦淪落振詩名

裡塘雜詩

何處閃鸞旂。軍中閒打圍。椎牛朝聚讌。射虎暮忘歸。月
上琱弓滿。秋高塞馬肥。卽茲昭訓練。閫外壯兵威。

哭徐香樵

尚記別來日。天涯歲又除。逢人方問訊。寄我久無書。一
病知何日。全家甫到初。遽今悲永訣。地下痛何如。

家蘅儂兄赴任巴塘賦贈

相見一何晚。相逢意最眞。天涯同作客。世事總輸人。此
去關河近。到來僮僕親。蠻荒無可贈。珍重歲寒身。

月下登喇嘛寺最高處

崩石墮城樓飛泉在上頭山川有奇氣風月動邊愁塔影一天落僧居四面稠當門餘戰壘夜夜陣雲浮

月夜望喇嘛寺各孔村

過雨見明月先秋送早涼山城無雉堞僧舍簇蜂房閃爍松光細氤氳柏子香時從高樹外塔影認輝煌

初秋有感

大漠秋先至邊城暑易殘有時還對雪入座已生寒快意防多辱窮居冀少安得歸遲亦好不是替人難

得謝石臞先生書卻寄

故人風雨最關情幾度相思隔錦城千里別蹤書一紙六年歸夢月三更聽來宦況莫嫌冷傳到詩才好是清

贈我箴言防驕步。前途久已怕先爭。

近事誌感

年來歲月苦蹉跎。五十頭顱鬢已皤。閱世也知爲吏拙。捫心惟恐負人多。更無薏苡憂讒甚。空有鞠窮如疾何。匹馬短衣從此去。西行勉荷候人戈。

打箭鑪道中

到此爭看北斗斜。西藏在井宿之西四時觀北斗在東由鑪城西去皆然巉巖一綫路盤蛇。山如削鐵懸枯樹。水作回流捲落沙。自鑪城西至河口水皆西流三月人家方種麥。一春風雪當飛花。時清不復巖關禁。處處番民爭買茶。

由西俄洛至裡塘途中書所見

日斷荒城路正賒。採風到處客停車。斜陽滿地人驅犢。老樹經年雪作花。衰草黃雲迷遠塞。雄狐赤兎走平沙。三千梵宇輝煌甚。一片幢幡絢晚霞。

對雨有感

坐對檐花落不休。陰晴無定是遐陬。一年雨過常飛雪。六月寒多未解裘。慙愧官閒了無事。傳聞邊警獨深憂。海氛未息蠻煙起。到處安危勞　廟謨。

大竹卡

陡絕山容路不平。斜陽一望雨初晴。客來只在蠻塘住。日暮惟聞梟鳥鳴。積雪年多皆化石。陰巖樹老半成精。長宵未敢張燈火。山鬼窺人輒夜行。

題內人遺像

非空非幻亦非眞。生是蓮花解脫身。不忍遽言卿已死。繐帷相對尚如賓

談錫疇字範九蒙自人嘉慶己卯舉人

辰溪舟次大雪

羣山一色遍江水。水色倒映山光裏。舟人宛坐玉壺中。刮骨棱棱風四起。自敲篷背爲煮茶。爐紅雪白香生齒。何事詩情雅近騷。地接澧蘭過沅芷。篙聲鏗耳泉爭裂。凍瀑臨風仍不止。舫人一笑鷺鷥容。笠上梅花堆尺咫

滇詩嗣音集 八

滇詩嗣音集卷十八

呈貢戴淳古村定　　昆明黃琮象坤輯

李於陽號即園昆明人五華五子之一嘉慶己卯副貢有即園詩鈔蒼華詩集

班姬怨

紈扇復紈扇。出入君衣袖。不能禁秋風。敢說情反覆。自怨時難留。恩無新與舊。妾身尚棄捐。微物感何又。

乙亥秋侍劉寄菴師游羅漢壁同張雲卿

遥望太華山。離情倏四載。故人鬢已蒼。山容青不改。買舟泛昆池。綠波聞欸乃。寒林起炊煙。對面孤村在。墜石壓雲端。危峰插天半。佛睡醒何年。嘉名錫羅漢。如此丈六身。東坡不可讚。恍疑彈指間。樓閣空中煥。躡足

到上方回頭乃是岸

游山愛月佳看月逢秋好美境不可期人情善顛倒夜窗風雨過寒燈如豆小身疑落鮫宮濤聲四面繞昨夕對月明悔不來游早

鐘聲度林薄曉色浸窗虛寸心盼朝暾急起窺有無神仙弄狡獪繪作無極圖天地與山川似反混沌初果爾論開闢盤古亦吾徒百年常住此其樂當何如風起雲偶散恰露一山孤

天巧貴自然穿鑿傷物理試訪朱家菴依稀存故址鐵鎖駕長空飛渡心欲死由來嗜奇人興必絕境止每以性命輕而爲耳目使惜哉趙道士一拳勞十指務奇轉

失奇。山靈竊。不喜愚。似負山公。頑亦石頭比。
直上先天閣天風鳴颷颷吹我濯足心落向水西流。水
天匯一鏡。照出四壁秋。此地不勝寒。況乃說瓊樓。結想
幾時到浮雲空悠悠。安能傾洪波爲滌萬古愁。
滇會第一區。游者履相錯。惜無謝與韓。歌哭頗蕭索。今
日寄菴師。胷中具丘壑。酒酣搖大筆。疑挾奔濤落。祗恐
驚蛟龍。山深風雨惡。
吾友雲卿子。翩翩擅才華。前度同君來。三宿飽煙霞。使
酒歌一曲。留題道士家。今復來此地。不見醉墨斜。人事
成代謝。盛名還堪嗟。未遇采芝叟。歸舟入蘆花。

四哀詩 才子多窮文章無命我思古人悲從中來作四哀詩

劉蕡

我哀劉司兵。射策金鑾殿。落筆懍風霜。發聲震雷電。紛紛耳與目。當者盡聾眩。慷慨治安才。不能膺一薦。柳州苦瘴癘。青衫死貧賤。同時祇李郃。上疏漸羞面。

羅隱

我哀羅處士。生平負俠氣。十上金馬門。嗒焉喪一第。昂藏男兒軀。反被紅顏戲。解嘲借雲英。終古酸心事。去住依人難。湖山滿眼淚。贏得數卷詩。精光燭天地。

盧仝

我哀盧玉川。吟壇肆豪邁。世無島與郊。獨成一境界。戕戕大雅羣。誰能當險怪。意氣感蹉跎。青紫兼拾芥。幸哉際昌黎憐才泯成敗託足向韓門千秋亢痛快。

李賀

我哀李長吉長爪矜年少尋詩駝蹇驢得意山鬼嘯日日嘔心血形影獨憑弔遼海哭秋風反惹旁人笑金榜世間辭玉樓天上召招魂魂可知欲排閶闔叫。

鄰婦哭

霜風動林莽落葉如長歎苦吟助哀響燈昏夜將闌忽聞鄰婦哭哭聲淒以酸婦年老且寡婦身飢又寒膝前有一子短褐常不完幸恃筋力健而與口腹拌朝暮勞出入僅給阿娘餐貧賤事親飽即作顯揚看鬼伯太不仁兒病悲葢棺母子同性命傷哉白髮單有子尚如此

無子生實難。生亦何所戀。黃泉樂團圞。

兵夫嘆戊寅年作

巍巍化日裏。豈得容幺麼。嗚乎此小醜。乃敢羣稱戈。興
師討厥罪。殺傷遑恤多。爾命不足重。民命苦如何。
去年擒巨魁。今年平餘黨。一紙羽檄飛。大兵連夜往。笑
彼穴中蟻。鬬志成夢想。徒以累吾民。兼且負官長。
兵行到州縣。例用民當夫。胥差抱花冊。閭閻肆追呼。常
額不給使。加派按田租。用兵爲安民。努力向長途。
前軍去未遠。後軍已復至。汗血猶流紅。又呼有差事。行
行稍委頓。鞭撻骨肉試。告公且哀矜。三飱飽一次。
兵票未曾到。官票如火速。先期二三日。拘來縶夫局。有

錢尚求食。無錢痛楞腹。忍餓不敢嗔。貽誤死難贖。稽遲公家程。坐受官喝責。大膽違軍規。爾罪死應得。赴役如赴敵。惴惴無人色。嚴威向前施。殺盡江邊賊。兵往賊蹤潛。兵來賊勢逞。往來竭民力。白骨路旁冷。賊死尚他方。民死不出境。速望埽餘孽。太平在俄頃。轉瞬月三捷。凶頑盡勦除。吾民各歸家。手把犂與鋤。更祈雨暘時。今歲倉箱儲。含哺歌恩德。恩德皇天如。

侍母病作

我母五旬餘。形神頗就衰。偶爾失調攝。寒暑遂召災。厥疾雖已瘳。杖履終不宜。事親致親疾。子職無乃虧。回憶我襁褓。母懷何曾離。稍覺抱苛癢。母心遂弗怡。我今及中年。母顧猶孩提。體羸每臥病。累母常焦思。兒病奄一息。母愁結千絲。母病兒不憂。何用生兒爲。問兒憂母病。可似母憂兒。不願鐘與鼎。富貴報恩慈。第願母壽考。且願兒期頤。雲溪買百里。種花兼種芝。采芝進膝下。頌獻康彊詞。嗟乎老萊子。行事眞吾師。

擬從軍行

將軍羽檄來晝夜八百里。大言敵勢張。妖氛斷江水。飛符急點軍。愁雲紙上起。霍霍磨寶刀。壯士竊心喜。寄言妻與孥。勿憂戰場死。侯封還可期。捷書奏　天子。治夷得其道。任乎自然耳。趨利乃性成。利在勿漁彼蠢動。雖有時。牛自苦飢始。游民附者多。生計何所理。羣作枵腹賊。索食擾邊鄙。奸人更搆釁。亂機遂難已。渠罪原當誅。可憐夢夢死。三軍盡熊羆。行看除犬豕大兵過村店。百姓悲無辜。兵威勝賊威。索食聲喧呼。供給須臾緩。鞭箠交肌膚。吞聲說不得。搜括遍雞猪。醉飽各酣臥。明日登前途。前途復酒肉。誰還詰公徒。道傍橫陳人。云是軍中夫。終朝未曾食。忍餓嗚嗚嗚。

兵法貴神速。謀成在不戰。高壘結連營。軍聲走雷電。萬眾截江流。未覩賊人面。焚掠村屯空。缺食自逃竄。將軍凱唱回。敘功賞過半。應瑞降甘霖。戈甲洗清宴。投筆復何爲。依舊弄柔翰。歌詩頌太平。烽煙靖郊甸。

泣牛謠

一牛奄奄病將死。一家對牛泣不止。我問泣者爾何爲
爲言牛死心傷悲。典衣買牛已兩年。牛人之命與牛連。
朝飯豆暮飯豆。戒牛飽食牛勿瘦。朝犂田暮犂田。願牛
爭給牛人錢。養牛能耕田百畝。得錢能糊家八口。牛作
機杼復升斗。我家第願年年衣食康。我牛第願年年筋
力強。可憐牛死牛弗辭。牛人辛苦牛可知。朝不見牛出。
暮不見牛歸。大兒小兒羣泣飢。欲再買牛典無衣。牛兮
牛兮忍別離。吁嗟乎今年牛死人太息明年人死牛不
識。

賣兒嘆

三百錢買一升粟。一升粟飽三日腹。窮民赤手錢何來。

攜男提女街頭鬻。明知賣兒難救飢。忍被鬼伯同時錄。得錢聊緩須臾餓。到口饔飧卽兒肉。小兒不識離別恨。大兒解事依親哭。語兒勿哭速行行。兒去得食兒有福。陰風吹面各吞聲。拭淚血凝望兒目。賣兒歸來夜難寐。老烏啞啞啼破屋。

食粥嘆

廠門開。食粥來。千萬人。呼聲哀。大者一盂小者半。胥役執簽按名散。少壯努力爭向前。老弱舉步愁顛絆。自晨至午始得食。飢腸已作雷鳴斷。朝粥粥抵餐。暮粥粥抵水。飲水難療生。猶勝無粥死。今日未死明日來。行行太息爾何哀。哀食粥。不會飽。此言莫說恐公惱。街頭多少嘆枵腹。廠中日費十石粟。公活我德如天。十石粟。三萬錢。三萬錢。價高邁。窮民無錢乞粥來。胥役有米出廠賣。

米貴行

瑟瑟酸風冷逼體。攜筐入市糴升米。升米價增三十錢。今日迴非昨日比。去歲八月看年豐。忽然天氣寒如冬。多稼連雲盡枯槁。家家蹙額憂飧饔。自春入夏米大貴。一人腹飽三人費。長官施粥還開倉。百姓猶傾賣兒淚。插秧禱雨猶歡聲。方道今歲民聊生。豈識寒威復栗冽。穀精蝕盡餘空莖。去歲無收今歲補。今歲十成不獲五。忍將性命敵荒年。百苦無如兩餐苦。昨飢賣兒思幸存。今飢無兒空斷魂。新鬼道逢故鬼語。繪圖何處來監門。

李烈婦　烈婦劉昆明賛者女年十八歸賈人子李葵爲婦嫁方兩月夫以痰死越五日婦赴井殉焉

李氏婦。劉氏女。年方及笄歸於李。嫁夫兩月夫竟亡。從夫大義惟有死。黄泉咫尺願同行。一夕輕身赴井底井能照妾貌與心。妾貌如花心如水。紅顔多少逐頽波。零落胭脂轉盼裏。葛衣翁羞紫綬人。天性激發乃若此。嗚乎彼尚賛人子。

李烈女　烈女李昆明人字同邑季氏子未婚而夫與翁姑相繼卒女父母欲別字女女乃吞金鐶二不卽死復取帛嚙指血作書矢必死越日遂自經鐶與帛皆夫家聘物女年二十二

環是金所成。女心如金一寸貞。帛是絲所作。女命如絲一縷薄薄命貞心人孰知。字夫未及從夫時。二十二年

清白體用全婦義報親慈。吞環心死身不死。環比妾心
堅遜矣。呼天斷盡九迴腸。何況區區嚙一指。以指書帛
帛漬血。女血猶熱女命絕。留得行間點滴紅。帛不能灰
字不滅。安得勤買絲千兩。繡出千金烈女樣。

題孫瘦石詩鈔

放眼黃金賤。搔頭白髮皤。貧催名士老。才占古人多。旅
跡風霜冷。詩篇歲月磨。等身留著作。他日繼東坡。

苴力鋪升菴先生賦垂柳處

最是關情過板橋。東風立馬問前朝。飄零萬里思公子。
寂寞三春賦柳條。古道魂銷愁渺渺。新都人去夢迢迢。
荒村不比深宮裏。卻惹蛾眉妒舞腰。

秋柳

一帶疏林畫夕陽。依依不見舊輕狂。魂從別後愁風雨。亭是來時問短長。未了緣猶枝挂月。相逢人亦鬢添霜。可能眉眼垂青處。尚認春宵賭曲場。

寄酬謝石臞用元韻

車馬曾衝冀北沙。雙親同望錦還家。那知秋雨悲椿樹。況對春風泣杏花。拭淚應看慈母線。還鄉好種故侯瓜。屋梁落月挑燈坐。吟就相思未有涯。

楊蓉渚明府偕嶰谷過訪奉酬

臥病荒園序欲秋。漫勞車馬過名流。天容賓主消三伏。地占湖山共一樓。白鶴解圖佳客舞。清樽酹盡故鄉愁。

還期買得輕帆檥。指點煙波作勝游。

雲南驛題壁

長途風雨滯征驂。無限情牽彼此難。子慰親心親慰子。
傳書一樣是平安。

鵲橋和寄菴師

銀河隔斷見應稀。烏鵲成橋是也非。一樣神仙簫史好。
雙雙同跨鳳皇飛。

七夕

碧空秋靜籟無聲。乞巧樓中月影橫。便作神仙猶怨別。
人間何事祝長生。

趙　桂　號小山南甯人嘉慶己卯副貢

九窮詩 天倫剝落骨肉摧殘漂泊秦關衣食無計因作九窮詩以自歎 選三

哀煢獨

哀哉煢獨。抱恨終天。春露秋霜。悽愴萬端。曖曖斜暉。依依寸草。我心憂傷。愁焉如擣。　瞻彼大澤。登彼高山。流水東去。白雲西還。水流不轉。雲去不返。思我二人。中心慘慘。　南園種椿。北堂種萱。惟此椿萱。壽皆千年。人生天地。何獨不然。靜言思之。泣泗漣漣。

泣孤雁

煢煢孤雁。悠悠南行。鄉聲萬里。旅夢三更。偶見弋者。時懷震驚。眀眀側目。孔癏不甯。　豈無文章。風霜之氣。豈無翰墨。煙霞之字。毛羽既單。身命既棄。俗鳥凡雛。反以

爲戲　涉彼瀟湘過彼洞庭洞庭水寒瀟湘水清秋霜悴之引吭以鳴晴川渺渺寄汝深情　紛紛同類自北而來長幼相續賓主互陪蘆花之岸秋水之涯嗟此孤雁亦孔之哀

感鷓鴣

嘗聞鷓鴣飛必南翔行人所思惟在故鄉惟此故鄉道阻且長思之不見涕泗傍徨　春樹暮雲清風朗月憂心慇慇不可斷絶豈無鯉魚豈無鴻雁雖能寄書不如會面

癸酉春扶先君靈櫬回里因資斧不給亡室骸骨猶寄外方瀕行恍惚夢與亡室相偕豈魂靈隨

子同返耶抑恐余相棄而故以情告耶人非木石孰能無情第事有緩急不能不權其輕重耳因爲詩慰之

貧富不易交生死不易心何況我與汝芝蘭臭味深我歸滇之南汝葬秦之北可憐異鄉魂令人心痛惻豈不念結髮爲報鞠育恩力窮難兼顧輕重自當論汝父歸窀穸汝母幸在堂汝兄雖遠别不久當回鄉雖無連理花尙有紫荆樹幽明若可通一室好相聚汝心儻憐子隨子返故國汝魂竟無知守汝舊邱宅他年訪長安憑弔南山側百歲歸其居與子當同穴

采蓮曲 詩社中分詠采蓮同人靡不鏤玉雕瓊而余獨徘徊臨風眷念無斁借彼麗曲發我

幽情雖大雅見哂弗恤也

采蓮采其華浥露眩朝霞豔質雖所貴不種幽人家采蓮采其葉有如萍蓬客風吹西復東不戀君子宅采蓮采其根有根能結子與子同身家不與同生死采蓮采其心蓮心似我心蓮塘千尺水不及蓮心深蓮心何太清蓮心何太苦可憐一片心棄之三尺土回顧雙鴛鴦悲歌淚如雨蓮花有死生蓮心終不改蒹葭秋水間中有伊人在笑謝采蓮人此外不堪采

六月中陰雨連緜愁人添淚痛書數語聊解鬱陻

黕雲如張羅罥我憂憂思魂迷氛亂人意豈真天地昏迷氛吹不去憂思除不易天工一滴雨人間一滴淚一滴

不成夢再滴不成眠雨如嗚咽水淚如相思泉不知淚
多少涕泗雜滂沱若將淚比雨雨少淚翻多茲雨尚有
盡茲淚無窮期聲聲雨和淚流到西蓮池有聲雨欲活
無聲淚欲死將此無聲泣寄入有聲裏昨宵團圝月無
復閨中看今日瀟疏雨猶恐泉下寒鴛鴦各飛去遺我
孤羽單持淚遠相贈念子三長歎老龍持靈珠照見兩
心肝照見不忍視淅瀝常悲酸陰陽事渺渺情波空漫
漫試看碧流水血淚染成丹

醉後贈別林西雝回鶴慶

我心已如寒冬月汝似燈花心太熱西雝交情大熱以此勸之今朝
匹馬還故關好學點蒼山上雪秋風落葉滿地飛他年

逕汝白雲扉。

七哀詩遭家不造蒿目愴心偶擬少陵七歌之體以誌悲懷非必欲效顰古人亦以傷心之故情不容已耳

滇南有客字玉叔。垂頭散髮臥空谷。面目黧瘦鳩鵠形。淚枯血乾深見骨。田園零落死亡盡。黃昏日暮仰天哭。嗚乎一歌兮歌聲微。茫茫宇宙將安歸。

有父有父宰邊疆。山城冷署何淒涼。囊空不積一斗粟。中道棄擲身喪亡。敗棺朽木斂尸骨。十年始得歸故鄉。嗚乎二歌兮歌聲急。雲山四壁增太息。

有母有母淑且哲。桑榆未老萱花折。兒生七歲母先亡。長大不復憶顏色。白楊衰草青燐飛。欲求報恩何可得。

嗚乎三歌兮歌聲哀。長風吹淚灑荒臺。
夢蘭夢蘭黔婁妻。鴛鴦雲水同雙棲。紅顏薄命埋荒冢。
旅魂長滯秦關西。清明歲暮時悵望。杳杳雲樹昏離迷。
嗚乎四歌兮歌聲咽。此生與子不同穴。
慧眞慧眞命何苦。少小離鄉棄桑梓。天涯同難兩相依。
蜀水滇山涉萬里。皇穹何不佑善人。六年癆瘵七年死。
嗚乎五歌兮歌聲寒。劍鋩絞割摧肺肝。
有兄太柔嫂太拙。力薄不能挽寸鐵。長虹呑食不敢歸。
飢走荒山泣雨雪。室中弱媳伴孀姑。雙目無光腸自結。
嗚乎六歌兮歌聲放。寒燈黯室增惆悵。
平生壯志欲作蛟龍吼。肯學村雞並走狗。才力不與時

命爭。吁嗟往事難回首。心膽迸裂魂魄飛。安能與汝共長久。嗚乎七歌兮歌聲畢。他年重復見天日

月圓人缺離思千端節近中秋倍添愁恨偶作

一死歸何處。三生夢未眞。可憐今夜月。不是去年春。濁酒心中事。香花夢裏人。重泉秋更冷。憐爾病愁身。

涼秋八月劉湘農擬杜作詩示予依韻和之

西風入戶穿我堂。短衣破衲寒侵腸。瘴煙迷霧太陰黑。落葉打窗秋草黃。病老十年淚迸血。窮愁八月天飛霜。江東劉子動詩興。中夜不眠客思長。

朱耀南姊丈爲予執柯予恐其未明己志也賦此卻之

我本沙鷗寄此身。天涯零落久傷春。數行鵑淚心中事。十載鶯花夢裏人。此後青山難買笑。他年紅雨更傷神。三生石畔憑誰問。空炷爐香說善因。

李重輪號鑑亭鶴慶人嘉慶庚辰進士官檢討

花毬

花田彌望花連畦。奇葩異蘂紛難稽。香風馥馥撲人面。五色十光目欲迷。就中素馨尤罕見。瓊朶輕盈攢雪片。瀲灩侵肌能解酲。寒香驅暑不須扇。惜不見美人結習久難忘。纖手摘來香更香。縈綠結縷上花渡。花渡頭在五華門南岸好佐今時巧樣妝。花農告我有別據。此是昔年埋玉處。每當月魄影淒清。常有花魂夜來去。

楊國翰號丹山雲州人五華五子之一嘉慶丙辰進士官玉環同知

寄池籥庭

心交不在言。善交不在跡。跡睽言轉疏。此交何時益。古來重知己。得一終勝百。不貴矜標榜。所期共指摘。此道關身心。斯世每輕擲。秋水對長天。美人予將伯。

聞弟棟藻失子寄此慰之

拭君丈夫淚。勿爲兒女流。骨肉信難割。時命豈自由。爾子猶吾子。聞之增我愁。我愁尚如是。爾愁何以休。惓念堂上人。含飴思更悠。爾今侍晨夕。所冀歡心求。慰親我亦慰。寄語銷煩憂。

題戴雲帆岵屺瞻思圖

愛兒植若木。傷親去如水。水逝難再歸。木生邑窮已。顧復思餠罍。瞻依陟岵屺。保玆孺慕心。庶幾古孝子。

弔建水馬氏兩世忠烈

將種多家風。忠臣自天性。丈夫烈烈忠孝身。何必躬膺虎符佩相印。馬家父子俱偏裨。賊人兩處知名姓。父曰立成子文雄。王事捐軀後先映。當年師出黔楚中。斬馘搶營功何迅。陷賊被焚劉家溝。沖天黑雲壓賊陣。澧社江外欃槍橫。勇士揮戈累冒刃。水卜黿前竟粉身。肝如鐵石心如鏡。父沒裹槊成灰飛。子死遺衣帶血認。悲父已教子心傷。有子從知父心稱。是父是子眞人臣。鬼雄夜夜陰風勁。

李本芳號性山新興人嘉慶庚辰進士官兵部主事

園花未放偶作

歲歲花爭發。當春便倚闌。今年開較晚。二月氣仍寒。絲雨連朝過。紗窗幾度看。一樽新釀熟。卻擬共盤桓。

李增福字成之昆明人嘉慶庚辰進士官江山縣知縣

讀蘭止菴滇南本草

君不見綺里商山採紫芝。羽翼漢祚宏功施。又不見通明句曲吹玉笙。宰相山中善持衡。行藏顯晦雖各異。在能濟世能壽世。止菴先生天下才。安邊籌策眞壯哉。當年若肯希封土。誠意景濂何足數。壺中別有小蓬萊。丹枕仙方修藥譜。吾滇僻處在天末。疵癘夭札逢不若。先生博識格物精。掌握陰陽啓豪籥。遺書一卷金匱藏。驅使草木皆天香盡人之性盡物性。從此調劑無夭傷此書眞得未曾有。造化在心春在手。一邱一壑水石間先生之功自可久。

寇　儼 號恪亭昆明人嘉慶庚辰進士官刑部主事

擬杜茅堂檢校收稻

飢驅吾老矣。戀此草堂幽。野際觀秋穫。天涯卒歲謀。鄉關何處是。兵甲未曾休。滿甕餘新釀。鄉翁肯少留。

朱　綬 字芳田昆明人諸生

擬陶淵明。

樸樸草屋。長松之陰。有客歸來。賦詩彈琴。雲無機事。鳥

無機心水流花放空山自詩

嚴子陵

節義與經綸均之佐天子光武際中興英豪感奮起廟堂材孔多子陵可隱矣長往謝故人桐江釣煙水

秋夜不寐作

賣賦無人售獻玉不屑爲恥作千時計卻羨屠沽兒昨夢見上帝帝笑憐我懇爲我換凝骨俾我添靈思既使生而穎兼令遇最奇我聞心愈促籲帝力爲辭帝問何所欲頫首陳其私願爲摩雲雁飛鳴任所之願爲棲松鶴飲啄隨其宜求之不可得既而又生疑恐爲弋人篡樊籠何時離左之既不可右之亦難期信乎生有命不

由人轉移仍安吾舊業曉窗且吟詩

感懷

不願爲東國之儒生只願爲北海之釣叟儒生能文不救飢釣叟得魚堪換酒幾回買舟苦無資一竿煙水空挂口丈夫雄飛未有時拓落風塵牛馬走敢云伸腰出臂手要向上天摘星斗不如歸隱雲外山敝廬薄田吾固有學爲老農聊治生先人邱墓亦堪守對客只是話桑麻治圃不過藝葱韭靜養心神天與游高臥羲皇古爲友鹿門移家效龐公未知老妻肯從否

春歸

蜨懶蜂疏過別家賠中物換感年華兒童不識春歸去

爭向階前掃落花。

李　轂 字子瑞河陽人監生

秋日偕友游乾明寺

清興殊無極。相攜作勝游。碧篁村徑雨。黃葉寺門秋。聽法龍蟠樹。談經石點頭。山僧能好客。不覺久淹留。

舟行即目

一篙春水淺。搖蕩蒼巖麓。歸去扣舷歌。漁家在深竹。

劉大容 號雲門寧州人恩貢生

力田

余家住城市。肄業惟琴書。力田非所習。不辨菑與畬。今春事耕種。終朝勤荷鋤。揭來西疇外。灌溉引清渠。新秧滋秀色。好風時吹嘘。小憩綠楊下。俯仰任自如。催耕鳴布穀。勸飲來提壺。野老時聚談。相親復相於。閒閒十畝間。怡然樂有餘。

春曉言懷

心安夢亦安。覺來天忽曉。披衣步庭前。愛此春光好。春草既芊綿。春花更窈窕。萬物各自得。人心胡擾擾。嘯歌一室中。欣然樂吾道。

同友人後山聽松

移居感離羣。幽懷誰與訴。有友惠然來。邀我後山步。彳亍到山巔。俯仰憑四顧。淸風來徐徐。有聲在高樹。傾耳靜聽之。鏗鏘類韶頀。悠然移我情。欲歸且復住。何當抱

琴來和此天然趣

種瓜豆

種瓜即得瓜種豆即得豆不種奚由得勿荒我園圃吾學亦猶植深耕復易耨芃芃吐其苗森森發其秀耕耔苟不勤安望秋有收凡物莫不然此理宜窮究

結茅亭

荆棘雜惡木四圍如城固呼僮刪除之青山一角露園内竹千竿園後松萬樹竹聲與松聲入耳皆成趣散髮自長吟脫巾時獨步結此一茅亭老我藏拙處

重過玉泉山雲濤寺

夙志喜登臨名山幾度尋路迴青嶂迴寺鎖白雲深樹

色含殘雨溪聲曳遠岑仙源今再到小坐息煩襟

目笑

馬齒笑徒加情懷老更賒樂交三益友愛種四時花窮
達由天命優游度歲華年來無別事詩酒是生涯

游西溪沖

見說西溪好行行一徑斜澗通雙石彴樹隱幾人家物
外情皆適山中境不譁相將歸去晚回首隔煙霞

老

歷劫身還在乾坤一腐儒甲週又逢子髮落少於鬚伏
櫪心猶壯長吟貌已臞有誰知老驥千里憶長途

閒

碌碌無他技。浮生半是閒。花時常酌酒。雨後即看山。高臥羲皇世。移情竹石間。不知老將至。何慮鬢毛斑。

七十自壽

作詩一千首。飲酒三十年。詩成長發嘯。酒醉即高眠。放浪形骸外。逍遥泉石邊。悤悤過甲子。何事學神仙。

聞寄菴兄祟祀山東新城名宦誌喜

孤臣効職敢言功。盛世於今祀典隆。一代名標循吏傳。千秋祠近聖人宮。無多惠政留山左。已有仁聲徧海東。俎豆馨香常不朽。好官何必位三公。兄已祀鄉賢嘉慶二年曾奉
御批好
官可用

九日

來逢重九早遷居。古廟相依一月餘。佳節恰宜傾美醞
空山況可讀奇書。隨人雞犬皆無恙。廢學兒童得自如。
嬾去登高尋故事。菊花淡淡對庭除。

訪戴古村。

十年前已耳芳名。此日方欣訪戴行。花木一庭饒野趣。
圖書滿架寄幽情。三生石畔人原淡。古村不肉食五子詩中
韻更清。先兄寄庵掌教五華時選五子詩古村其一愧我吟來無好句。聊將
新詠待君評。

楊仲魁號希元麗江人諸生

無爲菴訪僧不遇。

白石鎖山根。白雲橫山腹。盤紆上石梯。峰頂一茅屋。叩

門無人聲閒禽相飲啄欲歸猶未歸斜暉徧山谷

見蝶投蛛網有感

屋角挂蛛網飛蟲須知避有蝶何因緣倏爾從空墜愈動則愈纏無處張雙翅見者常咨嗟豈爾猶狂寐蛛網現有形世網無形器有形尚可逃無形實可悸

梨花

偶得春林趣相賞獨徜徉彼美在貞素豔麗非所長何以擬其品臨風瑞雪香似招幽人步誰吟靜女章白頭來共對忘却春芬芳

冬蟲夏草

蠻荒產異物耳目為之新變易寒暄候循環動靜因蔓

萋原是夢。蟆蟆亦非眞。殷食推苛品。囊中自可珍。

雨晴夜坐

漸覺塵囂靜。南窗意興悠。遠山繁雨歇。幽徑細泉流。月白天無暑。詩清筆帶秋。夜闌渾不寐。無事到心頭。

小園夜飲喜見月上

滿酌黃昏後。舉頭淩碧空。懷君三島外。伴我百花中。正好滌塵盡。偏宜敲句工。流連不肯別。隔夕恐朦朧。

立秋前一日病中吟

抱病五旬餘。塵封案上書。野禽親旦暮。夜月過庭除。體瘦如枯木。心閒似太虛。明朝秋信到。只合臥吾廬。

極樂宮宴集

筵開極樂宮。人在佛場中。樹色含秋意。鈴聲動午風。勸
杯多衲子。高詠一衰翁。正好忘機坐。斜陽嶺上紅。

雪中送劉芥畦先生之永北

既合還離神可傷。十年親炙誼難忘。馬前不斷雪千里。
裝內無餘詩一囊。漢代經傳延歲月。宋儒教演溢芬芳。
何年相遇重瞻斗。臨別依依且晉觴。

游指雲寺

雨晴渡海靜魚龍。徑出藤蘿石幾重。古洞吞來千疊浪。
飛雲帶出一聲鐘。境空塵外心無垢。秋染林閒景不濃。
還有故人喜相晤。款予信宿看芙蓉。

村晚

樹禽聲漸稀。明月上窗冷。寂寞掩柴扉。空庭踏竹影。

偶占

菊徑縱横半著花。南山高處夕陽斜。分明五柳先生宅。盡在雙橋處士家。

寄孫益淳家書題後

湘水衡山滯夢魂。老來終日臥南軒。欲知念汝難言處。細看行間滴淚痕。

過普趣菴尋吳僧元達禪洞

一壺一杖去逍遥。野草山花伴寂寥。為問當年入定處。雲横谷口雨瀟瀟。

谷曜林 字桐岡昆明人諸生

春思

曉起人意懶。春風吹羅幃。梁間燕已至。天涯人未歸。

宛轉曲

宛轉機上絲。纏綿無盡時。君心或我棄。妾心不君移。山川不相隔。魂夢常因依。何時見君面。始免長相思。

鄧鍾華 號蓮峯昆明人諸生

六里箐

山徑崎嶇處。迴環萬木陰。懸崖泉挂練。礙道石成林。澗冷猿啼苦。泥乾虎跡深。夕陽紅樹杪。辛苦未歸禽。

滇詩嗣音集卷十八終

滇詩嗣音集卷十九

呈貢戴淳古村定　昆明黄琮象坤輯

朱金點 號麗川安甯人道光辛巳恩科舉人

五月二十五憶春沂兄

靈輀計已返邱園。弱弟徒留秦管村。常向夢中隨雁序。那堪醒後哭鴒原。新祠仍自依公廨。野叟還多說舊恩。記得年年梅雨過。今朝有客到蓬門。

汪活園除夕納姬

灰堆打後祭詩篇。守歲何如守玉眠。香夢乍醒來賀客。喚他新婦御經年。

去黄龍山懷洛川李氏諸子

昨來已自恨遲遲。此去如何不繫思。到店酒醒人不見。始知今日是分離。

王佩璋號仙舫寶甯人道光辛巳　恩科舉人

長命縷

蒲酒冽艾衣鮮。抹黃塗丹兒來前。五色絲何聯翩。製爲長命縷。母意何纏綿。兒幼多疾母心牽。以縷繫兒兒命堅。無災無害兒長年。兒長一年復一年。回看母老非從前。縷兮繫兒不繫母。兒長命矣心何偏。兒名成。走幽燕。母倚門望將穿。恨昔不祝長命縷。繫兒心如金石堅。日日與母相周旋。長命縷。不復鮮。繫兒腕上年復年。兒歸來兮母已歿。兒雖長命何爲焉。此縷是母手中線。撫縷長號母不見。願從地下覓母還。重將此縷繫母肩。祝母壽長延綿。母去不復兒可憐。艾衣蒲酒祀母前。又繫孫生祝長年。

高若旭字用康霈益人原名乃聽道光壬午恩科進士官國子監典簿

擬樂府爲宋芷灣先生頌

種桑歌

經我蠶織。物土既詳。不樹而採。婦事其荒。中田有隰。平圃有場。種植宜木。十穫利長。隙牆陰翳。遠樹低昂。春日陌上。柔條載揚。采采女手。積匊盈筐。薄言賦事。曰太守桑。

疏渠謠

交河決兮我公憂。白屋沈兮牀竈浮。魚龍與人兮何讎。激洪波兮堰隄未修。懷明德兮公成謀。滌淤塞兮儲平疇。成有洫兮井有溝。水旣馴兮安流灌溉利兮緜千秋。載公澤兮悠悠。

留別劉寄菴師

小鳥依喬木。晨夕得所安、有時違咫尺。撫膺猶長歎。兹別不能決。去住兩心難。寄託匪移易。聚散胡無端。鞭策日以短。形影日以單。遠思風雨晦。惻惻摧心肝。

寄呈寄菴師

憶自去秋杪。拜首辭講帷。浮名一何累。家庭成久暌。決搖豈不願。倦飛戀烏私。門巷還深轍。時艱難獨支。力田不逢年。鄉人啼荐饑。老稚成野殍。妻孥各分離。十存得四五。一飯無常炊。朝食茹草根。暮食舂樹皮。馬牛棄其力。割宰當粥糜。又聞土可飽。腸胃塡沙泥。蠢爾蠻猓動。赫然怒 王師。軍書傳調遣。願齊赴戎機。同是轉溝壑。報國分亦宜。借作成底事。詩章感無衣。不戰而人服。無敵夫何疑。羽書馳三捷。士飽民亦嬉。伐邪召靈雨。霑足桑田滋。克殷豐年屢。有秋卜今時。服疇念舊德。修文應昌期。素志感弧矢。几杖懷追隨。養士 膏澤厚。後時亦有辭。桃李委窮谷。雨露偏合遲。秋風歎飄泊。春風私阿誰。念昔得門入。不拒亦不追。那禁弱脆質。相違空相思。

楊紹霆號龍池太和人道光壬午恩科進
士官烏程縣知縣有味蒼雪齋詩

婦見姑

婦見姑姑坐怒以目姑目怒如此婦容何以淑豈惟淑
婦容亦能勤婦功誰知訶責處卽在功容中婦惟盡婦
道姑亦息煩惱要知親串前開口說姑好

悼三兒程愴

長兒攖疾生次男授室死三男側室出音貌頗清偉之
無識字初嬉戲提戈起適在烏程生又作烏程鬼顯見
薄德人不應有此子爾死不我戀我生不爾倚亦可兩
相忘恩情付流水流水流不已傷爾實悲已自經荒歉
來日在憂勞裏往往忘寢食呼兒時一喜惟斯亦難得

此外可知矣。

東嶼勘案宿雪竇寺

作吏便成俗。登高纔賦詩。四明山翠裏。六月稻黃時。便擬今宵宿。相依古佛慈。現身說何法。雪竇問禪師。

友人陳瑞岐至署喜作

難得貧時友。炎天萬里來。十年鬚髮變。一見笑顏開。渴壞欣逢雨。遙岑喜得苔。幾人縈寤寐。遙在洱河隈。

晚秋愁霖

官職何堪戀。民生最可哀。一從梅雨落。愁到菊花開。雲黯烏青鎮。山沈大小雷。北風猶作惡。倒捲太湖來。

水闊農無畔。天低澤有鴻。目蒿秋稼裏。心碎雨聲中。由已推飢溺。何人願鞠凶。夜來拌一醉。酣夢日光紅。

施秉舟中

灘名諸葛亦奇哉。兩岸圖疑八陣該。曾見有村山又合。正愁無路壁旋開。懸崖似馬天邊立。飛瀑猶龍空際來。安得柳州生峭筆。神工鬼斧入詩裁。

聞室人喪明代作

三十于歸雁始鳴。便依苦塊計無生。一時親串悲寥落。十載詩書苦贊成。破屋爨煙風四壁。殘鐙機杼月三更。相君應有泥金報。偏是窮時慧眼明。

南宮獲雋便分符。聞道郎官出帝都。從此相思難得見。而今有目不如無。望君只合堂懸鏡。寄淚焉知字值珠。但聽循聲吾願足。蒲團穩坐學跏趺。

首夏過昆山

昆山東去下塘河。雷雨初晴天氣和。杯酒可留春色住。袷衣猶覺嫩寒多。三眠蠶室仍添火。兩岸圩田未插禾。去歲飢民今待飽。催租又迫奈如可。

畢光榮 號梧橋昆明人道光壬子恩科進士官建昌縣知縣

城頭晚眺

薄宦滯天涯。山頭散晚霞。無風雲戀石。爭樹鳥還家。壹見童驅犢。欣看稻作花。回思憂旱日。望澤正嗟呀。

卸篆後耆老相送詩以誌別

焚香擔榼遍江城。野老多情我自驚。愧聽同聲呼父母。

曾無片策濟蒼生。攀轅益信民風古。把酒翻教別淚盈。此後丁甯惟一語。公堂莫到只勤耕。

戴　潢　字仲遠號蓮查呈貢人道光壬午舉人

舟次芷江寄家雲帆

自笑高陽酒弟子。半生事業一樽耳。不比羣空冀北駒。誰令自獻遼東豕。頻騷鬢角蒜輝輝。尚羨日邊杏蘂蘂。賓榻慚逢少俊才。市樓幾見揶揄鬼。傷春同病集良朋。過夏無聊伴旅邸。故人奪席光吾宗。水部才名世莫比。歸軒偏引蓬根住。對屋欲栽棣萼韡。仲氏車裘共服御。公孫粟被羞譎詭。寒驅商陸火頻添。愁遣平原酒獨美。祕架縹緗恣檢索。奚囊珠玉容切劘。窮袁骨相福難消。

羈旅心旌搖不已。家書疊疊趣俶裝。閱歲遲遲幾覥晷。欲歸不歸舊雨深。一變再變浮雲似。師門恩重憐梗萍。幕府枝高薦桃李。曬書有客堪偕游。嬰疾此身忽頓委。纔送征夫皖水潯。又聞歸者昆池沚。余與雲帆居逾歲顧南雅師薦從朱詠齋少司馬安徽襄校余因病又念母氏年高辭不就韻湖應聘行余遂謀旋里決然來諗賦歸歟。君亦移居謀燕爾。雲帆將續娶疇昔藤枝發素秋。招邀蓮社咸佳士。己丑秋結藤花吟社雲帆韻湖香樵穀山仙坡及余六人燭影茶煙繞畫屏。酒籌詩鉢盈烏几。歡宴何稀別宴多。吟聲乍歇離聲起。黃塵滾滾閱薊郊。清浪滔滔泊楚水。淒淒兀自吟蒼葭。采采無緣寄白芷。客愁緜邈黔陽西。昨夢悲歌燕市裏。此時眞類武陵漁。一別桃源波瀰瀰。

登黃鶴樓懷郝韻湖

不解吹橫篴。蒼茫空倚樓。郝經有仙骨。皖國正豪游。昔者借予季。翛然此泊舟。曾聞三弄曲。聲滿大江頭。

金帶驛寄家古村弟

別我蜀游句。淒音今未忘。可憐同氣少。況各鬢毛蒼。辛歲弟入蜀詩有弟兄漸老眞愁別句高隱心如水。勞人跡似霜。言尋君故道。行色較恩惶。

倦客眞無狀。因人作此行。厭看黔嶺惡。來渡錦江淸。項竹難尋枝。橦花懶問名。欲偕輶軼速。早晚達 神京。

夙恥歌彈鋏。癡懷望佩符。能營分寸祿。差備旨甘需。洛下年皆少。嵫陽日漸晡。碧翁肯相恤。一檄借窮途。

親舍雲難辨。客窗燈獨挑。別家纔幾日。馳夢已連宵。驛柳眞疏索。山梅亦寂寥。詩軒懷晚翠。吟苦莫顏凋。

玉屏舟中寄呈家立堂兄並懷古村弟

板橋霜重促征鞍。骨肉無多判袂難。一第科名蝸角細。兩天南北雁聲寒。馬頭雲逐嶔崎路。舟底雷驚上下灘。料得西堂詩思遠。夢魂應繞楚江干。

都中端陽

蒲艾香生景物妍。豈知旅館倍淒然。身依日下常爲客。節度天中又一年。慈母能無勞望遠。故鄉恠不早言旋。歸來準擬重陽日。兄弟茱萸插並鮮。

敘州道中寄象坤從甥

果然蜀道與天侔。攙盡寒雲入敘州。土口有碑師道立。臣心似水　主恩酬。三年玉壘君將別。萬里金臺我未休。相訪未勞肥牡速。欲從關隴事豪游。

謝坤　號方亭楚雄人道光壬午舉人官光化縣知縣

夢感

母兮生我身。兄兮成我名。母兄人所有。而我辜恩情。慈烏未返哺。劬勞戕其生。雁行分南北。相隔萬里程。風木常增痛。棠華不忍賡。忽作夢中會。言笑依生平。覺來重記憶。恍惚未分明。往事一回首。客窗淚縱橫。

夜雨

蕭齋獨自坐殘更。旅況誰能識此情。半壁詩書消永夜。

滿庭風雨作秋聲。芭蕉窗外音初歇。薜荔牆頭響又生。底事離人聽不得。空階滴處最分明。

池生春 號籥庭楚雄人五華五子之一道光癸未進士改庶吉士官司業督學廣西入祀名宦

久雨

久雨遍八方。綿綿無已時。或驟若翻盆。或密若散絲。推窗望城郭。雲氣猶淋漓。煙浮野水漲。霧隱遙山癡。夜夢故園月。清光盈手披。林風撼樓角。檐溜醒懷思。農家喜雨足。蓑笠無愆期。獨有遠游人。深居難自怡。

鬟鏡軒望月

萬山送夕陽。一鏡落煙靄。明月藏海中。不肯飛上界。一嘯起松聲。忽在枝頭挂。舉杯試邀之。海天靜相對。世事等浮漚清光留吾輩。危峰矗高軒。靜游白雲外。

戊寅九日侍劉寄菴師登五華樓同楊丹山戴雲帆分韻得菊字

有山皆可游。何如五華麓。地闢天宇高。登樓送遠目。重陽風雨多。今年獨晴旭。遙野好屏障。秋容滿山谷。對茲彈素琴。宜作望雲曲。又宜長笛吹。清音動林木。高人會不來。寂寂無絲竹。牛含萬善琴馬子雲善笛是日未至幸無催租人。我身若黃鵠。況復鳩杖隨。新詩再三讀。師詩先成皇天私我曹。條然遠塵俗。酒興競花發。不用葛巾漉。世無陶淵明。何人愛霜菊。古人不我見。古風自我續。直須盡醉歸。涼月滿書屋。

題寄菴師采芝圖

鳳皇不食粟。琅玕玉粒美。升渠不食穀。朝露潔無比。嗜
好殊酸鹹。采芝學甪里。得心付圖畫。形神費摹擬。方士
多迂譚。達人有妙理。中山騎白驢。碭水策赤鯉。神仙無
代無。長生少長技。著書足不朽。肯從赤松子。聖人今猶
生。仙人古已死。必欲芝有靈。圖意不如此。昔年宦東海。
臣心澹如水。他日歸故廬。療饑即可矣。采采心自閒。營
營性所鄙。南山鬱蔥蒨。高入白雲裏。戴笠扶竹根。厓隒
折邐迤。種草耕煙青。浥露粲英紫。相對眞忘言。松風颯
滿紙。

送顧南雅師入都

祖帳城東門驅馬夕陽暮潺潺滇水聲縈折不知數北
風捲征旆萬里　帝京路人生重別離況乃感知遇積
雪明高峰頑雲黯遠樹驪歌歌既終愁懷頓何處
漢廷祀金碧遂置益州郡嚴城亙苴蘭層峰矗玉案盛
覽與張叔實始啟文運許尹相繼生舊風爲一變朝廷
德教溢風聲應遠近兔罝施中谷鸞旂樂在泮此地僻
天末人心亦知奮使星昔年至夙昔矢勤慎臣心冰雪
淸文章星斗燦敬我曾南豐中心香一瓣
京雒御元禮登瀛孰無志虞坂逢孫揚伏櫪收塞驥門
前春雪深譚經游楊侍解推且勿言質疑常數四力學
戒耳食飲德已心醉三載親絳帷荏苒歲月逝奈何不

可詎別離一朝易。齠齔受書史。亦知自努力。上下千百年。浩博觀載籍。抱此方寸心。詎以獻　邦國。因思運海鵬。扶搖籍六翮。那知暴腮鯉。龍門勢偏尼。良時不再至。嘉會豈多得。日月有弦望。草木知消息。河梁一分手。梅花贈古驛。望望日以遠。雲山渺無極。

大悲閣觀曉日

天入海底海迴迴。修利㥊惆鞭玉鯨。玉鯨瀾浪劫紅輪。紅輪展轉不得行。斯須金塔穿水面。經經疑是天孫線。瞥然飛起挂扶桑。山燒水花皆不見

題戴雲帆岵屺瞻思圖

白雲迴合天四垂。松楸滿樹烏啼枝。披圖不忍讀君賦。傷君岵屺徒瞻思。與君六載共篝火。君懷何惜剖示我。云某昔丁苴杖秋。屋漏天光上無瓦。十齡苦塊悲遺孤。四寸桐棺葬中野。卽今宿草封墓門。忍拜荒邱淚盈把。嗟我有親翻遠游。生涯書劍春復秋。幾度家山送歸夢。何時菽水親晨羞。勗君青松善自保。世事艱難那足道。親心望子得成立。存沒應無異懷抱。極知作畫銜恤深。相期淩雲致身早。

重游華亭寺

華亭深處已題名。今日登山屐更輕。石氣成風吹海立。松聲似雨雜潮生。泉通幽澗茶煙溼。雲護深林鶴夢清。

猶有元朝舊碑在。土花空映晚霞明。

都門送戴古村旋里

富貴人人說萬年。許渾何羡午橋莊。等身著作眞功業。流水年華易感傷。我輩難除湖海氣。羣花不及芷蘭芳。安排異日華山隱。文酒從君子細商。

黄雲書 號炳史雲龍州人道光癸未會魁順甯府教授

癸未聞捷感賦

齒豁頭童日。遑云器晚成。雙親悲不逮。一第媿虛名。好把家書寄。深叨國典榮。寒氈猶可戀。無復慕簪纓。

盛雯 號霽亭保山人道光乙酉拔貢

永昌竹枝詞

郎似易羅池畔水。妾如太保城邊山。山影年年戀流水。
水波一去不知還。

楊本程 號毅山麗江人道光乙酉拔貢官刑部主事

二弟仲敏攜眷至京

悲喜兩無著。相憐秪覺深。十年妻子面。此日弟兄心。縱
是天涯聚。初非夢裏尋。團圝終夜坐。不覺月西沈。

吳岳 號五峯嵩明人道光乙酉拔貢

朱家閣

豈不訪蓬萊。無處借黃鶴。扶筇太華山。密林出高閣。蛇
盤開一徑。神工妙斧鑿。鐵鎖縛空虛。側足先膽落。迤邐
入洞天。海濤浩漠漠。諸山俯胯下。曾已吞邱壑。游興誰

與同。應呼謝康樂。

趙輝璧號子轂浪穹人道光丙戌進士官臨縣知縣有香雪齋詩鈔

晨膳侍高堂

晨膳侍高堂。高堂顏色喜。問兒讀何書。深夜哦不已。憐兒殊辛勤。勖兒常如此。聞兒絃與歌。勝奉甘與旨。非喜富篇章。藉以拾青紫。第喜紹箕裘。我有讀書子。

定西嶺抵趙州

昨宿經紅崖。晨征指白國。嶺隔古昆彌。嶢絕與天逼。谷狠風馭驕。巖懸日車側。陽景互虧蔽。陰壑俯偪仄。地維形已拔。天闕勢欲塞。雲頭鳥竝過。霞背人屢息。豈不憚險艱。歸人行得得。且飲趙州茶。徙倚蒼峰北。策馬又龍闗斜陽帶遠色。

紫金山懷古

羣山合沓黃流東。茲峰崛起何穹隆。淩虛築觀出雲雨。中有龍氣盤青空。奉祠石郎王者像。上黨胡羯眞英雄。浮濟大王像人呼石郎郎石勒也。還聞祈禱應如響。刲羊釃酒酬神庸。雨穴半開風穴閉。箕畢効順趨靈宮。祠中有風雨二穴提攜婦孺乞聖水。有聖水殿以手探穴雲濛濛。我聞此語坐歎息。荒唐傳說隨兒童。遠想羣雄紛割據。離石實當全晉衝。元海一去世龍繼。磨牙吮血狼虎同。豈其草菅殺人手。能以慈祥爭化工。況復連年苦魃虐。號呼傴僂來村翁。怨暑啼飢徧四野。神雖傾聽何能聰。今年山邑得小稔。三十六雨歡老農。寄謝山靈共保赤。無須市美貪天功。

夏日閒居

林壑繞吾廬。憑闌總宴如。竹餘三伏冷。山共一樓居。飲硯馴松鼠。攤書拂蠹魚。幽人饒逸興。不必果樵漁。

石湖遠眺

漕河一綫曲如環。左右平臨水國間。淺草緣分湖半面。遙山青襯樹中間。惜無漁艇乘潮入。坐見鷗波到岸還。夙愛江南煙水闊。此來清絕一開顏。

青華洞觀顧南雅師壁間遺蹟有感

參差樓閣倚清泠。又向方蓬趾暫停。半嶺松雲環洞碧。四圍山色入檐青。老仙去後鴻留爪。拙宦歸來雁戢翎。

臏欲從公游汗漫層城何處覓雲輧。

題劍南詩後

莫道書生骨相屯。金戈鐵馬氣嶙峋。少陵歌哭誰知己。南渡英雄此一人。詩思蒼涼劍門道。壯心牢落鏡湖春。淩煙勳業悲無奈。六十年中萬首新。公有六十年中萬首詩句

譚精品 號梅龕永北人道光丙戌進士官湘陰縣知縣

擬和梵天僧守詮韻

薄暮聞鐘聲。擔藥歸煙寺。巖松挂寒月。蟲聲逐草屨。柴門夜不扃。夢入雲林去。

宮詞

泥墮香巢飛紫燕。寒飄柳絮垂青綠。海棠記得入宮時。

嬌醉年年暈紅面。禁裏春風散紫霞。笙歌別院引羊車。
閒拖長袖看雙蝶。飛向金鋪逐落花。

沅陽書院偶吟

無邊風月自相親。小院時來問字人。竹簟芸窗清似水。
牙籤緗帙靜無塵。歌吟每欲成孤調。迎送何曾有雜賓。
亭畔桃花親手種年年人見武陵春。

除夕前一夜宿潭市

勞勞無計絕風塵踏徧羣山見水濱。落日魚鹽初散市。
亂煙樓閣欲留人。傾將竹葉纔知夜開到梅花又是春
野宿幸無風雪苦。歸聽衙鼓報年新。

清明郊行

弱柳千枝擁畫欄。斜風細雨送輕寒。小樓半面柴扉掩。一徑落花竹數竿。

煙寺晚鐘

騎鶴仙人不可逢。禪關寂寂暮煙封。鐘聲亂落湘江上。知在青山第幾峰。

楊際泰號平階昆明人道光丙戌進士官新昌縣知縣

黔路

黔路崎嶇未易行。北風拂面早寒生。冰橫石角眞成險。霧壓林梢不放晴。逆旅衣單增客感。荒村酒濇負詩情。來朝白水河邊去。瀑布懸空眼暫明。

許葵陽號向齋趙州人貢生

紅山石橋弔金節婦

烈婦投何處殘碑記姓名百年心未死七日面如生野闊淒風慘波澄皓月盈小橋憑砥柱流水咽悲聲

雞足山

滇西獨立勢崔嵬挈伴登臨倦眼開六詔河山歸指掌三峰嵐霧鎖樓臺糊梯直似攀雲上象嶺還看擁翠來我趁春初探絕頂奇花爛漫點莓苔

張九鶴字鳴皋元謀人貢生

山居雜詠

一生愛伴白雲游卜得青山結屋幽竹裏引來泉繞砌松間放出月當樓種餘雜卉常芳馥聽罷鳴禽任去留

信是袁翁行樂地。宜春景物亦宜秋。

繆　搴（號若洲昆明人諸生）

吾廬

蕭然環堵是吾廬。紙閣鈎簾也自如。守己從教貧賤老。懷人易感雨風餘。自憐南牖堪棲息。惟有東籬待補苴。轉瞬清秋好時節。紛披黃菊繞階除。

談守義（字我齋蒙自人諸生）

出爐銀（菊花名）

乍擁洪爐色最嬌。漸看玉蘂出塵囂。秋容有價誰能買。留與柴桑破寂寥。

趙　翰（字西園太和人諸生）

雞山洞澈上人招飲於有竹山房

何處無風月。青山即故鄉。屋屯松覆瓦。園列竹成牆。客意時憂旱。禪心不爇香。偶然參米汁。旅思暫時忘。

王　遴 新興人諸生 世襲州判

午睡

影過東廊日轉西。半窗花竹晝迷迷。朦朧似逐三山侶。一任枝頭鳥暗啼。

舒熙盛 甯洱人 貢生

普洱竹枝詞

攀枝花樹照村莊。布穀聲中農事忙。喜趁連宵春雨足。樓梯田早盡栽秧。

倪毓華字春巖楚雄人貢生

遼陽途次書懷

柳枝折盡復經秋。斷梗飄蓬任去留。極目烽煙誰請劍。放懷天地獨登樓。南還車馬傷如故。北向雲山許再游。踏破太行千疊嶂。一鞭風月下遼州。

春歸途次

韶光如織近清明。歷亂煙花滿客程。已誤歸期羞見燕。却傷春事怕聞鶯。楚江白雪來時路。汾水青山去後情。迢遞征途休計日。曉風殘月幾逢迎。

劉素存招飲

蓽閣無塵景自幽。別筵開處晚香浮。數聲風笛人千里。

三徑寒花月一鈎。故國已歸仍作客。離情如醉復驚秋。
他年休負買山約。萬點飛雲許共游。

晃州道中

蹤跡頻年踏雪鴻。敝裘羸馬自西東。一鞍旅夢殘仍續。
十載衣塵洗未空。浮世功名忙客子。春山簫鼓戲兒童。
韶華幾向天涯老。縱有朱顏是酒紅。

余　浮號蘭軒呈貢人諸生

九日題壁

重陽無侶倦登臨。靜對幽軒爽氣侵。籬下黃花方馥馥。
階前碧樹正森森。開樽幸對賢人酒。染翰聊爲逸客吟。
挂壁不須鳴綠綺。高山流水少知音。

段　煜字昭文晉寧人諸生

擬陶丙辰歲八月中於下潠田舍穫

衣食在稼穡。不勤復奚爲。春耕復秋穫。農人告及時。晨出泛湖來。山鳥鳴高枝。比鄰即親舊。願合跡亦隨。今歲喜不惡。穀熟免斯飢。年來事本業。甘苦豈不知。有田無肥瘠。耕田田自治。有力無強弱。用力力足支。心勞體則適。俗敦民不離。言念荷篠者。千載遂心期。

秋夜有感

坐到深更後。孤燈暗又明。高窗殘月影。小砌冷蟲聲。理得忘憂懼。詩眞見性情。無爲窮路上。遂動不平鳴。

九日簡諸同志

愧乏長揚獻賦才。此身未合隱蒿萊。擬隨鴻鵠摩天上。
又見蛟龍失浪回。風雨一樽惟對酒。雲山千里倦登臺。
諸公好學陶潛達。莫使黃花笑客開。

秋夜懷尹退谷姊丈

誰將青眼待嵇康。數載追隨附雁行。蟋蟀吟風居舊壁。
梧桐和雨送新涼。感時顧我思岑寂。懷古憐君意激昂。
想得蕭齋淸不寐。一窗燈火照焚香。

碧嶢書院夜坐有感

惆悵芳華欲盡時。倚樓數問夜何其。到江遠火漁舟晚。
出寺疏鐘僧漏遲。四壁琴書懷舊好。幾時風雨話襟期。
由來世事身如客。莫遣愁煩老鬢絲。

馬之龍字子雲麗江人布衣

寒潭有懷

一夜東風吹綠盡潭邊草。不見佳人來。相思望遠道。遠道長相思。何如一見好。俯仰難爲懷。相思催人老。

病後對鏡

明鏡出舊匣。中有容顏新。覿面不相識。如遇久別人。有老初不信。病及誰相親。勸君且莫歎。從無不壞身。世間盡如幻。只有無我眞。

明日兒生日

明日兒生日。今日兒含悲。母在兒身健。母逝兒求醫。去年臟腑變。今年筋骨疲。兒病母所苦。母苦兒今知。兒病愈有日。毋逝歸何時。

黄山寺松

不遠黄山路。時尋晚寺鐘。來攜半輪月。坐對一株松。葉每當春病。陰能傲雪濃。知君有高節。弗願大夫封。

黑龍潭觀梅

我本雪山客。今年始出游。相尋有梅樹高臥向龍湫。昨夜苔封徑。終朝笛倚樓。盤桓當歲暮。不復動鄉愁。

秋日訪戴古村

幽人如野菊。抱影對蒼苔。有客攜筇過。呼童煑茗來。詩新存古意。書富擅通才。安得結鄰住。常令懷抱開。

陳鴻飛 號秋浦安寧人貢生官太和縣敎諭

客中春感

遲遲陽春日。黯黯游子愁。陽春將已盡。游子尚淹留。淹留非一時。能不縈相思。思親不可見。惟有夢見之。夢中渾忘身萬里。依依膝下親顏喜。親顏甫侍晨雞啼。孤燭明滅客窗裏。

羅士瑜 字瑞輯恩樂人諸生

大悲閣觀曉日

峻嶺初探勝。登樓意欲仙。一輪飛曉日。萬頃破蒼煙。直眺滄溟際。如淩泰岱巔。須臾耀金碧。花柳早春天。

劉棠 字召蔭順寧人諸生

擬陶丙辰歲八月中於下潠田舍穫

薄田未須多。耕耰得所欲。筋力苟不勤。焉得繼饘粥。八月涼風生。早起趁晨旭。蕩舟湖濱去。腰鐮刈新穀。日夕黃雀飛。翩翩啄我粟。歸來柴門下。甕頭酒初熟。剗坐且爲歡。一樽勞去僮僕。

劉家齡 字與百寧州人太學生

鐵柱

武侯平蠻功不易。天威懾服豈在器。鐵柱偏留千古心。南方不煩師再至。自是公誠能格人。何第將兵機若神。不然一柱才百尺。未經宋元早沈淪。剗苦洗蘚認時代。建興年紀儼然載。與釜枕鼓同不銷。有侯精神注其內。金人墮淚辭漢宮。銅雀變滅隨秋風。神靈護持鬼怪避。

獨與天地無終窮。至今南人日悲吒。過者肅立騎者下
東京尚有馬伏波。五溪高標此其亞。

任體和 字育之昆明人諸生

游仙

絳闕銀臺兜率宮。琅玕爲實玉爲叢。蟠桃舊會驂雕虎。
芝草新苗飼赤龍。八萬人家修皓月。三千弱水駕垂虹。
霞杯滿引天漿味。笑指扶桑海氣紅。

李文曜 字小雲永善人恩貢生

九日感懷

去年佳節在異鄉。選勝登臨偕諸友。攜筇直上最高峰。
俯視巖巒盡培塿。今年心緒如棼絲。羈愁那復知重九。

我有先人敝廬存。誅茅逼近金沙口。傳聞六月水漲。如山大石遭擊掊。天吳作虐太無情連村屋舍成烏有。鯨魚磨牙吮人血。死者那還記誰某。江波沈沈難寄書。三十六鱗無處剖。夢中昨夜返鄉門。再拜起居問阿母。醒來淚雨溼牀席。幾度長天獨搔首。阿兄秖自奉萸囊。高堂何意醒菊酒。千里迢迢憶游子。倚門倚閭屬望久。征途儻能著翅飛。莫遣人歸落雁後。

黎元功字鴻鈞廣南人諸生

九日雨中螺峰登高

滇南地接大漏天。重陽苦雨多連緜。啼鴉一聲聽窗曙。故人招我登高去。危巒曲磴升崇岡。歷落怪石眠羣羊忽覩平疇北風裏。穀不成實低拂水安得十日天晴明。
晚穫處處篝車盈。梵鐘聲發滿林藪揮杯且醉銷愁酒。

趙允隨字時中東川人諸生

讀楊公以誠忠節錄

黑風揚沙虎亂吼。碧眼花苗膽如斗。夜半斫開畢節城。
留守官兵四散走。一木焉能支大廈可憐文弱楊司馬。
收合餘卒戰城南。白骨一堆臥城下。有弟潛發救援書。
途中蹭蹬失頭顱。堂堂司馬罵賊死。一十三口無完軀。
吁嗟乎亂世從來只重武。偏是書生死邦土。

秋柳

玉笛吟秋調可憐。疎枝猶帶板橋煙。亂蟬落日孤村外。

匹馬寒風古驛邊。僕本恨人增繾綣。樹猶如此動纏綿。
漢南愁絶桓司馬青眼相逢又一年。

時　鴻字賓南趙州人諸生

宿碧雞關望太華山欲游不果

雲垂山上樓。石横山下路。欲訪住山僧林深無覓處。

王德潤字澤生趙州人諸生

松陰寺

山勢崔嵬樹色分。磬聲響徹靜中聞。松陰忽溼一身翠。
崕際還攜雙袖雲。

佘　政號友竹昆明人貢生

蠶豆

天生一世才。於人期有濟。宛宛弱豆萁。託根欣得地。幾番春雨滋。細莢齊舒翠。自從去年秋。飢民鮮飽食。春末豆漸登。饔飧聊用備。豈如櫝中玉。年豐始足貴

滇詩嗣音集卷十九終

滇詩嗣音集卷二十

呈貢戴淳古村定　　昆明黃琮象坤輯

桑映斗號沁亭麗江人諸生

調琴

雲寒石瘦泉鳴不已鏗然一聲時落松子

示學徒

三日不埽地又見塵蒙几三日不讀書頓覺生吝鄙埽地如去惡當從一隅起讀書如治產當從一得始一暴而十寒前賢之所恥聖人不可見下學乃君子

瓶花

我嬾不種花亦無種花地誰家美園亭花開或一至同

是得花看有無何足異今年我更嬾杜門無所詣古瓶供一枝常得故人寄卻勝種花人反得伴花醉人生幻法中到眼眞如戲何當并去花了此挈缾智

雪後解脫林僧見過

春雪不到地到地卽消融有時一兩片隨風入簾櫳忽憶西山寺寺前有兩松僧來向我說直似雙白龍

馬子雲以端硯見示

馬子有硯勝鳳咮懷之不啻瑾與瑜快雪時晴一拂拭煙和雲潤墨花濡鴝之鵒之眼離離自云一眼勝一珠二十八宿羅天市依稀星垣數則符子言固然我言否眼爲石病理非誣美人肌膚若冰玉痣靨何由稱靜姝

以眼論硯何爲者。逐臭嗜痂有是夫。嗟我八世四十年。言尤行悔身與俱。談笑杯酒都詬病。天與之疾成故吾。硯以有眼病爲寶。我今自反理則殊。人不如物良可懼。還君此硯長嗟吁。

莫惱翁

大麥登場秋稻穫。農事畢時洗牛腳。公差不到門前來。半年作苦半年樂。麤布頗不惡。薄酒滿杯勺。黃瓜紫茄飽風露。魚肥正及穀花落。翁自歌翁自酌。半生嬾不入城郭。莫惱翁。腰金橫玉不翁若。

鬬雞行

雞善鬬。咮咮祝祝紛前後。何況有人從中搆。雞鬬雞斷

脰折頸固其宜人鬭雞自殘爾類雞不知

宴鴻門

宴鴻門亞父喜睨沛公劍舞起曾公兄沛公弟嗟爾范增焉知此他年會兵追固陵項亡劉季應羞死

採黃獨

採黃獨劚山土捫蘿梯石敢言苦採黃獨日正午過歲兒隨身還有老姑看門戶採黃獨食不充腸兒無乳兒父催租癡孖股今年穀貴當折徵折合市價已加五採黃獨心鬱紆今年尚有黃獨採明年還有黃獨無

水樓晚霽

晚晴將柳色送滿一樓青幽意餘書幌嵐光上畫屏輕

雷回遠岫斷霧落寒汀小集謀為樂青絲繫玉瓶

對雨

黃梅時節雨只在樹梢頭徑裏苔頻積林中筍暗抽懶成經月坐詩更一句休瑟縮茅檐下何時得免愁

秋晚上黃土坡

夕照荒荒靜墟煙漠漠升秋原斷病馬落日起蒼鷹感慨心無已蕭疎意不勝更看城郭暮回首白雲興

冬日郊行

桑柘兩三家人煙隔水斜寒鴉翻早日飢雁啄晴沙樵叟忽相值村醪猶可賒阮孚初蠟屐乘興問梅花

宿祿豐縣

解渴雙林水疲驢懶下坡亂山圍古縣小雨漲秋河遠
道鄉愁起餘暉暑意多且投荒店宿酌酒一長歌

秋夜卽事

滿庭如水月華侵倦枕支頤思不禁古木千章含雨意
青燈一穗照秋心謀身已付磨穿鐵入世能柔百鍊金
檢得故詩還自笑廣陵歇後更彈琴

讀書芝山僧舍

山僧借我讀書臺臺下松杉密密栽石澗有聲知雨過
柴門無客任風開只緣憶酒抛書坐卻嬾篝燈待月來
他日重游成舊跡猶能記取說寒梅

約同伴登黃山小憩南壇不至

見說登高曾有約。卽尋臥石埽莓苔。風吹黃葉秋先到。壺繫青絲酒未來。夕照和人偎古木。寒鴉晾翅上荒臺。聽殘晚笛誰家弄。卻踏山前夜月回。

車家嶂那丈畱宿

堪愛幽人迴出羣。停鞭邀客正斜曛。山田欲煖燒紅葉。澗水生寒灌白雲。屋對松杉畱鶴住。園收橡栗待猿分。可憐塵世升沈事。說與龍鍾渾不聞。

傳師任 號健菴昆明人諸生

誰家

誰家院落清溪上。門掩東風午未開。怪底陽春關不住。桃花紅過竹籬來。

桑炳斗 號澹亭 麗江人

梅影

歷盡冰霜不掩門。無端短晷欲黃昏。雪前雪後豈無著。枝北枝南都有村。古寺僧歸香可拾。寒窗人睡月留痕。笑他畫手殊勞力。細點精描豈足論。

郝　洵 字韻湖昆明人道光戊子舉人榜名淳

姑熟署齋酬黃矩卿

白石在澗曲。喬松依巖端。託體有高卑。堅貞同歲寒。與君始投分。劇論中情殫。締交及六載。芳氣吹幽蘭。京國得良會。藤陰春晝繁。明蟾上虛牖。嘯歌忘夜闌。山川一離析。行路嗟險艱。孤鶴潔羽翼。斂啄良獨難。顧盼效翩舞。殊非心所安。負痾臥江涘。懷抱增辛酸。德言屢枉贈。殷勤紓肺肝。慙無明月珠。奉爲君子歡。别來亦已久。歲月忽奔湍。志業苦不立。撫膺坐長歎。

憶龍泉觀梅花兼柬同寓諸子

識面好花如好友。思之不見常搔首。況復歲暮長安居。不知老梅著花否。老梅託根資地靈。神物窟宅列仙藪。上臨天闕峻且宏。下出龍泉深而黝。鐵榦屈曲蟠蛟螭。蘚皮剝蝕篆蝌蚪。東株西株常對峙。開元以來傳不朽。我昔杖策龍泉游。天寒御共鶴相守。欲畫此花冰雪姿。雙管離披春在手。從兹往還廿載餘。醉倒花前十八九。及今書劍苦飄泊。鎮日扃門厭塵垢。安得有錢歸買山。

曲澗紅泉瀉清瀏。繞屋周遭皆種梅。嘯吟肯讓孤山叟。也知是願終難償。莫使流光眼前負。藤花館裏逢故人。何幸天涯會文酒。洗盞更酌須盡歡。強勝相思別離後。

四十初度

家計艱難付季昆。猶然疏懶飫琴樽。兩番夢鹿癡堪笑。十載鰥魚影自溫。頑骨不仙思學佛。中年有子望生孫。江南薊北風塵老。贏得湖山粉本存。

白蝶

絹素風流說豫章。當年珍重有滕王。狂隨柳絮迷芳影。澹與梨花鬭靚妝。玉板勻搓雙翅粉。冰鬚飽嗅一莖香。詞人何事嫌輕薄。譜入陽春曲更長。

朱 淳 號瀛山石屏人道光己丑二甲一名進士官知府

題楊平階沃州贈別圖

傾城祖餞淚霑襟。圖畫攜歸向故林。滿酌西泠一杯水。可應清似使君心。

劉 昉 楚雄人道光辛卯舉人

擬謝惠連擣衣詩

浮景閱寒燠。光陰駒隙催。青霜變衰柳。白日冷疏槐。樓中巢燕去。門外夜烏啼。淒風吹羅袂。淚雨長空閨。反側不成寐。下庭刀尺攜。素手裂輕紈。紅袖倚荒階。皓月和砧苦。寒螿答杵哀。細意熨貼平。藳砧何日歸。不知君肥瘦。裁認去時衣。衣自余手成。衣到君手開。昨見君歸來。

心傷夢醒非

歐陽豐號米樓劍川人道光壬辰進士官刑部主事

大理別弟

三日不道遠。送我榆城陬。欲別強為笑。忍淚不敢流。此去萬餘里。相見知幾秋。兩地各努力。何論居與游。

香車吟

美人乘車百花路。軟紅塵飛結香霧。籠住桃花李花樹。瞥然驚。落花無數。花落不復開。人去不復來。車塵花霧空徘徊。收拾落花花滿懷。

和湯海秋感懷

歎息淮陽伏闕秋。一封諫草及今留。第教事業光青史。

何必公卿要黑頭。郎署秖今成冷宦。民生空復有餘憂。年來著述傳吾黨。權拜書城萬戶侯。

張　璠 號璧臣安甯人道光壬辰恩科舉人

秋夜

斟情莫作感秋詩。時値多情不自持。狂態任遭塵眼白。客懷惟許夜燈知。流螢著露黏衣久。落葉驚風到地遲。獨對小窗惆悵處。幾回清淚墮相思。

施介曾 號魯卿河陽人道光癸巳恩科進士官戶部主事

武宣縣出峽

藤峽斷猶險。江流古不平。亂山屈帆力。飛石助風聲。上策誰防寇。清時此罷兵。我來百戰後。辛苦憶南征。

舟泊大墟卻寄李小韋

煙墟低落日。揮手各分襟。惻惻片帆去。迢迢江水深。離家形顧影。望遠目憐心。惆悵桂林別。北風懷好音。

黃廷璠號毓田昆明人道光癸巳　恩科進士改庶吉士官檢討

井陘

崖凹晨霧鬱難開。仄徑崎嶇馬卻回。綿水奔騰穿澗去。硎山莽蒼抱城來。松楸黯黯羣雄冢。竇建德墓旗鼓堂堂大將才。聖世聲威通萬里。氈裘入貢自輪臺。

陳西美號梅友楚雄人道光乙未　恩科舉人官雲南府訓導

宿南澗官廨

昔年曾假道。丁丑赴景會經此今日又停驂。地僻民多儉。官閒吏不譁。雲鋪三徑草。春散一庭花。趺坐敲詩罷。茶煙繞檻斜。

楊銘柱 號崑峰尋甸人道光丙申 恩科進士改庶吉士官至御史

除夕祭詩作

一年除夜一杯酒。往歲愁仍今歲有。今年詩訴今年愁。明年詩似今年否。檢詩生百感。詩中語語出肝膽。陳詩百拜對九霄。如此良夜慰無肴。只有杯中物。添我詩中骨。詩骨奇橫不隨俗。神能呵護鬼能哭。人間不傳天上讀。不如焚稿當燈前。使我愁腸變化隨雲煙。

喻懷仁 號少瀛南甯人道光丙申 恩科進士官羅源縣知縣有聽秋書屋詩鈔

雪篷

江空不見雪片白出漁榜漾漾逐寒瀨篷背小於掌捕
魚悄無言篙觸斷冰響

雜興

種壺喜值雨雨足壺苗好種豆復值晴晴多豆苗槁晴
雨亦何情爭茲遭際巧主人憐槁折灌漑課昏曉料應
生氣微聊此素心了詎意浹旬間引蔓倍夭矯乃知抑
鬱厚能使血脈老第得滋本根奚用惜潦倒
花秧不知名剖别半疑似吾亦適吾目隨意雜紅紫野
雀爾何來啄啄無時已知我戒熁繳驚之不肯起頃刻
庭砌間狼藉嘆披靡計爾肆毒罪適足膏蓬矢顧惟防
範疎先機失慎始呼僮圍麂眼短籬插六枳

剪紙

兒時逢中元。兒母頻剪紙。剪紙云招魂。呼兒示所以。我姑棄我時。兒尚未毀齒。秋風一以肅。秋露下庭戺。安得一片衣。煖到重泉底。母言未及終。母淚落如水。母今杳何處。纏悲到骨髓。母昔製兒衣。刀尺自整理。兒今奉母衣。片紙陳筵几。母昔購兒衣。典質遍簪珥。兒今覓母衣。數錢買都市。生我亦奚爲。胡不兒心死。慈容渺四年。容途經萬里。魂兮儻飛來。月黑夜燈紫。兒母夙善病。足弱艱步履。料應難遠涉。一靈忽戾止。或者精氣通。天涯若尺咫。忍淚不敢揮。恐溼衣痕裏。溼衣傷母心。幽明定同體。痛哭踈星搖。蒼天酷至此。長跪焚紙衣。百折迴心燬

兒心恨不禁。[illegible]

苦雨行

滑滑復滑滑，前阻行人行。苦殺新泥舊泥淖不乾，安得前車鑒覆轍。我行逢一叟，雙淚交兩頤。停車暫借問，呼叟前致辭。杖藜行且止，未語聲先悲。暮春三月秧水枯，布穀聲聲屋上呼。攜鋤緯耒爭相趨，轆轤汲井分田輸。此時望雨如望珠。一朝甘雨降，潤此膏田腴。五日秧苗茁，十日秧苗舒。農歌音互答，轉眼收新租。新租有望舊糧無，去年苦旱困未蘇。詎料滂沱遂不止，秧疇漂沒苗爛死。去馬來牛跡已斷，耳中聒聒鳴新水。誰言山田好，我道山田惡。泥沙衝激兼瓦礫。誰言澤田美，我道澤田薄。高者成溝低者壑。里長報官許告災。告災幸蒙許。拯濟何時來。君不見道上流民累千百。弱者溝瘠強作賊。傷哉暮年已垂白。老叟言未竟。感慨重吞聲。田賦豈不亟。苛政戕民生。甘雨豈不澤。久潦傷農情。焉能天翁幻出億萬眼。廣矚民隱調其平。不則粒米高於道旁草。不佃不役三百囷。吁嗟無懷葛天民

春寒

敝裘戀我不忍離。苦勸春寒匆驟去。東皇也愁花易飛。遺寒為勒春光住。誰知寒重覺裘單。我翻怨裘裘媿寒。惟應花事足深託。喜得遲開亦遲落。

雙松歌

壇前雙松如對揖。屈腰磬折踸然立。旁撐鐵臂瘦蛟蟠。倒吸太陰元氣入。輕黃糝徑松花細。淺草茸茸半弓地。曲頸老鶴坐梳翎。院宇深沈弄空翠。道人赤腳方兩瞳。科頭箕踞吟長風。手挽松枝破空去。晴天騎出雙蒼龍。

酒人歌

酒人之飲一日不能罄數石。胡為氣吞河海淩滄洲。蟠胷礧磈未澆盡。大瓢滿貯千春愁。前年游廣晉次公墳草荒靑邱。去年弔易水匕首難椿嬴政喉。長安酒家多紅樓。燕姬坎坎鳴箜篌。聲酸節促那堪聽。淋漓醉倒朱欄頭。挂壁只長劍。隨身空敝裘。心中膹熱血。眼底皆浮漚。丈夫懷才不遇只合爛醉死。安能下心低首趨王侯。

晳鬚

短鬚如惡客。據面不能辭。已負昂藏願。空增磊落悲。華年愁占半。老信鏡先知。更有驚魂處。高堂鬢早絲

松歸寺

一徑入寒綠。夕陽明翠微。驚飈穿樹出。棲鳥認巢歸。澗水落清磬。松陰冷客衣。追涼聊此坐。吾亦滌塵機。

曉寒

曉寒扶夢倚蒼藤至竟蕭條思不勝。久病衰於垂暮叟。索居閒似罷參僧。沈陰滯雨雲無縫。瘦骨支秋風有棱。太息華年成底事。此身長是愧孫登。

中秋

驚看中秋桂稍陳。病魂纔返淚霑巾。一家骨肉逃新鬼。九死瘡痍痛鮮民。泛梗遙添羈客恨。謂壽銘兄散樗難副宰官身。余以知縣候銓思量竟夕堪頭白。慙對良宵月滿輪。

襄陽感懷

漢江東去浪滔滔。聽唱銅鞮首自搔。萬里鄉心摧斷柝。一燈寒影上征袍。殘碑有客談羊祜。錦字何人寄竇滔。底事津梁累行役。萍蹤合是半生勞。

九日登大名城南樓感懷

聞道妖氛近海隈。夷情叵測浪成猜。濤奔樓櫓金戈暗。磯壓江城鐵甕開。驅鱷漫投韓子檄。斬蛟誰築孝侯臺。劇憐灰燼殘烽下。故壘荒荒野哭哀。

丁沽曲折海門通。島樹紛飛葉葉紅。晉地山川含暮靄。嚴津刁斗散秋風。防邊此日猶傳箭、振旅何時早挂弓。薄暝清砧空外聽、寒衣幾度問郵筒

聞壽銘兄於秋杪北來未得確耗

無幾因依又別離。知君回首重含悲。泉臺更有慈親痛。家計全憑弱弟支。驛路辛勤宵發處。敝裘珍重晚寒時。關心最是高堂切。細數郵程夜臥遲

留別

忍爲浮名事遠游。高堂白髮已盈頭。空教遲暮憐孤影。便得歸來定幾秋。此後晨昏誰竭力。縱傳音信秪添愁。捫心愧煞將雛燕。猶自因依傍畫樓

容

舟中雜詠

篙師乘月愛宵征。短夢搖搖睡未成。忽聽鄰舟人細語。南來恐是故鄉聲。

李延福 字岳洲文山人道光丙申恩科進士官番禺縣知縣

秋晚自鳳皇嶺渡龍江口占

鳳山何鬱鬱。龍江何沈沈。山色娛我目。江水澄我心。秋帆復多情。送我趁煙潯。回首來時路。白雲生夕陰。

李　杰 字樹南浪穹人道光丁酉舉人

夜宿田家

暮從山下歸。田家留我宿。隔水望柴門。斜陰覆桑竹。稚子迎客來。趨侍同親族。有翁年七旬。藹然客可掬。足不履城市。言論皆質樸。雞黍雜然陳。村醪清以馥。眷茲達世情。羲皇如在目。旨哉觀於鄉。王道易爲復。耽幽不忍眠。月映前山麓。

宿橋頭哨

山勢壓城頭。溪聲鬧一樓。夢驚千點雨。涼入半牀秋。櫪畔頻喧馬。沙間穩睡鷗。隔鄰人未寢。燈火到窗幽。

水患

南湖乩水漲沈沙。不盡生靈仰屋嗟。花縣一時成澤國。山城多半是漁家。破籬五夜愁風雨。老圃三弓足蠏蝦。回首昔年游釣處。桃源非復舊生涯。

水患漸消感賦

天放宵河一線流。爲魚今始免繁憂。比鄰盡寓山間寺。八口權依水上樓。客已到門還覓路。人將入市更呼舟。何時澤雁胥安集。黽勉先爲未雨謀。

登雞足山頂

縹緲三峰極大觀。西南名勝此高寒。白雲每向爐中出。僧言元旦白雲自爐中出紅日翻從杖下看。萬里川原明似繡。一圍蒼洱小如丸。便當呼吸通霄漢。不信人間游覽歡。

途中有感

西風落葉響平原。匹馬征途暮色昏。卻羨牧童家未遠。笛吹牛背入孤村。

李作檢號繩齋昆明人諸生

福海村訪友

偶從渡口問扁舟。夜雨添來一尺流。直到故人棲止地。綠楊庭院水邊樓。

張　鼎字禹臣昆明人道光己亥恩科舉人

春草

春泥滑滑濺郊原。一夜東風醒燒痕。把釣坐依楊柳岸。尋芳踏過杏花村。斜陽門巷渾無路。細雨池塘欲斷魂。古道不堪回首望。去年此地送王孫。

張象乾號一峰保山人道光己亥恩科舉人

舟中即目

鎮日看山依枕睡。推篷遠思浩漫漫。一雙白鷺衝波起。

帶得斜陽過遠灘。

劉家達號伯鸞霑州人道光辛丑進士官清流縣知縣

過關索嶺

石磴盤空一徑分。湖光山色兩氤氳。泉聲響雜千林雨。嵐氣蒸成一壑雲。峻嶺雄開滇鎖鑰。荒祠閒弔漢將軍。秋風匹馬頻經過。按轡峰頭日又曛。

陳金堂號鼇峰昆明人道光甲辰進士

俠客行

一丸鐵。三尺劍。冷於秋水白於練。朝燕關。暮楚甸。去如流星。來如電電影閃躍風聲烈神龍出沒飛鳥捷。白晝長安取頭顱。笑張渴吻飲熱血生平殺人關天意區區劍術何足異。君不見靈石美人髮光皚。太原公子褐裘來。千金一擲掀髯去。海水茫茫擁鐵騎。

閨詞

夢裏到遼西。殷勤敘別離。離情敘不盡。窗外曉雞啼。

朱　綬　字鳳詔號墨鄉昆明人諸生兼襲雲騎尉

張節婦

天不苦妾而苦妾舅姑。賊不殺妾而殺妾夫。夫死舅姑誰人養。阿叔年幼有若無。妾跪拜舅姑願舅姑勿哭。妾在如夫未沒。紡可作衣織可易粟。妾在如夫未沒歷年而舅死。舅葬妾亦可死。叔且成人姑有子。妾請從夫地下。妾不從夫地下。妾心良恥。白綾一束命畢矣。

擧烽火

裂繒雖可聽。不能動妾情。祕戲雖云妙。不能博妾笑。妃子不笑王不樂。下詔朝中求奇畧。能得妃子大歡喜官家賜與上公爵。號石父曰可。不如擧烽火。狼煙閃閃天上飛。健卒密密臺下裹。妃子大笑諸侯怒。掩旗息鼓去不顧。犬戎飛度城中路。吁嗟乎幽王褒姒俱可醜。殉難可惜鄭伯友。

響屧廊

銀燭無煙春夜短。西施醉飲梨花盞。酒酣欲迓步步嬌。蓮鈎細點迴欄響。朝游館娃宮。夕飲姑蘇臺。燭光搖搖心未灰。勾踐之兵東南來。吳江水漲閶門開。美女如花安在哉。君不見越兵夜宿姑蘇城。長廊時聞馬蹄聲。

虞美人

君英雄。妾烈女。千古夫妻那有此。妾爲舞。君爲歌。大事去矣當奈何。君有馬。妾有劍。君行妾將吞百鍊。以死報君完妾願。噫嘻乎。生何幽嫻。死何英武。玉貌如花心如虎。虞兮虞兮足千古。

子夜歌

郎折並蒂蓮。妾折同心藕。花開雖有香。絲更纏綿久。

昨日繡簾前。蛛絲罥落絮。情多縮不牢。又被風吹去。

春日郊外即事

幽徑無人行。水流花謝處。忽逢采藥人。笑入白雲去。

王致和 號莢洲保山人諸生

述懷

前身曾駐大羅天。啇在人間二十年。閒買茶鐺和月煮。倦鈔花譜枕書眠。破窗飛雪三更夢。短燭評詩十樣箋。惱煞雞聲啼不住。喚人起舞又蹁躚。

竇均 號惺齋保山人諸生

春柳

夕陽亭子板橋東。一帶晴煙漠漠中。豈到別時纔淚雨。不勝愁處總憐風。腰肢自惜三分瘦。眉黛誰描八字工。寄語行人莫攀折。留他綰住落花紅。

杜文達 保山人諸生

晚眺

一笛下牛羊村莊入渺茫鐘聲度遠水塔影臥斜陽奇石無人賞閒雲笑客忙悠然長嘯罷煙樹鬱蒼蒼

許廷勳甯洱人諸生

普洱茶歌

山川有靈氣盤鬱不鍾於人即於物蠻江瘴嶺劇可憎何處靈芽出嶙峋茶山僻在西南夷鳥吻毒菌苦轇轕豈知瑞草種無方獨破蠻煙動蓬勃千枝峭蒨蟠陳根萬樹杈枒帶餘枿春雷震厲勾漸萌夜雨霑濡葉爭發繡臂蠻子頭無巾花裙夷婦腳不韈競向山頭采擷來蘆笙唱和聲嘈嗩一摘嫩芽含白毛再摘細芽抽綠髮

三摘青黃雜揉登。便如秔稻參糠麧。筠籃亂疊碧毿毿。
松炭微烘香馞馞。夷人恃此禦飢寒。賈客誰教半乾沒。
冬前給本春收茶。利重遂多同攘奪。滿園茶樹積年功。
只與豪強作生活。山中焙就市中來。人肩浹汗牛蹄蹶。
丁妃王女共薰蒸。箬葉藤絲重檢括。好隨筐篚充邦貢。
直上梯航到　帝闕。區區茗飲何足奇。費盡人工非倉
卒。我量不能禁七椀。已覺馨香生齒舌。有詩卻笑東坡
叟。煎時每帶薑鹽喫。

附方外

性寬

字幻夢康熙間慧光寺僧

登太華山

振衣直上翠微巔。萬壑千峯到眼前。鬱鬱山嵐晴似雨。茫茫海氣暮涵煙。城樓隱約寒雲外。村舍依稀夕照邊。危坐松根不知倦。梵鐘響徹泬寥天。

正　定昆明人官渡妙湛寺僧

宿進耳寺

何年開梵宇。乘暇好登臨。雲匝諸峰斂。天寒萬木陰。羣生都是夢。古佛本無心。我自禪堂宿。安眠到曉禽。寺有祈夢殿

淨　岸號郢雪五華寺僧

香海菴

古刹淩峰頂。崔巍接斗牛。月明先到地。雲起不遮樓。密

樹晴疑雨寒泉夜帶秋。爲貪清趣好。竟夕只淹畱。

重登獅山

不盡登臨興。重來到上方。雲迎前度客。詩覓舊時廊。峭壁草猶綠。閑庭花又芳。巖園與林鳥。早已識機忘。

行瑞　字解中湖廣人禹門寺僧

春日寫懷

春暖攜鋤且學耕。衲衣初減覺身輕。往來惟喜無車馬。疏嬾翻嫌有送迎。魚堰平添昨夜雨。菊苗分記去年名。放懷獨立長松下。聽得黃鸝三兩聲。

元位　號以端尋甸人

永豐寺同雨菴夜話

乘興入山遊。鶴歸松徑晚。柴門應有待。月明猶未掩。雲堂遇故人。如見盧山遠。坐談到天明。此緣殊不淺。

宿法雲山玉龍菴用杜奉先寺韻

信宿法雲山。所樂非塵境。聽殘巖瀑聲。踏碎庭花影。松風透枕寒。竹月穿窗冷。功過無人知。夜深獨自省。

鍾靈道中口占

我本鍾靈山裏人。曾識鍾靈山裏路。遙見雲中青芙蓉。知是殿閣崢嶸處。一聲虎嘯晚風寒。日墮鉢盂山頂樹。

宿靈鳳山圓通寺

一徑入圓通。林深景不同。樹歸朝去鳥。花落晚來風。月朗疏簾外。燈明小閣中。無妨借短榻。睡到日輪紅。

宿雲巖山海印寺

遙望層巖險莫過。豈知有路入煙蘿。枝頭珍果憑猿摘。山下清泉任馬馱。靜展蓮經披月殿。高擔竹榻睡雲窩。鯨鐘叫破癡愚夢。功比醍醐更覺多。

同人游九峰山西華寺

有約尋芳到九峰。西華精舍寄行蹤。流鶯並坐池邊柳。老鶴雙棲嶺外松。滿院溪聲經雨壯。半山雲氣帶煙濃。吾儕有志師靈藥。本寺開山和尚得旨無分南北宗。

客雲巖山靜樂菴

米川四面有精廬。不似雲巖耐客居。花落地時方許掃。草經霜後始容鋤。靜聆枝上呼風鳥。細數池心掉尾魚。

更喜老僧同我說。壁觀日久會眞如。

對鏡

對影頻頻問。如何有此身。識吾眞面目。除爾更無人。

雨宿朗目山天峰菴 南甯

偶宿天峰古化城。恨無月到竹窗明。林間何物驚人夢。半是溪聲半雨聲。

晝　先

冬杪過朝眞菴

祇園煙靄裏。行盡遠山陲。老瓦留殘雪。頹廊倚斷碑。山寒梅蘂綻。水淨竹陰垂。趺坐長松下。斜陽影漸移。

妙　明 號雪峰麗江人黃山寺僧。妙明及下淨樂巖棲二僧皆見在者以僧無聲氣可言也故

附卷末稍爲變例云

棲雲菴訪通周上座

林壑幽居處。卜居占一巒。鳥啼花影碎。雨滴磬聲寒。春樹雲千頃。虛窗竹數竿。老僧偕白鶴。松下倚欄干。

麗江寺早行

翠繞羊腸路。行程幾曲分。深林雙屐雨。破衲一肩雲。澗肅泉聲咽。崖幽鳥語聞。秋花開夾道。衣袂襲芳芬。

沙坪

龍關此憑眺。蒼洱遠茫茫。疊嶂含殘雨。孤帆挂夕陽。漁村縈旅夢。茅店寄行裝。曾覽名山志。登臨興未忘。

登峩眉山頂

羣山曾踏徧。獨立最高峰。人語半天上。松聲萬壑中。高懷明月抱。赤足白雲從。舒嘯眞成適。來攜八尺筇。

淨　樂　昆明人白馬廟僧

祇林

祇林地僻稱幽居。出世生涯淡有餘。寄興愛彈水仙操。忘懷懶答山人書。幾棱瘦石連雲供。半畝荒畦帶月鋤。時倚柴關舒倦眼。翩翩野鶴快何如。

巖　棲　昆明人葵向寺僧

懷嵩如上人

白雲滿西山。伴我山中客。山中更何有。谷口多松柏。乘興策杖游。石徑留行跡。長歌來松風。攜琴臥瑤席。秋林夜讀書。山月照泉石。無人訪幽居。遠山空黛色。

訪立菴和尚遺蹟

名僧已不見。曲徑芳草深。逶迤空谷口。時聞山鳥音。松風吹我帶。流水清我心。我來瞻遺蹟。第抱枯桐琴。何人爲我彈。惆悵此空林。

古竹林訪友

萬壑秋色深。遠峰藏茅屋。山中人何處。細徑入修竹。相逢無一言。階前落飛瀑。歲月渾已忘。蕭蕭坐空谷。

贈曾居士

相見卻無事。不來還憶君。十年同野鶴。一别似浮雲。川影庭前落。書聲竹裏聞。閉門成大隱。談笑挹清芬。

黃山寺懷馬夫子

駐錫黃山寺。開窗對雪山。心同秋水淨。人與白雲閒。落落孤松下。翩翩一鳥還。何時馬居士。帶月叩柴關。

附閨秀

王　氏 大理人胡司馬蔚繼室胡死王回省守墓

誌哀

思美人兮得合歡。誰知鳳逝賸孤鸞。此身未許輕相殉。總爲無兒拜掃難。

自大歸時淚雨紛。點蒼山起望夫雲。妾身亦是騷人婦。忍棄新阡宿草墳。

拜掃清明淚滿腮。憐君空自負多才。文章詞賦勤蒐輯。

封禪書還待使來。

豐　姬　大理人豐君昇頟宦滇納之後失官將北返時豐在省垣念姬少勿俱北致訊遣姬姬回書啟視之則斬焉雙耳也其詞云云豐君感涕乃逕與俱歸

雙耳來

君今欲北返不與妾俱回。妾誓從君去。先將雙耳來。

周　馥　號雁沙太和人貢生趙廷玉室

示懿兒

有暇方讀書。夸父日不及。有餘方盡養。季路風不息。開卷期益廣。仰天見景昃。胡然我念之。惕若警惰媿。況君子遠行。承荷居室責。昔人重寸陰。自維愛駒隙。

訓孫仁麟

長孫逾十歲。寢食不相離。憐爾生三月。馳驅父苦飢。爾父敦孝弟。撫爾忍弗慈。牀上連屋書。是先世所遺。伊吾誨汝讀。寸陰勿荒嬉。成名待他日。我或知不知。

書司馬相如傳後

長卿病免居。書猶時時著。使來求遺書。子未見嫡庶。自頭吟何益。獨對所忠語。若是茂陵女。容爲小婦娶。豈不罥馨兒。接踵擅詞賦。太息才人遺。內妒甚外妒。

紫筏夫子就館中甸話別

唐破吐蕃地。夫君又遠征。鐵橋江澌蕩。石鼓雪崢嶸。翁歿新阡表。姑哀宿疾縈。家貧無一可。辛苦硯田耕。

沈夢蘭 金陵人副貢趙桂室

舍倿

侍奉雙親歛舍倿。獨淚漣。蹉跎悲白髮。零落恨髫年。霜冷三秋菊。鴻飛十月天。遥知堂上意。兒女夢中牽。

王玉如　雲南人杭州孫令宜廉使箆室

春陰

東皇愛惜牡丹深。費盡量晴較雨心。雨恐太寒晴太暖。爲花連日作春陰。

畫菊

西風叢桂正含香。籬菊先開不待霜。暫向毫端借秋色。何妨八月寫重陽。

夜坐

爐煙細裊碧窗紗。人靜天空北斗斜。滿院蟲聲一簾月。
夜深風露落桐花。

滇詩嗣音集卷二十終

滇詩嗣音集　卷二十

詩

滇詩嗣音集補遺

呈貢戴淳古村定　昆明黃琮象坤輯

李翊號衣山晉甯人乾隆丁進士改庶吉士官編修

擬陶

清晨登阡陌。涼露忽霑衣。艱難盡人力。歲功方可希。稼穡旣有道。庶用慰寒飢。田間數父老。相見情依依。日入墟村落。深巷牛羊歸。翳翳懷暮景。各已掩荊扉。壺觴自斟酌。所欣願無違。

喜邱醒蘭過訪

邱子富清機。胷懷與俗別。淡淡秋空雲。皎皎寒潭月。訪我到幽齋。芭蕉踏冰雪。酬唱吐高言。會心各超越。別去

轉深照林鐘聽未歇

雨後柬王菊莊

雨過一鳥鳴院宇轉岑寂梟梟風動花蕭蕭篛豎古蒼
茫雲色變掩映山光碧緬懷平生交綠苔佇行跡

夜坐寄懷張曉巖鄭藻揆南歸

淸晨發皇邑送君風雨會望望不相見日落秋山外飛
鴻失故侶轉蓬逐征蓋行子各悵悒居人入城內涼月
上南軒竹樹交煙靄綠苔宛芳躅鳴琴空復對

讀曹來殷詠典堂詩集

衆工奏笙竽嘈雜難爲聽晤彼嬋媛子獨叩商角聲爽
籟相激發山水益以淸豈復希世好怡此高曠情我懷

淡如洗。讀罷松風生。

滸關夜泊寄懷宋逸少

春陰鎖長空。急雪灑平地。旅人抱愁疾。飄蕩一舟寄。振楫過望亭。滸關夜乃至。延佇懷故交。盧爾臨江遲。遙遙寒山鐘。尚隔煙中寺。

讀劉聚瞻尊人守塞集慨然有賦

枯草龍沙外。黃雲壓戍樓。一春惟見雪。五月尚披裘。薄譴恩猶重。生還望已休。可憐荒塞月。長照旅人愁。

登樓

洛日動林木。長空飛鳥還。登樓聊一望。遙見太行山。山色常如此。人生自不閒。所以高世士。晏坐閉柴關。

春望寄懷施大醇

近郭人家少。平由綠水環。花間藏野徑。竹外露春山。晚
寺殘鐘度。煙林倦鳥還。長卿（施嚳字）何處是。直北望燕關。

知樂亭同祝芷塘小坐

水亭新結構。曲徑歷幽遐。老樹半無葉。寒梅初著花。因
之攜素友。可以酌流霞。憂樂無端異。吾生未有涯。

訪慧上人不遇即次前過訪原韻

秪林更相訪。一徑竹籬斜。野寺連芳草。閒門掩落花。攙
雲孤嶂外。飛錫大江涯。惆悵歸途晚。寒塘響鈞車。

四照樓

蘆荻隱寒煙。連山起秋色。日落望蒼然。懷人此何極。

夜雪

寒夜坐高齋。風簾滅殘燭。戶外寂無人。雪聲灑枯竹。

昆明竹枝詞

東塔兀兀入層霄。西塔隱隱出雲標。兩塔日夜長相見。不似狂夫去獨遥。

張登瀛 號翹岱蒙化人乾隆己酉舉人著滇南文略

題楊石林畫

瀑泉湧萬斛。若雨淋高空。林木盡披靡。浩浩吹天風。巖壑不可辨。但見煙溟濛。巨靈伸一臂。劈律天柱峰。國初多畫師。擅場家退翁。怪底畫徵錄。梁南秖擔公。張庚畫錄滇人秖收擔當 多君好事者。玉燮光瓏璁。朝來持示余。尺幅何沈雄。愧余不解畫。追摹句未工。誰人續畫錄。網取珊瑚紅。

李　翃　號雲華晉甯人嘉慶己未進士改庶吉士官御史

湘江舟次

投火依江岸。帆歸極杳冥。五湖秋水白。三楚暮山青。醴酒銜杯醉。江魚入饌腥。近無人處宿。鷗鷺滿沙汀。

送楊蓉初同年出守清平

選出詞曹品絕羣。銅章新綰倍精勤。車前好沛三時雨。袖底曾攜五色雲。此日莎庭初課吏。昨年芸館細論文。幾回走馬清平道。父老能無識使君。

楊元升　號曉園易門人嘉慶庚申舉人官通海縣教諭

中秋與陳輯五夜話

冷落官齋夜漏遲。箇中清趣兩相知。況當水複山重處。正值秋高月滿時。雁自横空頻喚侶烏皆繞樹欲依枝那堪兒女齊羅拜脈脈萱堂獨遠思

唐　麟　字二南晉寧人嘉慶戊辰恩科舉人官雞澤縣知縣

簡戴古村

家山共許息勞筋。走訪龍池坐夕曛。舊跡難忘鴻爪雪。新詩慣寫馬頭雲。天涯路自旋歸遠客裏金還慷慨分我固樂交當世士。幾人肫摯有如君。

許應藻　號魚泉石屏人嘉慶庚辰進士改庶吉士洊升學士後官浙江糧道

初秋登武昌城樓

高樓飛鳥外。登覽意何如。萬戶浮家苦。千峰落葉初。但聽中澤雁。忍食武昌魚。時江水猶漲　種麥者誰子。高原方荷鋤。

羅士葆號品泉石屏人貢生

感懷

嗟余幼失怙。夙仰母氏慈。自非得寸祿。菽水何所資。同人半高舉。垂翅將安爲。歸來拜阿母。無言淚偷垂。阿母爲我語。時命汝安之。第得汝無疾。不售焉足悲。是時兩小兒。讓棗相娛嬉。阿母忽開顔。謂可解人頤。暫博母心歡。乃仗此幼兒。兒幼行且長。安能常如斯。惟應廣種秫。釀酒多清醨。嬉戲阿母側。冀母進一巵。

羅士菁號雅休石屏人嘉慶庚辰進士改庶
吉士由洗馬任知府官至河東鹽道

題韓欽堂松下攜琴圖

素練不盈尺。蒼松高千尋。攜琴就磐石。緬彼幽士心。我
家萬壑松。綠葉鋪寒陰。十年走塵土。夢繞丹霞岑。何當
翦茅屋。臥聽風中吟。

張晉熙號筠村昆明人榜名誠道光
癸未進士官河南布政使

望嵩山

馬首瞻惟嶽。凌空氣象多。晴嵐連少室。遠翠落洪河。帝
子吹笙去。仙人採藥過。便應攜竹杖。一爲訪煙蘿。

鶴陽新河詩集

鶴陽新河詩集一卷
（清）朱洪章撰
清光緒八年（一八八二）刻本

鶴陽新河詩集一卷

清朱洪章著。朱洪章（一八三二—一八九五）字焕文，貴州黎平人。咸豐初，從黎平知府胡林翼鎮壓新甯、黄平起義，授外委。咸豐四年（一八五四），從胡林翼援湖北，與太平軍戰岳州。從塔齊布破洪山。後隸周鳳山、畢金科。六年從克饒州，擢千總。九年從曾國荃克景德鎮，以守備補用。十年從攻太湖，晋都司。十一年克安慶，超擢參將。同治二年（一八六三）攻天京（今南京市）雨花臺，以總兵記名，又加提督銜。三年率先沖入天京。四年升永州鎮總兵。光緒二年（一八七六），調雲南鶴麗鎮總兵，署昭通、臨安、騰越諸鎮。十五年署狼山鎮總兵。二十年奉張之洞命，領兵十營防守金沙衛。次年死。

《鶴陽新河詩集》，光緒壬午年（八年，一八八二）仲春月刊。詩集收録朱洪章任雲南鶴麗鎮總兵時治理漾弓河期間詩作，七絶一百零八首、七律六首、五律四首、自序一篇。朱自謂作詩目的『惟欲此邦之人免於沉溺，並令其知導河之匪易易者』，因而『遑問詩之工不工』。詩作反映災民悲慘遭遇，官吏腐敗無能，以及開挖新河的所見所聞所感。①

① （清）趙爾巽：《清史稿》卷四百十四《朱洪章傳》，北京：中華書局，一九七七年，第一二〇五五頁。姚織昌：《學步集》，北京：中國文聯出版社，二〇一一年，第二六八—二七一頁。

鶴陽新河詩集

光緒壬午年仲春月

隺陽新河詩集

黔陽朱洪章著

歲庚辰鶴慶新河之工竣余欲有以誌之而未得所載爰撿篋中隨時所拈之句得詩若干首以記其事夫余自從戎三十餘載筆墨久疎抗揚無日何敢以詩言但念到鎮以來力籌墾款鳩工闢河其間督親兵不使之懈振民力不使之疎掘山峽不使之阻拋泥沙不使之滯履危蹈險引河導流不使或作病

或輟者頻年艱辛既已躬歷其事不能不見之詞或曰是詩也語太俗而余不忌其俗焉的未調而余不期其調焉然則此詩之作余惟欲此邦之人免於沉溺並令其知導河之匪易易者遑問詩之工不工哉

光緒八年歲在壬午仲春黔陽五關朱洪章書於鶴麗鎮署之松竹軒

鶴陽新河詩集

黔陽五開朱洪章煥文著

開河詩七言絕一百八首并序

鶴郡漾弓江橫亘百餘里上接麗江諸山溪流滙澤州中而下無所洩俗傳菩摩伽陀開關以念珠一串由象眠山脚擊開石洞一百八孔河無沮洳之患後世人心不

齋搜洞之功不力沙泥拋塌荒草蔓延比
年消洞阻塞洪波泛濫湮沒田廬無算嘉
慶丙子前麗江府馮公廉賞巨萬而沙石
旋開旋塞開河之功未成及同治中前軍
門楊公捐貲數萬決意開山而河事未畢
遽陞他任繼李州牧出示停夫事遂中止
河患依然光緒丙子余到鎮見民攜老扶

幼遷徙不絶心中惻然久知疏河爲至要
矣但念掘河所以救民也而水路未開則
欲救斯民而終不能救開山所以通河也
而工程未竟則欲通斯河而終不得通余
詢之衆庶乃曰工程浩大人多畏縮況今
官有停夫之示民何敢云挖河乎余聞之
憤甚丁丑歲秋雨連綿水勢益急況溺愈

多余冒雨親步至山嶺上下周視旋籌鑿
款次日即督率親兵百餘人前往開挖日
夕不輟惟是層巒累石非可以易闢也而
我兵不辭其難急浪深灘非可以易涉也
而我兵不畏其險於是疏鑿之勤挑挖之
奮至七晝夜時進初更而水道通矣浪濤
奔流聲震山谷百姓聞之歡呼而蟻聚前

之逡巡出夫者今踴躍而來焉昔之因循辦事者今殷勤倍至焉然民力不可以窮迫也兵心不可不勸慰也余爲之力籌資用大加賞給於疎懈者斥責之於勤苦者嘉獎之於困憊而偃蹇者則調養之於沉溺而失落者則搜瘞而祭奠之日方出而咸至日已入而放歸甘苦與之同憂樂與

之共是以危巖崛石靡不掘開浮土濫泥無不抱去或用闢推或用船運或用牛拖層層剝盡而水道暢流矣然猶有慮者新河之沮滯俱消而中段之石峽尚在余再三躊躇力集衆議民皆引頸而望乃忽有調任昭通之命臨行百姓攀轅泣留余亦依依在念惟許以復來而已庚辰余再陞

仍督率親兵民夫極力挑挖廣募石工破盡石峽務令河之首尾深廣如一水流砰湃毫無阻遏之虞由是造橋橫嶺以便往來建廟象山以昭祀事方今浩浩蕩蕩水達金江而田之層見疊出者不知其數或曰是役也亦猶伽陀之開洞以洩河也余不之信惟於河工告竣之日得詩一百八

首以記其事其於一百八洞之数哉亦
無心而暗合也歟

其一

頻年沙注水難消　秋夏之交大起潮
低處村屯淹沒盡　傾頹廬舍逐波漂

其二

帶眷携家哭淚寒　災黎遷徙實難看
愁向署牧回言答　出示停夫畢求乾

其三

視民遷徙我心傷　忙請中軍細度量
即速帶兵星夜往　掘開河道水茫茫

其四

掀簑冒雨步艱難　赤足親臨仔細看
七晝夜攻除水患　通江鑿石喜河寬

其五

連朝不住雨如膏　硐塞沙淤起漲濤
泛濫洪波高數丈　開挖晝夜督工挑

其六　因河水揭過之先予用耕牛結彩順河牽下並用通大海勢一味投入水中取其借為揭通之意

行看泛漲雨方來　乘勢開挖用閘推
假借犀牛通大海　横山水過吼如雷

其七　新河未開決破泛溢百姓驚恐四處揭帖謂予是伽陀復生要開此河必待予來予勉從其事事告成功故有伽陀復生之言

新河謠說待余開　往視胸中有主裁
幸得揭通將夜半　浪聲驚醒衆人來

其八　前曾奉檄捐資僱夫開挖新河功未及半繼攝縣學教諭篆出示停夫殊令不解

出示停夫用役難　掘通河水共來看
農忙不許民咸至　繼患頓消衆盡歡

其九

工停復往初挖時　紮壩連環有孰知
水淺河開民始至　安瀾永慶我題詩

其十

乘舟前往陸途回　七日功成可快哉
鎗礮連聲時放水　河通始見小民來

十一

愧我朝朝守濛干　每逢崩潰不思餐
三聲號礮天猶昧　只要功成那畏寒

十二

泥濫泉深怎奈何　揹挑難使用船拖
蒼天助我連朝雨　順水推沙省力多

十三

源流繁壩揭新河　鑿石開山工費多
獨我親兵能耐苦　不然怎得咏狂歌

十四

險峻河深衆畏難　爾何膽大我心寒
沙崩幾處尤加力　隨浪拖推下九灘

十五

工程浩大畏難開　日日派夫枉費催
待到揭通水過後　朝朝陸續自爭來

十六

民夫踴躍不須催　朔望行香只暫回
當日若虞人怨恨　新河怎得至今開

十七

山高土厚怎開河　泛漲需船儘力拖
鑿石不知功浩大　揭通水過永無波

十八

截流築壩費功多　水過山腰兩岸樓
昔日浮沙同日擲　凸高河底用牛拖

十九

連朝半月雨淋漓　督令忙挖順水推
仰荷天神兼庇佑　捐挑終日卻忘饑

二十

泥堆兩岸擲河高　築壩忙來晝夜挑
恰還連期霪雨落　金江水漲浪滔滔

二十一

民間遷徙哭聲哀　不慮流離急往閙
飭令派夫逢勢阻　河通水瀉自相來

二十二　吊民夫溺死

人生遇事各憑天　今日耕田憶昔年
泛漲洪波誰往掘　親兵溺死亦堪憐

二十三　吊民夫婦女溺死

告誡終嫌我話多　今朝失足奈誰何
雖然溺死情堪憫　忘棄名標為掘河

二十四　石寨子民女失跌水中彼時同伴嬉　伊搖手發笑手見復令親兵往救不及

河中失跌笑嬉嬉　往救兵來命已危

崩塌淫流屍始見　猶存爾貌更傷悲

二十五　每夕散夫時子發揚頭不尚擔橋無故誤墮[illegible]　水隨飭親兵往救不及手挐網鉤適來將[illegible]

緩步多言不我干　爭橋失足下深灘

波流水湧真難救　水護屍時淚尚潸

二十六　弔親兵溺死

坐守肩挑刻不離　為民除患赴巔危

功成告竟爾身歿　淚洒江干[illegible]

二十七　弔親兵劉忠發溺死屍身無着有感

民夫來衆爾身危　得信忙看覺已遲
屍過馬鞍橋不見　遍尋無着更傷悲

二十八

狂瀾忽漲進東門　遷徙羣黎哭赴轅
該處既挖忙往視　披簑冒雨導河源

二十九

千重石峽令人愁　泛漲頻年不勝憂
多覓匠工星夜鑿　掘開河水始通流

三十

公母山傳挖不該　浮沙挑去復崩來
濫泥予用船拖運　事在心堅河竟開

三十一

往視歸來夢自驚　工程浩大費經營
龍華借得山谿水　紮壩忙挖澈底清

三十二

漾水灣灣昔暗消　每逢秋漲起江潮
移山難學愚公志　除患全憑民力挑

三十三

象眠山下浪悠悠　泛漲頻年工竟收
暗洩恐教沙水塞　明開砰湃不停流

三十四　待腰江觀瀑布

波翻浪滾若潛龍　雨水相交劍氣衝
雪浪濃烟飛細雨　泉聲响應隔山鐘

三十五

隄成稍漏布包攔　築壩連環水晒乾
挑運忙挖堆兩岸　連朝河底漸開寬

三十六

連朝傾倒勢顛危　水漲山崩橋易移

紳管忙呼民散走　惟予在彼力支持

三十七

每逢朔望暫歸鞍　再四叮嚀意在難

次日轉時忙督衆　工程莫當等閒看

三十八

督挖對岸令人愁　冒險親兵不自由

土動予知忙喚走　果然崩潰斷河流

三十九

志在心堅不畏難　始終如一有人看
稍存疑慮功全廢　那得河通處處安

四十

前人獻策問誰教　石齒天生用鑿敲
硐阻沙淤留後患　洪波泛漲禍移蛟

四十一

秋風漸冷雨霏霏　督令工忙那着衣
幸得列公親目覩　不然實事總成非

四十二

洪波泛漲患難當　淹壞鄉村傾壁牆

架木鶴樓權作室　無端愁緒咏汪洋

四十三　八年二月杪麗郡楊丹山李蘊川鶴慶楊撫侯寸雲樓偕諸公結伴前往新河勘歷予因公未及同往有感

諸君結伴顧河干　終始開挖用意看

漾水發源由雪嶺（鄧邑漾江之水發源雪山）　從今得路慶安瀾

四十四

新河鑿石用工多　調度開挖費揣摩

請往迴龍橋上看　中流砥柱挽狂波

四十五

漾江水去曲而灣　潮湧悠悠過象山
秋漲揭通無可慮　許多好處在民間

四十六

終朝指示必親臨　工竟回城慰我心
四野青葱歌樂土　河開遍種滿田金

四十七

濤翻浪湧畫難如　鑿石開山水患除
橋造此間延地脉　從玆鼎甲步鰲魚

四十八

鶴陽纏患劇堪傷　百里長寬巨浪洋
予到揭通無水患　四鄉漸次造樓房

四十九

茅屋連淹最畏風　波潮浪湧壁墻通
河開得幸方除患　耕鑿民安我事終

五十

廬舍淹漂在水中　村屯遷徙各西東
麥秋已熟撈無及　直到河開始兆豐

五十一

調任昭通分手時　開河終始悉通知
臨行贈我千行淚　許爾功成不悞期

五十二

遇險奔流衆畏難　親兵冒雨怎偷安
赤身那顧憐他冷　速要功成不問寒

五十三

汪洋一片水雲鄉　日見遷移我甚慌
開辦無資籌墊欵　安瀾永慶賦詩狂

五十四

提單好義費多財　予任湖湘尚未來

丁丑年間遭水患　洪波忽漲往前開

五十五

樂施好義感單門　患去民安浪滔奔

接續予來稍用力　而今萬姓贊深恩

五十六

楊爵捐貲不畏難　只求患去救民安

予來果得如心願　滿甸青秧請往看

五十七

昭通調任許重來　石峽層層復往開
縱累民工逾百萬　良田一現好栽培

五十八

新河水勢已茫茫　兩次開挖拙暫藏
中隔不除心不忍　一朝聞調任誰當

五十九　新河告成惟波南河一帶中隔未開臨馳有感

臨行遥指象眠山　屢日開河在此間
調任復愁中隔止　士民翹首望雲還

六十

山川何故費工開　泛漲頻年民受災
鑿石原爲疏水道　鶴陽調任待予來

六十一

攀轅求救我心憂　往視登臨滿目愁
督令挑挖忙不暇　未經旬日水長流

六十二

鶴陽歷代鮮明河　硐塞沙淤阻浪波
兩次予來除鱷患　民間四野頌聲歌

六十三

忽聽歸艭望幾回　停工屢次待予來
多方設法船拖運　浩大工程竟得開

六十四

洪波氾濫不勝愁　患去河開民釋憂
調任我心無別慮　猶存中隔意勾留

六十五

昭通調任哭聲哀　今日功成喜快哉
惟有他年積欠款　民生國賦忍余賠

六十六　積大善春委勘河約渠過壩下往有感

壩成不敢過河西　無任新乾渠濫泥

發胆書生狂與我　水冲惟恐路歸迷

六十七

新河南岸擇廟基　往視諸君那得知

後枕象山多有靠　九峯拱向拜神祠

六十八

調任重經已六春　多緣此地古風純

去時曾約還來語　今日功成話果真

六十九

瞻溲南流復向東　接連江氣慶年豐
河開九曲灣環水　士秀民良守古風

七十

陸地緣何反駕舟　停搜洞塞水横流
前經迭次遭六發　得幸河開民不憂

七十一

柳林深處富豪多　牛背兒童發浩歌
猛喜今年豐大有　笑稱予至賜新河

七十二

大雨狂風撲面來　終朝輕意不離開
忙求壅決消河患　現出良田民好栽

七十三

門神洗臉事多奇　倉内魚游細告知
泛漲民居廬舍矮　河開聊賦作新詩

七十四

披簑冒雨挽狂瀾　水洩河開倍好看
春麥秋禾皆得種　而今調任我心安

七十五

帶隊終朝掘濬河　親兵冒雨不披簑
民夫往派期難約　幾日功成視若何

七十六

兩山夾谷濬河源　向日開通浪湧奔
從此漾江無泛患　民歌祿禱頌深恩

七十七

象眠山下浪聲鳴　昔日興工費力營
禾稼青葱歌四野　豐年咸戴我心誠

七十八

河閘水瀉不波潮　無數良田好稼苗

喜我功成民樂土　昔年嗜硐浪痕消

七十九

山雞忽聽水波鳴　振翅驚飛數里程

結伴復歸依舊宿　風吹葉響訴濤聲

八十

民風古樸幸除災　予調他邦復任來

督憲殊恩當感報　不然河路怎能開

八十一

追思昔日動挖時　雨具隨身刻不離
聞得崩頽忙往視　親兵督令力支持

八十二

前經屢次挖斯河　按硐明開議論多
督辦諸公心不兩　試看今日竟如何

八十三

龍華象嶺掘中間　若要工成劈兩山
此語前人遺古蹟　河通紮壩用連環

八十四

汪洋一片我愁眉　冒雨連朝共見[illegible]
要與民間除水患　橫身不問涇淋漓

八十五

民夫屢派不多來　可計當年水患災
牆壁漂流隨浪湧　無棲借住哭聲哀

八十六

事到危難每讓賢　予來接辦志偏堅
諸君請往沿河看　無數民耕得好田

八十七

任重無貲我獨肩　功成墊款久遷延
親兵溺死因何故　為衆開河不自憐

八十八

推沙順水妙如神　日見夫來笑語親
人贊稱予難督衆　河開共話我情真

八十九

呵凍開挖風雨淒　親兵辮髮盡梳泥
功成士庶均知感　保奬疊邀枉費提

鶴陽新河詩集

九十

開挖據辦我心迷　用假籌貲竟不提
事到萬難方問及　屢經請款未蒙批

九十一

肯雨開花早到隄　橫身上下盡沾泥
四年日用均予墊　憑去衣安不待提

九十二

功成共樂永無災　民屋與修購棟材
從此年年歌大有　錢糧掃數不須催

九十三

鶴陽蒞任未年周　水患頻仍刻刻憂
坐視那堪民散徙　雄心立意掘河流

九十四

督辦前人鮮始終　病緣假手治難通
予來接續堅心掘　坐守河干得竟工

九十五

開辦四年不竟成　民間患去感予情
可憐終日親兵苦　為衆身亡得美名

九十六

水過沿山倒幾回　他人意恐我心灰

紳民輿次求予任　四載功成河竟開

九十七

先年丙子水爲災　太守馮公代賑開

國帑報銷彌數萬　恰週花甲待予來

九十八

代賑馮公開辦時　民豐國富易支持

胡图無會忘河事　水退方知力莫施

九十九

清鎮軍挖寶費工　沿山搜硐水流通
停修年久淤沙注　兩次寻來金始終

一百

楊爵倡捐開漾河　民間滋弊累殊多
幸予重到終其事　免得同人暗使戈

百零一

道官滇南已六秋　民生國計愧難酬
新河且喜工粗就　歸里惟期駕釣舟

百零二

遊宦他鄉我自憐　追思往事淚如泉
鶴陽得幸河工竟　不問家書路萬千

百零三

救民水患要真誠　虛衍開挖必不成
試看予來方數載　河通現出好田耕

百零四

頻年硐塞漸淤高　水不疏通吼怒濤
秋令每交為巨患　掘開流滙去滔滔

百零五 鶴陽紳士餞別有感三

南關餞別我心寒　相近多情離更難
淚灑滿襟留不住　諸君圖繪眼中看

百零六

騰陽調任出南城　老幼牽衣來送迎
淚灑街心如瀑雨　令予不忍別離行

百零七

餞別前途畫不成　柳陰堤外馬蹄輕
重來鶴郡無他異　幸有紳民分得清

百零八 開挖新河於茲四載幸大功告成復蒙督部堂委任騰趕別無他贈臨歧有感

歷年調任幾奔馳　二次許來不誤期
四載同舟無別贈　百零八首獻詩詞

七言律

象峰屹立寶峰遙　圍住南江水勢驕
俯視羣黎遭陷溺　那堪巨浪任飄搖
催工鑿石層層闢　督衆推沙旦旦挑
我欲開河河竟决　茫茫鱷患一時消

鶴陽士庶感深恩　蒙賞親兵導漾源
滿道歌稱遺惠溥　沿河遍聽怒濤奔
堪憐昔日籌資墊　且喜今朝息浪痕
患去民間安樂土　功垂萬世姓名存

節帥添兵賞百名　藩司何苦力相爭
防邊且作防河用　去水還同去賊營
濟鶴奇功千浪息　為魚大患一朝平
賢愚不識癡心望　且喜安瀾救衆生

藩司何事苦云云　部下分兵感制軍
從我開河揮汗雨　憐他鑿石破層雲
追隨用命長江決　疏導成功此日聞
泛漲洪波今永息　良田億萬好耕耘

所部親兵節師恩　隨予用命導河源
初時招募伊何願　今日挖開笑語喧
拯溺祇知援赤子　成功聊可對倉藩

頻年借墊誰來補　患去民安事業存
幸得親兵去水災　倉藩想意實難猜
當初恐我私囊飽　今日成功墊款堆
無數良田歌樂土　此邦多士出奇才
河通風俗俱還古　猶記伽陀救患來

五言律

萬頃復千波　田廬浸沒多
瀁江盈若此　黎庶嘆如何

士卒從予命　泥沙盡力拖
試看河水去　象嶺勢嵯峨
秋雨波濤壯　沿河子婦愁
視之如己溺　念此注心憂
掘石山搖動　拖沙水順流
我兵誠竭力　揮汗日當頭
撫字非吾任　沉淪不我干

救民先救水　圖易亦圖難
師老心逾壯　河通路自寬
擲開山萬仞　巨浪去漫漫

兩任蒞鶴陽　洪波氾濫茫
遷居目不忍　移徙情堪傷
除患人皆喜　消災我自狂
河開成沃壤　物阜慶民康

出示紳耆畏　洪濤未易開
兵夫齊用力　婦女亦驚來
瀉水方除患　通河為捍災
安瀾從此慶　民樂何須猜

汜濫民遷徙　長河起漲潮
披簑連日掘　冒雨不時挑
水過千山吼　波流兩岸消
兒童歌四野　患去筆難描

大清礦務章程

大清礦務章程　正章
（清）農工商部編
清光緒三十四年（一九〇八）鉛印本

大清礦務章程

一册，清光緒三十四年（一九〇八）鉛印本。封面題『雲南礦政總局札叢，光緒三十四年五月廿四奉到，湘皋識』。湘皋即趙湘皋（一八六六—一九二一），名荃，字湘皋、揆叔，雲南劍川人，趙藩（一八五一—一九二七）弟。光緒二十三年（一八九七）舉人。歷官四川鹽邊廳通判，雲南蘭坪、馬關、文山知事。宦滇日久，提倡礦務，崇尚實業，創辦麻栗箐鐵廠、河西鉛廠、民生紡織廠。著有《酉陽酬唱集》一卷、《移華書屋詩存》四卷、《移華書屋文存》四卷、《明清之際滇高僧居士傳》一卷等。

《大清礦務章程》是中國最早的比較完整的礦業法。此書輯清光緒三十三年至三十四年（一九〇七—一九〇八）間制定頒行的礦務章程，内分正章與附章兩部分。正章規定總要、管理、地權、礦權、租税、中外合股等事項；附章規定礦務委員、收稟辦法、領照細則等事項。此次影印係《大清礦務章程》正章。①

① 趙藩：《仲弟湘皋墓誌銘》，載方樹梅纂輯、宋文熙等校補《續滇南碑傳集校補》卷六，雲南民族出版社，一九九三年，第四五一頁；《續雲南通志長編》（下册）卷八十一《人物》，一九八六年，第七四二頁；《劍川縣志·人物》，第九四六頁。周振想：《法學大辭典》，北京：團結出版社，一九九四年，第四三頁。

雲南鑛政總局札發

光緒三十四年五月廿四奉到

湘皐識

大清鑛務章程 正章

謹

奏爲遵

旨核議鑛務章程繕具淸摺恭摺仰祈

聖鑒事光緒三十三年五月二十八日准軍機處鈔交湖廣總督

張之洞奏請早定鑛務章程一摺奉

旨該部議奏欽此又於六月十六日准軍機處鈔交張之洞附奏

補錄英國商約第九款請

敕部核辦一片奉

硃批該部知道欽此臣等伏查該前督前於光緒三十一年十二

月間具奏遵擬鑛務章程一摺奉

硃批外務部商部議奏書併發欽此由軍機處鈔交到部據原奏

内開光緒二十八年欽奉

上諭鑛務爲今之要政昨經劉坤一張之洞電奏采取各國鑛章詳加參酌妥議章程等語所見甚是即著該督等將各國辦理鑛務情形悉心採擇會同妥議章程奏明請旨務期通行無弊以保利權而昭慎重欽此嗣劉坤一因病出缺經臣遴委華洋各員購取英美德法奥比利時西班牙等國鑛章詳加譯錄咨送外務部交侍郎伍廷芳參酌編輯該侍郎擬定稿本郵寄來鄂復經臣重加增訂書成後又派多員並採取日本鑛章細心參校臣復加酌核謹纂成中國鑛務正章七十四欵

附章七十三條繕册恭呈
御覽等語臣等查興辦鑛務爲大利所在而措施失當亦貽害靡
窮故纂訂章程於寬嚴操縱之處條欵繁簡之中必須體察
情形斟酌盡善始能通行無阻而有事關華洋交涉者尤宜
審愼周詳該前督原擬章程所有區別地面地腹釐定鑛界
鑛稅分晰地股銀股暨於華洋商辦鑛一切限制防閑之法
條理至爲周密而尤注意於中國主權華民生計地方治理
據稱係采取各國鑛章遴派多員參校編輯審定良具苦心
惟此項鑛章關係重要既經訂定必期實行當以農工商部
前奏鑛務暫行章程數年來各省遵行尚無流弊一面仍遵

守舊章辦理一面即將新定章程逐細研求務期益臻妥協
所有原章內關係交涉各條應由外務部核議其餘概歸農
工商部查核據原奏內稱上年商部奏定礦務暫行章程摺
內聲明俟臣處輯有專書歸併辦理以免歧異自應參互考
訂歸於畫一等語臣等當將新舊章程詳細比較查核所有
前訂章程立法較嚴之處各省遵行已久自應查酌增改免
致分歧又臣部有綜核礦務之責凡辦礦應行報部核奪各
事宜亦應參酌前章劃清辦事權限俾內外互相維持藉收
統一事權之效再查臣部前經奏令各省設立礦政調查局
遴派礦務議員經理全省礦務並擬訂章程奏准遵行在案

現在新訂官制尚未通行應即派令鑛務議員遵照此項鑛
章並原訂鑛政調查局章程辦理全省鑛務以專責成至原
章內關係交涉諸條暨該前督附奏英國商約第九款各節
外務部查該前督片奏內聲稱改定鑛章一事曾於英國商
約內詳切聲明一則曰擇他國章程與中國相宜者再則曰
期於中國主權無礙於中國利權無損此次所擬鑛章較之
各國通行章程但有加寬並無加嚴議准之原約具在似不
必過於遷就等語臣等詳加查核此次原章內關係交涉各
條既經該前督參酌商約訂定自可按照所擬辦理現已將
原擬正附 程由臣等會同核明謹繕具清册恭呈

御覽伏候

欽定至此項章程宣佈施行日期應候奉

旨允准後由農工商部酌定咨行各省查照辦理所有核議鑛務

章程緣由謹會同恭摺具陳伏乞

皇太后

皇上聖鑒再此摺係農工商部主稿會同外務部辦理合併聲明

謹

奏

光緒三十三年八月十三日具奏奉

旨依議欽此

大清鑛務正章目錄

第十二欵　續出之鑛質

第六章　地權

第十三欵　地面地腹釋義

第十四欵　地面地腹權利之區別

第十五欵　銀股地股之區別

第十六欵　甲字類鑛專歸業主開采

第十七欵　乙字類鑛合股辦法

第十八欵　丙字類鑛合股辦法

第十九欵　稽查鑛產總數

第二十款　鑛業不得私自換賣及質押

第七章　以地作股
第二十一欵　鑛地作爲紅股
第八章　執照
第二十二款　辦鑛須請執照及其限制
第二十三欵　執照分兩種
第二十四欵　請領勘鑛執照辦法
第二十五欵　勘鑛執照期限及其限制
第二十六欵　履勘鑛產限制
第二十七欵　續請勘鑛限制
第二十八欵　勘鑛界限

第十五章　鑛務警察
第七十二欵　鑛務警察之責任
第七十三欵　鑛務警察之權限
第七十四欵　停工開工之辦法
附各國鑛地限制備考

大清鑛務正章

第一章　總要

第一款　新章頒行舊章收回

此章自宣布之日起即當奉行所有從前頒行鑛章一概收回

第二章　管理

第二款　農工商部綜理鑛政之職掌

農工商部管理鑛務一切事宜並一應辦鑛人員令各遵照此次奏定之鑛章以歸畫一並以後增修章程推擴鑛務核給

勘礦開礦執照兼錄用礦師並延聘礦務律師以資輔助遇有華洋商合辦應於核給開礦執照之先叙明該洋商來歷及現在處所咨照外務部

第三款　各省分理礦政之職掌

各省礦政應於省城各設一𠙽總承轉辦理之區現在外省官制尚未通行仍暫由奏設礦政調查局之礦務議員遵照此項章程辦理各項礦務各州縣境內如需派設礦務委員即由該議員遴選妥員詳由本省督撫咨報農工商部核准施行凡關涉礦務事宜均須詳請咨部核奪

第四欵　鑛務委員之職掌

凡總局（即鑛政調查局）所派駐各州縣之鑛務委員凡關係鑛內之事無礙於地方者准由該委員秉公辦理或勸解調處或執法判斷均由該委員酌辦總以無礙法律有益鑛務爲主若一經牽涉鑛外該委員應會同地方官訊辦不得擅自裁判

各省總局所用委員皆以中國官員承充惟選擇通曉鑛學之人爲鑛務顧問官則不拘華洋均可任用該鑛務顧問官如係洋員應遵守中國法律聽總局節制調遣奉行總局照章派任之職事鑛務總局並可特派委

員偕同礦務顧問官巡歷有礦各地以便考察礦工回
省時詳確稟報總局核奪惟顧問官只有稽察礦務利
病條陳應辦事宜之權並無裁判定斷行文之權

第五欵　清查礦地考核礦商均必須先經各省礦
局及地方官查明詳咨以為根據

凡各省礦地與地方有無關礙其產業有無糾葛又礦
商之籍貫來歷及其資本是否充足實在有無影射含
混均非在本省就近確查不能清晰確實如礦商願請
勘礦執照者無論華洋均應在本省礦政總局遵章呈
報候行地方官查明實在情形是否合例有無糾葛據

實稟覆方能核辦其應行核准者總局即詳請本省督撫核准由督撫咨報農工商部查考如有鑛商逕赴農工商部具呈者應由農工商部咨行該省督撫轉飭鑛政總局查明核辦

第六欵　鑛務繳欵分三項

凡鑛商請領開鑛執照應繳照費應全數報解農工商部充用

凡鑛商呈繳之鑛界年租一及鑛產出井稅二並官地與鑛商合股應分之紅利三其銀兩統由各省總局彙收以一半解農工商部以一半解司庫充本省餉需每

年年終將收數彙造清冊呈由本省督撫轉咨農工商部查核

勘礦執照公費應留充本省總局局用其礦務委員所收之局費應報解總局分別撥充各州縣礦務委員之局用

第三章　舊商限制

第七欵　清理舊商礦界

凡現在開礦之礦商與已經准領礦地之人必須將原有礦產禀報本省總局照現定章程立案核明數目劃分礦界准自此章頒行之日起儘二年之內一律辦清

一切須遵照本次所定鑛章辦理

第八欵　舊鑛商之章程不妥者宜設法修改增補凡現在開鑛之鑛商與已經准領鑛地之人若以新章之某一欵或若干欵與其已得之權利有所損礙者准自新章頒行之日起儘六箇月內將其損礙之情形具禀本省總局詳請督撫轉咨農工商部察核定奪其關繫洋商者並咨外務部會核必須於華民生計及中國主權地方治理均無侵奪妨損方可酌予通融如從前所訂合同條欵有占奪華民生計及有礙中國主權地方治理者仍應妥爲修改期與新章不致違背此外各

商凡於新章頒行後呈請開礦者一切均按新章辦理概不得援舊日礦商爲例

第四章　新商限制

第九欵　外國礦商不能充地面業主

中國人民遵照國法向例執有地面者爲該地業主與華商合股之洋商在中國地方合股開礦止准給予開采礦務之權以礦盡爲斷無論用何方法不得執其土地作爲已有

第十欵　中外人承充礦商之區別

凡爲礦商者除中國人民自應准其承充外凡與中國

有約之各國人民允願遵守中國之法律皆得在中國與華商合股稟請承辦合律之鑛產作爲鑛商其外國人民與華人合股者辦法有二

一業主以鑛地作股與洋商合辦則專分餘利不認虧耗如業主願得地價不願入股則該地應由官收買租與鑛商合辦官即作爲業主照後開乙字丙字等差分別三成五成兩辦法分收餘利外國人民概不准收買鑛地

一華商以資本入股與洋商合辦則權利均分盈虧與共華洋股分以各佔一半爲度如洋商但與地

商業主合股即以鑛地作股而別無華商銀股者洋商應留股分十成之三聽華商隨時入股照股本原價付銀留五年華股無人准將所留三成股票售去一成五仍留一成五股票聽華商仍照原價付銀入股又五年華商如倘未招足聽其將餘股儘數售去惟十年後如有華商按照時價收買洋股與之合辦者隨時皆可入股洋商亦不得拒絕凡華洋商民禀請辦鑛如犯下開各項者不得有此

權利

一中國人民曾違犯法律者

二僧道及各教會教徒以其教爲業者
三外國人民其國未與中國立有條約者與其國
不以同等開鑛權利予中國人民者
四外國人民不守中國法律者及曾違犯中國或
本國法律者
五外國國家及
國家所使令者
六任外國國家職事尚未交卸者
七中國
國家特發禁令禁止者

第五章　鑛質分類

第十一欵　鑛質分三類

鑛地所出之鑛質或在地腹或在地面無論如何變質綜分三類以便分別辦理

甲　凡土性之鑛質如砂石 Siliceous rocks 青石 Slates 沙石 Sandstones 䜌石 Granites 土灰 Earthy lime 白石 即灰石 Lime stone 雲石 Marble 元精石 即石膏 Gypsum 馱羅美石 Dolomite 沙類含鈣養之土 Marls 靭泥 Clay bed 火泥 Fireclay 及一切有關建造應用材料各種鑛質由開坑而取者分之爲第一

乙　類

所有散鑛 Placers 流積鑛 Metalliferous sand or all-
luvial deposits 鐵養鑛 即無名異 Bog Iron ore 錳養鑛
Bog Manganese ore 寶砂 Emery 可倫都末 即寶沙石
Corundum 石灰木 Asbestos 千層石 或千層紙鑛 Mica
紅黃土類 Ochres 紅土礬石波格歲得 Bauxite
雪形石 Cryalite 含淡養五之質 Nitrates 燐養灰
Phosphate of lime 鋇養鈣 Baryta 弗石 Flourspar
肥皂石 Steatite 石脂 即漂家泥 白 Fullers earth 貝里底
堊司土 Pyritous 鎂養土 Magnesium earth 開所嘉

爾 Kieselguhr 梯來波勒特 Tripolita 燒瓷泥筆鉛
礦水類鹽水不計 琥珀美耳山末石 Meerschaum 硼
砂比得浮石 Peat and pumicestone 分之爲第二
類

丙 所有金屬礦質如銻 Antimony 砷 Arsenic 鉍 Bi-
smuth 銅鉻 Chromium 鈷 Cobalt 金銥 Iridium
鐵鉛錳錳養不計 汞鉬 Molybdenum 鎳 Nickel 鋨
Osmium 鉑即白金 Platinum 銀錫沖積不計 Tin 鈾 Uran-
ium 鋅 Zinc 無論原質或雜質皆包在內輭石
油 Petroleum 礦油類 Mineral oil 阿司佛辣得 As-

phalt 柏油 Bitumen 硬煤 Anthracite 煙煤 Coal 木煤 Lignite 硫磺 Sulphur 寶石綜分之爲第三類

凡各種鹽係歸

國家專司不在右三類鑛產之內

第十二欵　續出之鑛質

設有鑛質爲本章第十一欵所未詳載者其應列歸何類如不能辨別詳確應咨送農工商部核定通咨各省嗣後照辦

第六章　地權

第十三欵　地面地腹釋義

按照第十一欵凡有鑛質各地應分爲兩層

甲　第一層指地面而言其厚至業主平日所用之深處以耕種築造並其他土工所及不關於鑛務者爲限

乙　第二層指地腹而言卽第一層之下其厚所及之深處並無限制

第十四欵　地面地腹權利之區別

地面權利除業主准其自用外至承辦地腹各鑛之鑛商並不能有地面業主應有一切之權利惟於執照所准之地界按章業已奉官局允准遵繳各費則所有開

鑛應辦一切事宜該業主及他人亦均不得阻礙
各國通例地腹皆爲國家所有凡五金之屬及一切貴
重鑛質非官不得開采業主民人不能霑地腹之利中
國政崇寬大務在體恤民生所有地腹鑛產之利除照
章徵收鑛界年租及鑛產出井稅外其合股餘利惟丙
字類之鑛質
國家應酌提紅股一半歸地面業主分霑一半總之國與
民共分此全數餘利十成中之五成以示與民同享樂
利之意
凡合格之鑛商繳費合辦者無論華商洋商均不能將

地權給與該鑛商掌管

鑛商如係華洋合股應先將開鑛需用之地面與業主商明是否願以鑛地作股其不願以地入股而願得地價者准業主呈報總局按照相當價值由官收買再與鑛商合股開辦如業主不願將鑛地出售可由官查詢原委斟酌辦理鑛商不得絲毫抑勒强廹致拂民情其由官核准給照之鑛地該鑛商止有權辦理鑛上一切事宜不得管及地面官亦不以定章以外之科條阻礙鑛事俟開鑛事竣仍將地面交還官局官局收回地面即將該商所領開鑛執照註銷

開采之權屬之
國家無論官紳民辦或華洋商人合辦均以奉有部照始
准開辦倘有民間私將礦產賣於外人者由官局查明
除礦地充公外並將該業主照盜賣律治罪
如無華人合股斷不准他國礦商獨自開采一礦

第十五款　銀股地股之區別

凡華洋商合資開采一礦謂之銀股或中國礦商力有
不足官家助以資本者謂之官銀股
凡業主有地無貲開采願與礦商合力呈請領辦者民
業主應分之利謂之地股或官家之地官不自開准給

鑛商領辦者官家應分之利謂之官地股

第十六欵　甲字類鑛專歸業主開采

第十一欵甲字類鑛質如在民地應准地面業主任便開采如在官地應禀明總局批准方可開采一切稅捐仍照本省舊章辦理勿庸徵收年租及出井稅

第十七欵　乙字類鑛合股辦法

第十一欵乙字類所載各鑛質如在官地應由官辦如在民地准業主儘先開采如業主無力自開准其以地作股與鑛商合股開辦所得鑛利除開除一切用費外淨存餘利此類鑛質利息不多業主應得十成之三鑛

商應得十成之七官但照章徵收鑛稅年租不提業主餘利

第十八欵　丙字類鑛合股辦法

第十一欵丙字類所載各鑛質辦法悉與上條乙字類相同惟所得鑛利除開支一切用費外淨存餘利業主應得十成之二五

國家酌提十成之二五鑛商應得十成之五

第十九欵　稽查鑛產總數

無論官地民地公用民用所開出之鑛質數目按季呈送鑛務委員轉遞總局詳咨農工商部以備核算統國

每年礦產總數

第二十款　礦業不得私自換賣及質押

礦商不得將礦中產業私行買賣交換及作爲借貸抵押必至原給照處呈明事由經礦務委員查明批准方可遵辦違者依私自買賣礦地律治罪惟該礦商此外所有產業不在此列

第七章　以地作股

第二十一款　礦地作爲紅股

凡業主所有礦地准其以礦地作爲成本與情願租辦之礦商合股經營其礦地即作爲紅股應占本礦股本

若干視鑛質爲定如係乙字類鑛則所得餘利鑛商七成地面業主三成如係丙字類鑛則所得餘利鑛商一半地面業主二成五
國家二成五無論鑛之大小難易總以除去地租礦稅用費公積外其地股之業戶與銀股之鑛商照上列成數各分餘利爲斷如鑛係官地則除鑛商所得外統歸
國家所得如鑛商不允照此辦法即不能承辦各種鑛務
凡以鑛作股與他商合辦者一切開鑛事宜均歸出資之鑛商經理如有虧耗專歸鑛商承認惟既報虧耗則業主自無餘利可分應准地股之業戶得隨時查考該

鑛商出入欵目帳簿俾可知是否虧耗有無餘利實情以免爭執

凡官地即作爲官股無論華洋商民稟請給領官地開鑛者其股分只許占一半不得逾於官股之數官股應分餘利悉照上節辦理並須由官派員駐鑛隨時稽核欵目考查鑛工

凡地股之業戶如僅有銀股除地股不認虧耗外其銀股仍一律按股公認民股官股皆同

第八章　執照

第二十二欵　辦鑛須請執照及其限制

除甲字類鑛質外凡欲請辦第十一欵乙丙字下所載之鑛質者必須先行具稟該省總局請領辦鑛執照方准開采至各種鹽乃
國家專有之權利中國向不作為鑛類領執照者不准以鹽作鑛領執照者不得將其執照上之權利轉授他人

第二十三欵　執照分兩種

執照分為兩種一為勘鑛執照由農工商部豫發各省總局塡給一為開鑛執照由農工商部核准塡發各省總局轉給領照者無論獨辦或數人合辦或合股公司均可稟領

甲　勘鑛執照

第二十四欵　請領勘鑛執照辦法

呈請勘鑛執照之人須開明履歷並所擬履勘之地址及所擬探之鑛質詳稟陳明並須將擬勘之地繪圖貼說稟呈總局聽候總局行查該地方官及鑛務委員俟其稟復核奪倘該請領勘鑛執照之人不能合格或所領之鑛地別有違礙即不能准給執照或別有可疑之處可令其呈具保單

第二十五欵　勘鑛執照期限及其限制

勘鑛執照定以一年為限如因要事可准展限六個月

爲止若領到執照後兩箇月之內不派有鑛務學校畢業文憑之鑛師前往履勘不論何故概不准展限每張勘鑛執照所准履勘之地至多不得逾三十方中里並須坐落一縣界內如係數人均稟請勘鑛執照而同指一地者該執照只予首先具稟之人所領勘鑛執照不准典押不准互換不准出售並不准假託他項變動辦法

第二十六欵　履勘鑛產限制

凡公地並非官家留作別用者及與地方毫無關礙者准領勘鑛執照之人在界內履勘第十一欵乙丙字下

所列之礦質如開坑驗礦其深闊處均不得過中國官尺三十尺惟在勘礦執照限期之內若須用鑽石打鑽驗礦者其深處則不能豫定限制但至深不過官尺五百尺如再需鑿深須與業主商允方可凡民地如須擬勘皆須先商業主或其代表人應允不得絲毫勉强致啓爭端

第二十七款　續請勘礦限制

凡礦地所有已經禀領礦界在案者隨後有人禀請勘礦至少須離前領界外六百官尺惟已經廢棄之礦則准其履勘

乙　開鑛執照　鑛界

第二十八欵　勘鑛界限

凡勘驗乙丙兩項鑛之質其所開之坑長處深處有逾三十官尺者卽作爲開鑛論必須加領開鑛執照方准辦理

第二十九欵　開鑛界限

凡開采第十一欵乙丙兩類之鑛質須將所領鑛地劃成鑛界計算准地面平方每邊三百官尺橫直相等者爲一鑛界領辦者於地中采鑛之界綫須與地面所劃界綫不得橫斜出所准領地面以外

凡所采鑛質無論乙丙兩項何類鑛砂其深處至鑛質竭盡爲止不得再向下掘

第三十款　鑛地面積界限

所請開鑛執照或爲一界或爲數界均可併載一張之內所請之地如不止一界其毘連之邊界必須相連不得隔斷惟一人所須鑛地無論若干界每人至多不得過面積九百六十中畝（即一百六十英畝）其領地不及九百六十畝者鑛照批發後如續行請展鑛界須再稟候核奪與請領新鑛同

第三十一款　請領毗連鑛界辦法

如有未領之地坐落兩三鑛界之間其式形大小與本章所定鑛界不合准吡連此地鑛商中之先具禀者領之如不願領准此外合格之人先具禀者領之

第三十二欵　減鑛棄鑛辦法

設使領有開鑛執照之人欲減去若干鑛界或全行捨棄准照鑛務附章所定辦法在總局具禀聲明

第三十三欵　請領開鑛執照辦法

凡已領勘鑛執照於勘畢後擬禀請開鑛執照者須遵定章在鑛務總局具禀該具禀人無論獨辦或合辦或公司須將來歷詳細聲明獨辦或合辦須將出資本者

及諸經理人之履歷開呈若係公司須開呈各董事及領袖辦事人履歷並開呈資本數目用何法開采所請鑛地四至及界石並鑛界若干擬辦何項鑛質均須一併聲叙明晰並應取具殷實行號保單銀壹萬兩隨稟呈送此項保銀係擔承領照人遵守照內及鑛章所載各欵違者罰令充公

第三十四欵　酌定業主自開期限

凡稟請鑛地准其先請先得但第十一欵乙字所載各鑛質若在民地其業主自願開辦應准業主儘先開采惟總局可豫定一期諭令於期內開工逾期不開可由

總局將該鑛地給價收買歸官

第三十五欵　需用地面有糾葛應聽官斷

設若所請鑛地中之某段在民地之內具稟人如需此段地面以作附屬鑛地之用或需全段地面以作開采散鑛或流積鑛質之用者務與業主商辦其如何商辦之處亦應聲明稟內如業主不允與具稟人商辦應由總局確查情形如與民間別無妨礙而又為開鑛必不可少之地可按官斷規條辦理

第三十六欵　分別一鑛有乙丙兩類鑛質辦法

一鑛地之內有第十一欵所載乙丙兩類之鑛質而不

能同時開采者可准首先合格之具禀人領辦倘禀請開采丙字內礦質者可准兼采乙字類礦質如只請開采乙字類礦質者則不准兼采丙字類礦質若欲兼采丙字類礦質必須另行具禀

第三十七欵　核准礦地辦法

總局收到呈請礦地之禀查明係未領之地並與地方毫無關礙即將原禀事由榜示局前以備或有轇轕即便核辦嗣後總局飭測繪委員定立界址無論彼處有無礦質已未施工均照立界界內如有房屋道路及營造等事亦無礙惟開采工程須遵守礦務警察章程及

第四十四欵並附章第四十二條辦理

第三十八欵　填發執照須憑實據

所請鑛地一經測量定界之後且經證明實係未領之地並查與地方毫無窒礙及曾領得勘鑛執照在先總局即可照章詳請者部核發開鑛執照給具稟人收領

第三十九欵　給照後立可興辦鑛工

凡遵守條例請領鑛地一經領到開鑛執照後該鑛商可以立時興工將照內指定之鑛開采

第四十欵　開闢隧峒所關事項

因開闢隧峒洩水通氣或轉運而其地工程乃在所領

地界以外如彼處有未領之地可資開辦本欵所載之工程者則須遵照稟請礦地之例另行請領所需之地儻該工程須越別人礦界者該具稟人必須先與別界之礦商妥商並須議明設因上開工作而獲礦質理應如何分派倘與別界之礦商未經議妥除經總局按官斷規條斷准外則不得擅行開工

凡開隧峒遇見乙丙類礦質礦商應即稟報礦務委員並按附章第四十條辦理

第四十一欵　詐領執照應予懲處

凡稟領執照由詐術者一經訪查得實應將所給執照

立刻收回從嚴懲辦

第九章　鑛界年租

第四十二欵　鑛界年租等差

所領之鑛地應按年遵照下開各條納鑛界租

乾　按第十一欵乙字所載各鑛質按年每一鑛界繳租銀一兩五錢合每畝銀一錢

元　按第十一欵丙字除黃金白金銀寶石外其餘各鑛質按年每一鑛界繳租銀三兩合每畝銀二錢

亨　黃金白金銀寶石各鑛按年每一鑛界繳租銀

四兩五錢合每畝銀三錢

利

按元字所載之鑛質每年本應納租銀三兩如其鑛質中含有黃金白金或銀若干成數則應納鑛界之年租須照亨字一條交納即每年每一鑛界繳租銀四兩五錢合每畝銀三錢

貞

此項鑛界年租乃在地面錢糧之外

第四十三款　繳租期限

此項鑛界年租分爲兩季先繳如有短繳無論若干但逾六箇月者則註銷執照封閉該鑛如領官地即行收回

第四十四欵　勘鑛地租及免租事例

凡准履勘之鑛地民地應由鑛商與業主商妥稟官立案如在官地應繳納勘鑛地租每一鑛界銀二兩展限半年者應加納半數均於批准或准展以前交納總局或鑛務委員

凡專為開闢隧峒洩水通氣或轉運之用稟請應需之地者免納鑛界年租

第十章　鑛稅

第四十五欵　鑛產出井稅等差

除納鑛界年租外尚須按照所采獲鑛產之數交納出

井鑛稅其數如下

一 凡煤炭（或煙煤 或硬煤）每噸納銀一錢

二 鐵苗每噸納銀一錢

三 凡此鑛專係黃金或白金或銀按照市價抽取百分之十

四 凡他項鑛質中含有黃金或白金或銀其成數多少無定應臨時查其所得金銀實數按照市價抽取百分之五

五 凡汞苗與錫苗 Ores of tin 及銅苗按其價值抽取百分之三

六　凡各色玉類並寶石類按其價值抽取百分之
十
七　其餘第十一款乙類所載之鑛質按其價值抽
取百分之一丙類所載之鑛質按其價值抽取
百分之三

第四十六款　鑛產出井稅繳納期限

鑛產出井稅銀兩乃按上月所出之鑛產於本月十五
日交納凡鑛稅銀兩並鑛界年租皆在所設礦務委員
處交納呈解總局

第四十七款　出井鑛稅延遲之罰

係於每月十五日應繳上月出井礦稅未經全繳而延至三個月之久者即註銷執照將礦封閉如領官地即將礦地收回

第四十八欵　出口礦產進口開礦機器物料之稅則

凡礦產裝運出口者無論其爲礦苗之原質或提淘之粗胚或製煉之淨質須按海關稅則交納出口稅凡機器料件裝運進口爲辦礦之用者亦須按海關稅則交納進口稅

第十一章　礦商應遵之禁令

第四十九欵　開辦停辦之判斷

凡有約各國人民既願與華人合股充爲鑛商卽作爲已允遵守中國法律並歸中國官員節制及按照現定鑛章辦理或他日續訂開鑛新章或別項有關繫法律知公司法律之類亦允遵守照辦如果切實遵守卽任其與辦應需之工業卽如開採之緩速或因需工之多寡不免暫時停工如停工一年不採鑛質卽作爲鑛商永遠停辦該鑛鑛務委員卽可准他人按章稟請接辦至設辦溝渠風穴採運鑛苗悉從其便惟因工程不善以致有險害等事該鑛商承任責成應速講求豫防之法又因

別種辦法致損別人產業之利益者均歸該鑛商賠償並由地方官及鑛政總局體察情形責令該鑛商暫行停辦另籌妥善之方再行開辦一經總局知照當立即停工不得借故延諉或恃強不遵凡因停辦所損失之利由該鑛商自認鑛務總局一概不理即領事公使均不得干預

第五十欵　公同利害之處置

道路溝渠水道氣道或在鑛地之內或在毘連鄰產之內均同獲其利或同受其害如欲勒令遵行本欵義務或欲估計賠償之數除照鑛務附章載明辦法外均應

遵行該省通行律例

第五十一欵　礦地洩水法

礦中之水屬礦商者應由礦商自行設法挹注惟挹注時不得損礙別人產業如在地面挹注照本地向例放水不得阻礙現有水道

第五十二欵　洩水受害者應予賠償

倘因礦中積水或因別故該礦商雖已得知仍不遵照章程所定期內設法疏洩以致礦內礦外別人之利益受損該礦商應訂立合同賠償或由本省總局斷賠

第五十三欵　礦局有追令除患之權

設使數家鑛產同在一處因有水患以致被災不能開採如果各該鑛商曾經倡議設法除患而未能協商定議者總局應即迫令各該鑛商公同捐資設法除患酌量定斷辦理

第五十四欵　不准施工之界限

無論何項鑛工倘無該業主切實允許均不得在其本宅業產界綫外一里之內施工倘無該處地方官明文准可亦不得在衙署會館公所等類及緊要水利之處公用道路鐵路運河等類之界綫外三里之內施工至若礮台營寨及一切軍用局廠所在之地除該管官員

特行圖劃施禁不論遠近外凡鑛務工程不得於距其
界綫三十里以內施工

第五十五欵　帳册宜遵格式

所有辦鑛人或獨辦或合辦或公司須遵妥定帳册格
式隨時紀載辦鑛確實帳目以備總局委員隨時查閱

第五十六欵　鑛圖宜遵格式

各鑛須遵頒行格式預繪地腹工程之準圖以備總局
隨時委員稽查驗看

第十二章　樹木水道

第二十七欵　鑛地樹木

砍伐樹木或因清道之故或因開鑛之用均不列在勘鑛及開鑛執照准行之內如所在係官地應在鑛務委員處請領伐樹准單所伐之樹按照該處市價納繳如係民地則須備價向業主商購經業主允許方能砍伐或由地方官按律定斷准行方可

第五十八欵　鑛地水利

各省內地之江河湖港可行舟艇之處均歸
國家管轄官民公用所有江河等處水道鑛商不得藉故擅擬更改亦不得分注上流之水致奪下流居處之水利

第十三章　外人合股

第五十九欵　外國商民之名籍職業及保證限制

凡合股洋商照章具禀領辦須投有該國領事公文證明其人能切實遵守本章及附章所有已載未載各條欵並須由該省鑛務總局查實其人果合第五欵鑛商格式然後發給執照准令照章辦鑛該總局並應令具切實保單保其遵守本章及附章斷無違背果於定章毫無窒礙違背方能核准令其承辦除鑛商承辦鑛務外至於外人入內地須領護照及外人不准在內地租地賃房造屋設立行棧暨經營他項事業諸類條欵仍

舊施行絲毫未有更改即因勘鑛或開鑛外人入內地須照舊請領護照

第六十款　外國商民訴訟法

凡合股洋商在內地辦鑛如與中國人民或他國人民有錢債爭訟關係兩造私自權利者中國執法官吏可按照國律向例秉公剖斷如有案情別出為現在律例所未備載者並可按照現今各國通例並參酌中國法律情形公平斟酌辦理

第六十一款　外國商民犯罪處置法

凡合股洋商在中國內地辦鑛如有犯罪事件中國執

法官吏可往查問案情搜檢證物若遇該國領事遠隔犯人有逃走之虞者並可暫時捕拘移送就近領事官物按照條約照會該國領事官用該國律例處斷中國官吏並不強行干預如領事處斷不能得中國官吏許可商民悅服以後該國民人即不准在本省再請開鑛執照

第六十二款　外國商民上控限制

凡關係鑛務事件受斷者無論何國人不服鑛務委員所判准至本省鑛政總局上控如仍不服至本省提法使司督撫衙門及至農工商部爲止無論何國領事及

公使均不得干預但無論控至何處均宜按此礦章剖斷惟於此項礦章未經著有明條者方可援引外國礦律仍不得與中國礦章意義觸背

第六十三欵　保護開礦外國商民各條

外國人民既與華民合股辦礦不拘何時如有打獵跑馬及種種游戲事件有危險之虞者須稟明該處地方官指定地界限定時日遵照辦理其餘仍按外人游歷內地章程從優管待

外洋合股礦商除本人外暨延訂礦師及管理機器者數人非與該礦確有關係未經總局允准請有合格護

照地方官不認保護之責

第六十四欵　宣示有鑛地方阻礙事由

鑛政總局如以某處地方尚未安謐或經地方官隨時稟明有礙地方安謐不宜外人入內辦鑛可將事由宣示稟領鑛照者即不批准

第十四章　鑛工

第六十五欵　鑛商所定鑛工規條須經官准

凡開采鑛物及從事開鑛業務之華人謂之鑛工

鑛商所定之鑛工規程必先稟明鑛務委員然後施行

第六十六欵　鑛工須有詳細簿籍

礦商宜備礦工名簿記載其姓名年歲籍貫職業及被僱辭退之年月以備查考

第六十七欵　礦工罷役各條

如犯下開各項者礦工無論何時可以罷役

一　礦商及其使用夥友有虐待之事件

二　工銀不按時支給或有尅扣等情

三　礦工作工時刻過多有不勝其勞苦以致多成疾病者

第六十八欵　體恤礦工各條

礦商宜體恤工人其體恤規條必先禀明礦務委員

一　非鑛工之過失因就業時負傷應補給醫藥養等費

二　因負傷培養時給與相當之火食費

三　或因負傷以致身故者應優給埋葬費

四　或因負傷以致殘廢者應酌定期限給與補助費

以上四項鑛商與鑛務委員公同商酌給發

第六十九欵　辭退鑛工各條

如犯下開有礙鑛商各欵無論何時鑛商可以辭退鑛工

一　違犯中國律例擾害地方人民者

二　窩藏匪類混作鑛工者

三　投身教堂自稱教民混作鑛工不受地方官員約束者

第七十欵　懲辦鑛工各條

如犯下開有害地方各欵無論何時鑛務委員亦可追令鑛商淸查此等工人交地方官懲辦不准鑛商庇護

一　不聽鑛商指揮使用者

二　對於鑛商及其夥友有横暴之行爲者

三　鑛商並無虐待尅扣情事藉端罷工要挾者

第七十一欵　脩改鑛工章程

凡

國家保護鑛工及查禁鑛商虐待工人情弊條欵如有應行脩改增益之處可由本省督撫隨時咨明農工商部核定辦理

第十五章　鑛務警察

第七十二欵　鑛務警察之責任

鑛務警察事務由總局飭知鑛務委員攝行其事大端列左

一　關於坑內及鑛地所施設之工程有無危險事

二　關於礦工之生命及其他衛生事

三　關於保護公益事

第七十三欵　礦務警察之權限

礦務委員如實見所管礦地有危險之虞或有害公益者應稟請總局命其停工如事迫不及稟請總局者該委員亦可命其暫行停工

第七十四欵　停工開工之辦法

礦地因事故停止開采如果加工設法改正後由礦務委員勘實即仍准開工

各國鑛地限制比[illegible]考

英國

第一等鑛地四百英畝

第二等鑛地二百英畝

第三等鑛地一百英畝

美國

每人所請鑛地不得過二十英畝

或數人同請在八人以上不得過一百六十英畝

法國

自二十英畝起至多以六方里爲限

德國
十一英畝至二百二十英畝
奧國
十一英畝
日斯巴尼亞國
至少須縱横各四百米忒

雲南省議會彈劾鹽運使由雲龍違法貪污之書牘

雲南省議會彈劾鹽運使由雲龍違法貪污之書牘不分卷
（民國）佚名編
民國鉛印本

雲南省議會彈劾鹽運使由雲龍違法貪污之書牘不分卷

鉛印本，不署撰人。由雲龍（一八七六—一九六一）字夔舉，別號定庵，雲南姚安人。清末舉人。歷任永昌府知府、雲南省教育司司長、護國軍總司令部秘書長、雲南鹽運使、雲南省代省長兼政務廳廳長、雲南省教育廳廳長，一九四九年後任第一、第二屆雲南省政協副主席。著作有《定庵題跋》《石鼓文江考》《滇故瑣録》《東遊日記》《北征日記》等。曾任國史館纂修並兼姚安縣志局長，總纂民國《姚安縣志》，爲民國志書中的上乘之作。《書牘》稱由雲龍任雲南鹽運使『未及半年，即假增丁名目，估占阿陋井滷水及井民地基，自增灶房，以權勢勒將該井舊灶民原有滷丁剖分其半。事載《請願書》。自是而後，鹽利所在，肆意貪污……』，又云『同胞不知真相，兹將各《請願書》情實較大且要者擇提數件並節鈔該運使咨覆，加以按語，供諸同胞，以表本會大公至正不得而已之意云』。《書牘》輯録之檔，最晚時間『中華民國十年（一九二一）一月一日，聯軍總司令官唐繼堯、代理雲南省長周鍾嶽』下發雲南省議會的批文。據查，由雲龍於一九一六年至一九二〇年任雲南鹽運使。由此可知，此《書牘》係一九二一年由雲龍卸任鹽運使之後，雲南省議會將彈劾其違法貪污的《請願書》及相關檔擇要彙編而成，存檔或廣而告之。據志書記載，由雲龍任雲南鹽運使時，『商猶多立牌號。收屯操縱，（鹽）價亦漸昂，遂力主暫設官運局，以平市價』，遭到鹽商抵制，糾集商界，向議會上訴，要脅議會重懲由雲龍。由雲龍『屹然不爲動』，被議會免職，『後得知其所持者大公至正，非斤斤爲一己利害毀譽計也。』①

① 雲南省姚安縣志編纂委員會編纂《姚安縣志》，昆明：雲南人民出版社，一九九六年，第九七九頁。

雲南省議會彈劾鹽運使由雲龍違法貪污之書牘

雲南省議會劾彈鹽運使由雲龍違法貪汚之書牘

雲南鹺政不綱自由雲龍任鹽運使始履任未及半年即假增丁名目估估阿陋井滷水及井民地基自增竈房以權勢勒將該井舊竈民原有滷丁剖分其半（事載請願書）自是而後鹽利所在肆意貪汚置井硐坍踏竈民困苦於不顧延至今年竟以運使權力包羅專賣因專賣而抬價因抬價而居奇以居奇之故網括鹽利致令鹽荒人民淡食各地紳商人民竈戶紛紛請願到會本會詳細調查該運使憑權壟斷抬價居奇貪汚違法事實不虛乃提案質問繼以彈劾該由雲龍始借中央命令欺壓議會微論如何貪汚違法無權過問迨其眞相敗露變羞成怒糞口誣衊議會妄發通告准之天理國法人情不容姑息該運使任職以來種種罪惡擢髮難數撮其大者宣佈之駁斥該由雲龍通告書尙慮遠地　同胞不知眞相茲將各請願書情實較大且要者擇提數件並節鈔該運使咨覆加以按語供

諸同胞以表本會大公至正不得而已之意云

雲南省議會為咨請事案查黑井區內地銷岸鹽價陡漲本會曾經迭次咨請

貴司令部公署轉令函鹽運使署從速維持并委托議員張以文等切實調查各在案茲據議員張以文等報告書稱為調查報告事案准大會委托調查本省鹽價驟漲一案除原文有案不冗錄外後開即煩切實調查報告以便議咨照辦等由准此議員等當即會同商妥四出調查並由各方面詳細探訪始知近月以來鹽價奇漲原因實緣由鹽運使利令智昏把持鹽務擅設官運停抄商鹽陽借平價之名陰行壟斷之實暗中舞弊抬價居奇致使商販歇業小民受淡食之苦間接影響灶戶有停煎之虞若非正本清源則鹽務前途將有不堪設想者矣茲將調查所得各情為大會一詳陳之查中央稽核總所對于各省鹽務向聽人民自由販運并無停收散商稅款之規定乃該鹽運使竟敢違法擅專停抄商鹽經本會質問猶復朦蔽欺飾捏稱官運局試辦章程曾經北京鹽務署核准等語茲查稽核分所奉總所第一二七七號令飭知運使所擬官運局辦法應行抗議等語詎之由運使呈准之言寔屬自欺欺人莫此為甚迨至設立官運停

止商抄致使鹽價驟漲物議沸騰乃又設官鹽平價處于省垣以掩飾衆人耳目查其辦法係廣派私人先赴鹽井各區抄鹽運省計全區日產鹽柒萬餘斤除三公司及零賣外該運局抄三月有餘共計抄鹽二百餘萬斤之譜分屯各處而平價處零星售賣者省城內外不過二十餘戶每戶日分鹽五百餘斤計該局售鹽二十八日約售出鹽四十餘萬斤每百斤定售價九元九角七仙照該運使定章已加售七角七仙售鹽時間又只一二小時每人只賣給一二斤每斤又只有准秤十二三兩價銀一角有奇核實計算是每百斤已達十三四元之多以該運使所定官價每百斤九元九角七仙之數已無形增加三四元然使出價得鹽不至淡食猶可說也乃售鹽時間太短人民擁擠異常有已交錢而未得鹽者有得鹽而復擠落者有將錢遺失而尋找哭泣者有一般無賴藉擁擠而竊取銀鹽者有因購鹽而釀出人命重案者（見小東門蘇家巷）種種慘狀言之難堪而該局所抄多數之鹽則密屯各處名爲號鹽每百斤暗抬價至十七八元計私售出鹽一百餘拾萬斤照市價每百斤抬價十元以上合收入銀二十餘萬元與奸商

亙相漁利以致附近各縣鹽價每百斤陡漲至二十餘元之多甚有出價三十元尙且無從購鹽而受淡食之苦者嗟我滇民其何以堪且自該運使停止商運以後各鹽商有在未停止商運以前曾經納稅至今尙未得抄鹽者在井守候爲時已久資用告盡呼籲無門以致羣情憤急勢將暴動曾經稽核分所傳助理呈請分所函請解决該運使竟充耳不聞近因鹽價驟漲購鹽艱難人民之激起公憤者所在皆是倘仍因循醖出意外之變試問該運使能當此重咎乎查運署爲一省鹽政之總管機關肩此重任者宜如何妥籌辦法官民交濟方爲盡職乃該運使對于鹺政既不能籌畫於先現在鹽務吃緊人民憤恨又不能設法以善其後是其平日之尸位素餐毫無佈置已可概見乃復罔利營私苛刻小民陽藉平價之名陰行壟斷之實居心貪鄙蠹國殃民言之令人髮指應請大會尅日提議轉咨

聯帥 省長迅將該鹽運使由雲龍撤差嚴行查辦治以應得之咎并將該官運局收入餘利二十餘萬元追繳用充軍餉以爲貪贓枉法罔恤民艱者戒至現在鹽價日漲購鹽艱

難各縣人民已受淡食之苦實由該運使停止商運所致應請將關于鹽業各項公司一律從速取銷仍准各縣人民自由販運買賣庶鹽價可期平復不致再為貪官汚吏奸商所把持則小民受福多多矣至井灶各處情形距省窵遠或恐有疎漏之處非親歷不能週知擬請另委賢員前往調查方能盡悉眞相所有就省垣調查所得各情相應列欵報告

一據該運使答復本會質問書稱官運局章程曾經中央核准等語夫該章程之核准與否姑置不論即果核准而我滇在自主期間無論何種機關當然聽本省最高級長官命令今該運使請命北廷已屬違反本省政府即當治以應得之罪況查稽核分所奉有總所第一二七七號電令飭知運使所擬官運局辦法應行抗議等語互相印證其奉核准之言實屬揑造欺人居心險詐其罪一

一查阿陋井場自開闢以來垂數百年每年產鹽止得數十萬斤近因元永井場𥖁硐打壞阿陋場井較元永稍低祗隔山梁一道元永鹹鹵落歸阿陋故其產額陡增至壹

千數百萬該運使即居爲奇貨名則掃提歸公暗則與該署秘書金在鎔科長楊長興及開化公司賍吏陳价奸商劉志道等以賤價收買樂厚長隆豫豐等灶該運使貪婪成性任用私人讒奪小民生計其罪二

一據黑井全區鹽商傅慶泰等請願書稱該運使於黔西公司內入有資本九十股合計九千元除紅利外每元以五分行息並享有名譽股特權又稱該署秘書金在鎔科長楊長興在開廣黔西二公司內入有多數股份並享有名譽特權等語該運使身爲鹽務長官擅敢朋比屬員營私壟斷剝奪民脂其罪三

一據元永井灶紳李志忠等請願書稱該井竈工向歸場署經理繼因年荒米貴應支竈工經費不敷開用場署即將竈工交灶戶經理兩井灶界賠累至二三千元現經稽核分所核准加給竈工經費該場署因見米價稍平又將竈工收回自辦任意取巧見利忘害以至礶硐倒塌產額漸少釀成鹽荒現象該運使職掌鹽綱不能認眞整頓實屬溺職殃民其罪四

以上四欵爲同人所確查及照人民請願所覆查屬實者均係一秉至公不敢稍涉私見是否之處尙希大會提議公決等語當於本月九日正式大會變更議事日程提前研議討論結果將調查報告修正爲彈劾案按照省議會暫行法第十七條之規定付表決經本日出席議員全體可決在案相應備文咨請

貴司令部公署查照辦理刻下人民急待來蘇務請軫念民瘼轉咨依法從速施行尅日見覆除咨

聯軍總司令省長公署聯軍司令部外此咨

聯軍總司令唐

雲南省長周

附咨抄稽核分所致鹽運使公函一束

副議長 周傳性

議　長 李正芬

副議長　龔炳文

民國九年十二月　日

兹將稽核分所致鹽運使署公函錄後

逕啟者案查黑井區試辦官運設局管理一節迭准

貴使函請停抄商鹽專歸官運並經敝分所函復暫予變通官商合運一俟奉到　總所明令後再行函達各在案兹於本年十月二十九日奉到十月九日　總所第一二七七號電令飭知運使所擬官運局辦法應行抗議等因奉此細繹　總所電令文雖簡括其所以未能贊同官運緣由似亦與從前規定之自由販賣辦法實相抵觸故停止散商納稅幷抄鹽一節敝分所似未敢贊同相應函請

貴使查照並通飭黑井區所屬各場知事遵照准予各商照常納稅抄鹽仍希　見覆爲荷此致

雲南鹽運使由

謹將稽核分所致運使公文錄後

敬啟者案准　貴署第六一三號復函內開以所擬官商合運一案斷難贊同囑即查照迭次函案迅令該區各稅局遵照辦理勿再阻碍官運等由准此查本所第三八一三號函會所擬變通辦法官商合運以濟民食一節實緣總所對於自由販運辦法不啻三令五申各省多已切寔舉辦滇省亦已遵行而前次所轉　總所電文又極簡括僅云暫准收稅雖無仍准照收散商稅欵之明文並未有停收散商稅欵之規定本分所於未奉　總所取消黑井區自由販運辦法以前自應遵照舊章辦理未便擅作贊同專行官運之表示至對於各商並無所用其曲護此種苦衷諒在　洞鑒准函前由除再電呈　總所迅予明白核示外相應函復　貴署請煩查照轉令元永阿陋黑琅各井場知事於未奉　總所核示以前仍應遵照舊章官商合運以濟民食至紉公誼此致

雲南鹽運使由

逕啓者案據傳助理報告內稱現據黑井區內岸已經納稅未得抄鹽之商人聲稱在

井候鹽爲時已久資用告盡呼籲無門情急勢迫請代爲設法等語敝助理親此情形若再不予商人以生路勢必激起風潮應請函會運使從速解決電示抵遵等情據此正核辦間幷據省站富官鹽商代表傅慶泰等親赴本所以商人此時欲改營他業而資多擱在鹽稅欲憑單抄運而廠署竟不發放商鹽且月認息銀開支無着進退兩難莫此爲甚請設法維持等情而懇前來查官運之成立雖奉准暫行收稅而散商納稅抄鹽並未奉　總所明令停止所有已向本所繳納稅款之各商自應一律發予鹽斤以昭信實藉恤商情本所昨已雙方籌畫曲予變通擬將抄發鹽斤酌定成數函商定期寔行尚未准復茲復據呈稱各情應請從速定議此事若不速予解決恐竟如傅助理所慮激成意外風潮誰能負此重責相應再行備函切商貴司請煩查照昨令函文迅予核議見覆至以爲盼　此致

雲南鹽運使由

休會通電

各省省議會鑒請轉各機關各報館均鑒本會此次臨時會期間對于雲南鹽運使由雲龍壟斷鹽利蠹國殃民提出彈劾案依法咨辦在案尙未得其咨復乃該運使逕致通告全國誣衊本會實屬怙惡不悛茲於本日大會議決暫行休會俟得圓滿答復再行開議特聞滇省議會架印

雲南省議會爲委托事案查本省近日鹽價驟漲加重人民負担運署創設官運局陽借平價之名陰行壟斷之實而其章程辦法又與中央自由販賣之規定實相抵觸自應切實調查凡鹽價驟漲原因或關於各井場產數或關於各商號銷數官運局之設會否經中央核准非明眞相不足以策補救茲委托貴議員爲調查鹽務委員合行給與委托書即煩查照切實調查報告以便議決咨辦右給與

議員 桂梁模 張以文 李培炎 王應綬
周渭 張煊文 邵俊德

爲報告事頃接鹽運使署印送省議會議員武斷專橫違法亂政通告全國同胞書一

本閱覽一週盡皆狂犬亂吠任意誣衊之詞並欲洗脫該運使由雲龍壟斷鹽利蠹國
殃民之罪內中並有本會違法亂政及委託調查鹽價縣張調查員桂梁模張以文等
受傅慶泰運動各節查該由雲龍利令智昏吸盡人民膏髓實爲全省公敵即明正典
刑亦不足以蔽其辜原書揑詞本應付之一笑惟本會爲一省立法機關議員爲各縣
人民代表名譽所關萬難聽該由雲龍糞口飛誣且鹽關民食該由雲龍貪鄙無厭明
目張胆網利營私故本會不能不起而維持茲該由雲龍怙惡不悛擅敢如此栽誣在
梁模等個人名譽固不足惜於大會體面攸關尤難隱忍究應如何對付尚希
公決　再擬請
大會咨請　政府組織特別法庭將梁模以文等送往與由雲龍當庭對質實咎虛坐
罪有攸歸俾是非不致混淆人民立蘇困苦是本會前途之幸亦全省人民之福矣

附送原書一本

張煊文

六

李培炎
桂梁模
議員　張以文　報告十二月十九日
周　渭
邵俊德

靖國聯軍總司令部爲併案咨復事案查先後核准
貴議會來咨因黑井區內地銷岸鹽價陡漲彈劾雲南由運使雲龍一案及鈔件一束
各等由到部並准
雲南省長公署咨同前由具徵
貴議會注重民食之至意查各省鹽務因外債關係行政統諸中央惟滇爲自主省分
在此期間本省政府自應同負責任近來省城內外鹽斤缺乏民食維艱本總司令聞
之彌菫於懷正在與

省公署殫竭研究救濟方法是以咨復稍遲昨由運使雲龍函請辭職已權以總裁名
義准將本職解除並令任楊福璋代理斯篆所有彈劾原案俟再商同　省公署查照
貴議會來咨鈔錄原案送交本總司令之
軍府總裁代表酌量於政務會議提出聽候審查辦理至本省鹽法已囑新任楊運使
窮源竟委悉心考究力籌改良仍將辦法隨時陳商本部暨　省公署公同核議務以
徵求民意折衷至當為指歸用期國利民福統請查照再
貴議會應議事件想尚不少務希即日賡續開會是為至盼此咨
雲南省議會　　　　總司令官唐繼堯

聯軍總司令部
雲南省長公署 咨　　第八百四十一號

為咨覆事案准
貴議會咨開准本部咨覆彈劾由運使一案到署當經開茶話會將咨復各由通告同
人僉謂本會意在掃除鹽業專利辦法茲准咨復自應聽候查辦惟各項鹽業公司未

蒙宣示與官運局一律取銷務懇迅將各項鹽業公司一律取銷俾達人民自由販運
之目的以便遵
命開會等由准此查前准
貴議會咨請取銷專利之鹽業各項公司當已會函
運使核辦并由本署咨覆在案茲復准咨請將各項鹽業公司一律取銷俾達人民自
由販運之目的係爲便利商民起見自可照辦惟前因各鹽商自由競爭鹽價因之昂
貴爲平價計乃設鹽業公司邊岸及黔岸因有特別情形乃專設公司販運若一律取
銷恐鹽商又復抬價居奇而邊岸或至有陵鹽衝銷之患似不能不妥籌善後辦法以
重民食而維鹺政除會函
運署外相應咨請
貴議會查照即便與
楊運使詳細籌商一俟商定施行仍冀見覆再此案已請　貴議會與　楊運使商辦

仍請即日賡續開會合併咨明此咨　雲南省議會

聯軍總司令官唐繼堯

代理雲南省長周鍾嶽

中華民國十年一月　一　日

一件鹽興縣阿陋井灶戶張華黼劉德培十五名等爲維持舊有擴充新增等情請願案

內稱上下略竊灶戶等世以煎鹽代耕借資生計溯自明迄今創辦與繼承垂六百餘年矣其間或補益舊灶或疏瀹新礦種種工程種種賠墊甚而鬻私產完公課勤歲修期久遠通計賠修不下數百餘次賠墊亦在數十萬金總一十五家之乃祖若父繼繼繩繩吃虧耐苦恃爲養命之源者而僅有此滷丁及此滷水亦云慘矣究實而按之爲完國課會而通之亦係實業似此灶戶忝列良民當亦仁政所必逮而湛恩所必加者也查呈請添丁未籌全局致多妨凝如以舊灶之丁添作新丁以舊灶之滷添充新滷是新丁半是舊灶之丁新滷半是舊灶之滷爲國課計補益幾何爲灶戶言貽害匪淺伏思政府建議添丁矜恤舊灶於開宗明義第一章鄭重而布告曰維持舊有擴充新增玩此八字良法美意欽感莫名所有下忱理合披露伏查灶戶等舊有之丁原係二百一十零半丁而誤會作二百一十半丁夫必先有整丁而後有半丁半字係整丁餘數無所謂整爲所謂半則是滷丁實係二百一十零半丁應請還灶戶等所舊有而乃與

政府維持之宗旨適相符者此實事求是之一說也又查灶戶舊有滷分奇興井每日實放一千零五十背每丁攤放五背豐濟井每日實放二百一十背每丁攤放一背滷水有餘補放零數是灶戶之二百一十零半丁証以奇興豐濟兩井每日得放滷水共一千二百陸十背均係按丁攤放計滷証丁計丁合滷兩相因而實兩相足歷經場署派人監放并有滷書放滷簿據可查毫無虛飾者是舊灶戶歷有應得奇興豐濟滷水共一千二百六十背并非格外要求應請還舊灶戶等所舊有而乃與政府維持之宗旨適相符者此又實事求是之一說也若以舊灶戶之丁與滷而移之新灶戶所謂維持舊有者安在新灶戶之丁與滷係由舊灶戶分減而來所謂擴充新增者又安在補益之國課無多灶戶之生計日蹙以十五家之祖若父備歷艱苦歷有年代而僅遺此丁若滷一旦灶戶不能保存上而宗祖下而子孫悲憤所積皆以灶戶等為叢過之府矣是非力懇適符乎政府維持舊有之仁心仁政則遺憾終無底極夫祛弊之要貴在改良實事所歸貴在求是查課出於鹽鹽出於滷加課本於煎鹽增丁即應增滷此乃

淺近理由切要辦法惟於舊灶戶之生計所係若丁若滷實維持其所固有於新灶戶之煎辦伊始加丁加滷務規定其所本無國計民生兩有裨益查煎鹽爲實業所起例關於國課者甚鉅辦理克臻妥善而不貽灶戶伊戚則通省已辦未辦之實業皆不望風而畏阻其裨益於我政府者要在第一章建議維持舊有堅其信也

追加滷股事竊民等先人於阿井地方集資開挖得鹽井二硐一名奇興井一名豐濟井向作二百一十零半丁（丁即股意）奇興井滷水較鹹（每滷一觔約可煎鹽二兩八九錢）按股每日可分滷五背豐濟井滷水較淡（每滷一觔祇煎鹽二兩一二錢）按股每日僅分滷一背歷來舊規遵守無異非皆灶戶等先人費幾許心力始克享此權利也不料本年政府於此二井之中倏有加增滷丁一百七十丁之舉以致灶戶原有權利剝奪殆盡謹條舉以聲明之

一奇興豐濟兩井既係灶戶等先人集資開挖灶戶等當然享有兩井完全之利權乃政府倏爾增丁其受害一也

二政府既欲增丁必於灶戶每日舊規所分滷額之外尚有餘滷乃可就其餘滷增丁
另煎似于增丁名義始相符合乃增丁而不增滷致灶戶等原有應分滷額頓減多數
其受害二也
三灶戶等原有滷分二百一十零半丁每日攤分奇興井之滷一千零五十背又豐濟
井之滷每日攤分二百一十背乃政府新增一百七十丁與灶戶等原有之二百一十
零半丁（共合三百八十零半丁）每日仍僅將灶戶等原有滷分合攤增新丁而不增
新滷致舊丁滷額減少其受害三也
四政府新增之丁專要奇興鹹滷稍有餘剩始分舊灶否則豐濟井淡滷放歸舊灶戶
等攤分其受害四也
五灶戶等之丁額原係二百一十零半丁乃場長刪除零字變爲二百一十半丁致使
灶戶丁額又減一半其受害五也
總計以上五害場知事及增丁委員實不恤民隱不籌全局不維持舊有以致民困日

深祈
貴會議決咨請
政府將灶戶等原日應分之滷額仍予保存若爲擴充鹽務起見只能於灶戶等原額之外添丁煎滷或另開鹽井勿奪民利則感激無既矣
上下略
茲准鹽運使署函開查鹽務乃國家行政不在地方行政範圍之中本不應接受省議會議決咨行之事案但查原議審查文義對於礦滷爲國有權利及此次辦理添丁增灶之事案理由內有未盡明悉之處故其所執言論多涉誤會自應查敍經過案由函覆轉咨查照俾釋疑議查此次辦理添丁增灶多煎益銷一事原以滇鹽銷場實行拓展開廣黔西滇東各岸年約需鹽千餘萬斤僅恃黑元永井煎製供給殊有供不給求之勢因查該阿陋井出產饒富加煎較易爲力亟應增丁添灶乃就該井灶舊有煎額二百七十萬斤之外酌加餘額撥滷煎製以供運銷而增稅課惟授與礦滷係屬國有特權故所添滷丁擬爲定價招買先儘該舊灶等照價購置迭經令場諭告而該

舊灶等意在把持額外私利概不承認添購新丁是以另招他商承擔負責照丁繳足代價收入價款係由擴充產製而來則其用途應即以之推展運銷方於鹽務稅餉均有裨益當查黑井全區各井場產銷鹽額均占多數祇以交通不便全恃馬脚載運年來因軍事封馬鹽運時有滯銷加之雨水爲災盜匪充斥遂致井場之積鹽尙多而銷岸轉有缺鹽之患是修治運道實爲疏通產銷當務之急乃經商明軍政長官及稽核分所特將此項新滷價款由本署收交稽核分所收入鹽賬仍照協滇之款撥交滇政府留作修創該井區汽車路運道之費以便鹽運而協事權此對於添丁收價實於鹽務地方大有裨益者也至該阿陋井舊有滷丁自來概係以半份爲率歷經場稅雙方調查報告轉呈中央署所有案豈該灶等所能强詞翻異况此次添丁建灶加撥餘滷原爲促進產製銷征增益國稅民食起見且可收入大多數加丁代價作充助修省井間汽車運道之用而所定辦法又於該舊灶等固有利益不惟並無侵奪抑且開放限制助長煎額之利益更於其並無契據之佔有製鹽權利特准其央請鄰里互相證明

取具結狀即予認為所有權之確定而補發憑證使得世守為業是本署維持該井舊灶實已仁至義盡曾經迭次函令布告並據該舊灶等屢呈陳請有案此辦理增加新丁仍重維持舊灶之事案理由也至於承購新丁各灶既已繳納公款在拾萬元以上政府當然授與食滷製鹽供銷征稅之特許權利實無議請撤銷之理由事關國有礦滷原案所議本署礙難贊同相應函覆

按鹽法慣例某滷水旺之產鹽地應倍加其煎額為國增其稅率為民廣其鹽食在灶民亦受其利益此裕國利民恤灶之政策抑明清五百年之鹽法誰不樂從何至有呼號告訴迭年不休終結無日也准來咨以証請願書員令人難索解者該由使來咨稱阿陋井舊有滷丁自來概以半份為率歷經場稅雙方詳查轉呈中央署有案云云查中國四千餘年來之習慣算法事物不論鉅細概以一為單本位不足一之單本位始有半有零之名稱一以上則有十百千萬之積名從未有不足一之數而冠以十百等字也試問由運使曾在歷史中見此算計法否滇本漢夷雜處試問由運使曾在猓玀

中聞此土計法否既無此見聞而猶信阿陋井舊有滷丁二百一十零半丁爲二百一十個半丁者有故矣該運使由雲龍於光復之初謀得永昌府一職大肆貪狼手爪剝取萬民脂膏省公署有案可稽更欲染指鹽務奈無階可升迨營得今職始出其贓款謀創產業作子孫牛馬計遂起餓虎之心伙串屬僚勒令枉法威逼阿陋井舊灶民減丁巧名添丁增額朦混中央於是由雲龍佔五十丁名長隆灶屬吏金在鎔向弟萬鎔佔二十丁名樂厚灶楊長興陳璠宋宣陳价解秉仁共佔六十丁名豫豐灶所云添一百七十丁者已霸佔一百三十丁矣餘四十丁賣之紳商民聊借此以作搪塞中央之計該由使所謂照繳待價而來者僅此四十丁也其用心之巧實蹈呂東萊至拙之譏矣

具第三次請願書雲南黑井區內岸全體鹽商代表傅慶泰武聚泰五十八名等爲條件苛酷民不堪命續懇

大會體恤下艱迅予維持事緣 商等 昨以壟斷爭利民不聊生籲懇主持取銷官運仍

許商民自由運銷又續陳滇省鹽務積弊仰祈
鑒核力予維持各等情先後呈報在案茲讀官運局呈准運署核定之商號繳納保証
金分購鹽斤辦法其條件之苛誠非意料所及者若照該辦法規定寔行是使數萬鹽
商不堪困苦相率改業而利則盡歸于官矣謹將未便率從之處分陳於後查該辦法
第一條載保証金暫以三百元爲一股各處營鹽業眞正商號向總分各局購繳鹽斤
者須照繳保証金等語查認繳保証金與認繳股分其性質迥然不同今該辦法規定
內既名曰保証金又名之曰認股非鹿非馬究不知是何用意以保証金言則已令衆
商於未收鹽之時即先繳價銀矣而何須乎保證以認股言則凡入股者皆應享有股
東權利然亦當改其名曰公司乃該辦法不名爲公司而名爲官運局無非欲假官辦
之名目以奪衆商之權利此（商等）之未便率從者一也又第二三兩條內載保証金至
少以一股爲限能多繳者聽總分局以保証金之多寡分配售與鹽數是明明使衆商
代多籌其資本矣如使鹽數與股份皆得隨意多認則權利與義務固兩得其平乃該

五

辦法但云以保証金之多寡分配售與鹽數而每股究係月攤鹽若干竟未明白規定究其所以不能規定之意無非由於井鹽之出數有限耳鹽有限而保証金則無限其利己害人孰有過于此者此 商等 之未便率從者二也又查第五條載各商號所繳保金如因商號取銷請求退還時非經由局查明許可後不得退還已繳保証金不得頂與他人承受等語查辦法既於商號認鹽之時即令先繳價銀則商號之無虧欠已可知矣既無虧欠則該局既應任由商號取退保證金並予以轉移之權方為正辦乃該局對于商號取銷時必須查明許可始允退還究不知所待以查明者何設該局有意掯勒永無查明之期則此保證金不將化為烏有乎即不然而藉故躭延亦未始不阻礙商務之進行况產業之有轉移權固已載諸法律保証金者即商號之動產也而該局不准項與他人承受是奪商號轉移之權其顯背法律又何如是之甚也當其成立之初即不守乎法律阻碍商務之進行此 商等 之未便率從者三也又第八條載各商號如有私抬價值以及違背章程藏鹽勒售等情弊一經查實除將保証金充公外並

呈報運署核辦此種苛政雖專制如嬴秦亦未有如是之甚向來滇省鹽務原有每百斤只賺二三角者然所銷之數每號每月有多至二三十萬者最少亦有五六萬斤始敷開支今黑井全區所產之鹽每號平均日只攤獲四五百斤價值又只准加手續費三角為止即不受他項處罰而鹽商已不堪其苦矣況如該辦法所云則商號無一人不受處罰無一日不受處罰乎詎不論其抬價若干不問其藏鹽幾何而但曰一經查實即將保証金充公則凡遇有售鹽數斤而為學徒多算一二厘者皆可指之為抬價遇有擬裝火車或無主收受暫為堆存者亦可指之為藏鹽甚至存有數十斤或數百斤之商號亦可加以藏鹽之罪而況罪有輕重斯刑亦不能無等差今保証金既以多繳者為貴則認繳十數股者當亦有之假如以一二厘抬價或數十百斤之藏鹽即將數千元之保証金一併充公恐嬴秦之專制亦未忍行此虐政以嬴秦所不忍行者而官運局獨行之此商等之未便率從者四也又第十四條載每星期由局懸牌佈告鹽價一次各商號應得分配鹽數即應照牌定價值先繳價銀然後取鹽不得虧欠但所

繳價銀須現金三成紙幣七成等語詎因金融恐慌紙幣信用驟然低落富滇銀行爲金融命脈所係無論何項征收機關均與有維持之責曾經財政廳通令以後各項稅課均概行收納紙幣不准搭用現金違者重罰由是紙幣價格始漲同復今官運局所收價銀須搭用現金三成不但對于紙幣不能維持其信用反故違禁令破壞金融其不顧大局有如此者至售鹽價格每星期佈告一次假如前星期之價爲十元後星期之價爲九元商人前星期所輸認之鹽尚未售出而價格已差減一元欲照原價售賣則蒙抬價之名橫受處罰欲減價行銷則又虧折成本經云苛政猛於虎其信然歟此商等之未便率從者五也蓋官運局對于自身則頭頭是道對于衆商則層層盤剝而且以多數人集合之資本爲其資本尤屬損人利已有傷公德商等處積威之下受屈莫伸惟有縷晰具呈伏乞

大會俯賜査核併案研議訓示祇遵謹呈

雲南省議會

茲准鹽運使署函開查本署此次承接官鹽平價成案定行官運商銷章程原爲少數
之奸商假借自由貿易之名抬價病民以致添號爭鹽貼費勒售諸獘因之發生非統
一運務定價分銷斷不能收平價便民之實效是以定行本案章程純爲自盡責任且
具有充分理由所有原因事實歷經呈電函令佈告有案其官運局成立雖有兩月因
軍事封馬雇脚艱難運鹽無多並未開始攤銷鹽斤昨始由軍馬科撥借馬匹赶運多
鹽於十一月三日開始售鹽計每百斤定價只九元六角零原文所稱較之官運未成
立以前每鹽百斤價値反增二三元云云殊非事實總之官運局所定鹽價核實平減
人所共知以視該散商等運售之鹽其價竟抬至十五六元者相對考較孰爲便民孰
爲害民均可以現售鹽價確爲公正之斷定於此若猶曲護其私人營業保持其商運
自由而強使大多數人民必食貴價之商鹽而不得食平價之官鹽無論何等機關恐
不能主張此等不恤民力之政策省議會爲代表人民機關前曾有文主張取締鹽商
害民咨請設法平價茲又主張回復自由運銷顯係爲少數奸商所朦蔽應即聲明事

實函轉查考俾明眞相准函前由相應函覆
具第三次請願書黑井區內岸全體鹽商代表傅慶泰武聚泰等瀝陳滇省鹽務積弊
仰祈
鑒核事竊查滇省內地鹽務通章向係灶煎官賣商運民銷故銷路日廣稅收遞增法良意美莫此爲甚不謂蠹胥猾吏不遂其中飽乾沒之計勾通奸商劣董假公濟私乘食鹽漲價機會明則改良運銷暗則圖謀壟斷在不知其黑幕者方以爲救濟民食平價售鹽宗旨正大無可訾議若一一爲之揭破使箇中眞相豁然呈露則所謂改良運銷者實壟斷之假面具也謹將滇省最近鹽務所發生之積弊分別陳之一運署與邊岸公司連爲一氣前由運使暨金秘書在鎔楊科長長興在開廣黔西三公司內入有多數股份並享有名譽股特權固爲人所共聞惟畏其威權且未查獲確鑿證據故敢怒而不敢言茲幸查獲黔西股東通告書一本載有待鶴堂大姚縣人四十五股由夔舉先生大姚縣人四十五股每股一百元其月息除存公積金四萬元及一切開支外

均以五分照給等語查待鶴堂即是由夔舉先生之堂名二共應合九十股該公司每半年算賬一次茲所查獲者係民國八年上半年之通告書當此平枯時間其獲利尚如此之多如在下半年鹽缺價漲之時更不知若干倍蓰至由運使金秘書楊科長入開廣公司之股份雖通告書未准查獲而觀其袒護該公司情形則入股份及享有名譽股特權之眞面目自顯而易見運署以主管鹽政機關變而爲營業性質已屬不法況邊鹽到岸雖經掣驗局驗明始退稅壹元五角然此委掣驗局人員者運署也運署既與公司連爲一氣安知此委人員不與之同聲相應有無舞弊情形從何清查殊於稅收大有妨害而運署猶不自知檢點反謂鹽商抬價病民未免薄于責己而厚于責人若不認眞取締則鹽務前途何堪設想二袒護邊岸公司按邊鹽引岸原爲抵制外私侵入起見非可倒灌充銷而開化（即永利）黔西（即鹽隆）兩公司已享有每百斤退稅一元五角之特權於去冬鹽荒之時既在井把持多抄復在內岸沿途洒賣操縱市面反誣衆商抬價病民衆商屈不能伸乃具呈主管機關請求劃分內邊引岸並將開化

公司串同孫茂盛昌違法抬價出售之私鹽並單據呈作確証詎料運署對　兩種違法之孫茂盛昌及開化公司既不照佈告懲罰又不將理由批明且謂邊鹽未到岸以前資本稅率悉皆從同不能禁制其充銷中途而於內岸抬價之鹽商潤和豐利金瑞祥泰祥等則罰金之後又復停止營業其存心廻護已可概見幸蒙稽核分所洞燭其奸嚴格限制而內岸鹽商始得一綫光明不然則已入黑幕中矣推其袒護公司之意無非欲保全運署之利益三私營灶房各井灶戶受元興永濟兩井煎額虧短影響以致生活艱千維持惟阿陋一井近年產情較為旺盛所出之鹽每年長煎約在三成以上運署即新增灶房若干所共添滷丁壹百零就商等所知之豫丰灶則為陳价收買樂厚灶則為金在鎔楊長興收買尚有長隆各灶亦為要人收買蓋陳价係為退職贓吏不過恃有儻來資本買收灶房已近于攘奪小民生計若金在鎔楊長興等則是鹽政機關職掌鹺綱代行印務之人宜如何束身自愛避嫌遠疑乃竟恃威壓迫與民爭利事雖屬干營業迹則近于監守自盜此次委任乃兄金萬鎔充任阿陋井場長即係

爲彼輩經營灶房圖謀發展私人利益起見爲民上者如此貪黷其將何以爲民勸耶四營私罔利自去歲元永井煎額短至七成以上每日只有二三萬斤（在前舊有十餘萬斤）二三公司有意操縱既在井把持多抄而又在省兜買現鹽居爲奇貨故冬情暢旺之時各號無鹽銷售價格遂漲至十二三元然亦不過偶爾之事而運署不察眞相只云鹽商抬價病民遂乘間壟斷藉名平價停抄商鹽將全區所產鹽額輦入平價處由三公司銷售於是購鹽者人山人海擁擠非常大有米貴搶荒之相而該處所售之鹽數在初成立時尚賣一點繼而迭次減少至最後每人只售三斤之數而多數之鹽爲該處經理人員暗由火車裝運出省沽銷善價緣外縣之鹽因平價處成立愈形恐慌價格有漲至二十元以外者茲且無論即以在省售價九元計之每百斤亦合賺銀一元四五角兩月有餘永阿兩井約抄鹽一百七八十萬應合賺銀三萬元左右而三公司因衆商將成本登諸廣告無可隱諱始聲言報効公家二千餘元以搪塞外人究竟該處獲利若干報効與否局外人何從得知謂之營私罔利夫復何疑五任用私

人其他且勿論即以前任元永井場長言之亦係開化公司之股東耳以公司之股東而委任場長無非欲擴張公司之勢力故當去歲鹽額短虧之時公司鹽得在井把持多抄而號鹽則勒索抄發又況場署人員暗中購買者亦屢不少致令商號之鹽每號日只得鹽數十斤何敷銷售於是不惜貼費轉而向彼現買資本既重鹽數又少故價格有不期漲而自漲者前經 商等 迭呈運署請將無舖面之號牌飭場署一律取銷概將鹽數抄歸眞正商號銷售而運署竟不聽從推其意若以爲號鹽一多價格自必跌落則已無藉口之地何由而變更定章是縱之實以擒之也其所委任之場知事亦與之默默相應其用意不可謂不深矣六批准商包夫商包問題經無數通人研究認爲此種制度係犧牲大多數人之利益以擁護少數人之私利而運署不問得失不顧利害但以平價處於鹽價跌落時即應取銷不能視爲永久機關遂授意最有勢力之奸商陳价等組織通裕鹽號包銷黑井區鹽未經省稽核分所同意而鹽署即概然批准幸蒙

北京鹽務署電飭運署查明阻止而後商等乃得自由運銷其批准商包之意無非欲壟斷鹽業圖謀少數人之私利而已有此種種流弊則其醉生夢死壟斷罔利之心固已昭然若揭在前由司長因公出外只冀回濱後秉公辦理且商等素抱親上之義故明知其缺點終不忍直言不諱詎誤聽宵小之言假官運美名以圖壟斷致使商等謀生無路是以不得不放大其膽瀝陳積弊以鳴不平查黑井全區產鹽在昔各井產製旺盛銷路疲滯故非由官督銷不足以利進行而顧稅課現產製短虧供不給求所出之鹽就產專賣即爲各商爭購以去尙何督銷之有而或者曰此係運銷並非督銷蓋運銷者即前機關自身認爲有害無益之督銷局之變相也藉使取締散漫統一運銷平價售鹽起見亦應先整頓產煎俟產煎足敷充量供給乃能籌及運銷今捨根本辦法而先逐末醉翁之意固別有所在也況以散漫言則五都之市百貨羅列何一而非自由買賣以統一言則就場征稅一稅之後已無遺漏以平價言則鹽價有漲落銷場有衰旺自不能以一時之價格藉爲口實且所訂官運局通告書及其認繳保証金辦

十

法條件之苛有出諸情理之外者除將該項辦法另行條駁呈請鑒核外理合將經過積弊詳細瀝陳並查獲之黔西股東通告書一本照抄呈詳請查研議籲懇
大會俯念商情困苦賜予維持速請議將官運局取銷仍許商自由運銷並懇咨行運署整頓產煎出示限制邊鹽剔除井地私購鹽觔積弊則不勝銘感之至謹呈
雲南省議會

上下略

准鹽運署咨開查本署此次承接官鹽平價成案定行官運商銷章程原爲少數之奸商假借自由貿易之名抬價病民以致添號爭鹽貼費勸售諸弊因之叢生非統一運務定價分銷斷不能收平價便民之實效是以定行本案章程純爲自盡責任且具有充分理由所有原因事實歷經呈電函令布告有案計官運局成立雖有兩月因軍事封馬雇脚艱難運鹽無多並未開始攤銷鹽斤昨始由軍馬科撥借馬匹赶運多鹽於十一月三日開始售鹽計每百斤定價只九元六角零原文所稱較之官運未成立以前每鹽百斤價值反增二三元云云殊非事實總之官運局所定鹽價核實平減

人所共知以視該散商等運售之鹽其價竟抬至十五六元者相對考較孰爲便民孰爲害民均可以現售鹽價確爲公正之斷定於此若猶曲護其私人營業保持其商運自由而强使大多數人民必食貴價之商鹽而不得食平價之官鹽無論何等機關恐不能主張此等不恤民力之政策省議會爲代表人民機關前曾有文主張取締鹽商害民咨請設法平價茲又主張回復自由運銷顯係爲少數奸商所朦蔽應即聲明事實函轉查考俾明眞相准函前由相應函覆

按鹽運使由雲龍壟斷鹽利蠹國殃民之事此案言之特詳且皆証據確鑿請　閱者注意查傳慶泰等首次請願本會不明個中眞相倘認爲奸商射利揑詞聳聽經請願股審察在大會批駁旋據各地商民紛紛請願到會傳慶泰等亦再三請願前來同人等以爲衆怨沸騰諒必有因復詳加審查始知該運使壟斷鹽利之咎實無可辭乃將各請願案先後列入議事日表均經可決咨請核辦去後旋准由運使咨覆本案內有省議會爲代表人民機關前曾有文主張取締鹽商害民咨請設法平價茲又主張回

復自由運銷顯係爲少數奸商所朦蔽云云查本會議事一稟至公既不許奸商抬價居奇使吾民受淡食之苦亦未便聽貪官設局壟斷使商民生計斷絕是以前請取締鹽商害民爲維持民食也後又主張回復自由亦爲維持民食也乃該運使不明斯義以爲議會既有取締奸商之議案是即吾壟斷鹽利之良好時機於是設立官運停止商抄所有各井產出之鹽悉被該運使屯聚居奇致令市面鹽缺價值奇漲近三月來省城鹽價比照去歲加增一倍外來商民人地生疏無從購買往往坐守數十日仍空囊以歸致使外縣人民多不免淡食之苦此等浩劫實吾滇亘古以來所未有抑世界各國所罕見也嗚乎貪吏殃民一至於是凡我滇人詎可默然坐視乎

一件元永井灶紳施燮元四名等以貪利等情請願一案

內稱（上下略）詎知陳場長一聞撤任消息忿怒交作鬼詐百出一方面尋隙處罰灶戶一方面於抄賣各商鹽斤時暗賣私鹽數百斤或三五千斤無薪無課不用連三票僅以小飛壹張即可出關約一星期餘即賣出鹽肆萬有奇其此項鹽斤之來源係平日灶

戶交鹽進倉遇有缺邊落底過稱後即於賬內記數每缺折扣三五斤或每百斤折扣十斤巧立名目爲稱補倉底之不足約計自到任至今已折扣得各灶之鹽五六萬斤除此次裏混於官鹽中賣却外往時每月均要借倉灰之名賣出沙末千數百斤所以灶戶日受剝削幾至無法謀生乃陳場長只圖一己之利益不顧各灶之生命反揑禀各灶欠額鹽數十萬斤要向各灶戶追究礦滷等語但陳場長尅虐灶戶之處不特在成鹽後折扣在領礦滷時已受莫大之扣勒如沙丁揹礦過稱時必墜落數塊墜落者卽不准各灶拾回由管檢員飭役查存一處名曰稱塘礦每日約有五六百斤每百斤賣獲銀壹毛六七約計亦賣出礦二十餘萬斤又滷水向例照丁攤放自陳場長到任淆亂定章當放者揹勒不放不當放者故意多放暗地向不當放之戶每百背索費三四元此皆由各灶應領項下抽扣而來曾收售與之戶昰明有案又如竈工不敷承辦者已屬虧累不堪而陳場長昧盡天良於發給竈工沙丁之油米亦用小斗小稱每米一斗只有八升半每油一罐只重六斤實則只有三斤十二兩致使承辦礦滷各領班

賠受剝削礦滷日形減少而陳場長刻虐之心尤復有加無已如水銀瀉地無孔不入查灶戶煎鹽用費奇零純係現金現錢無人不知自陳場長到任後應發灶戶薪本及竜工硐費等項概用五元紙幣所有現銀及壹元紙幣盡行收存井地銀根因之日漸吃緊五元紙幣只換獲現金四元即五元紙幣換壹元紙幣亦必貼補二三角陳場長始令司事將收存銀元及壹元紙幣換與灶戶灶戶受此虧折領獲薪本只合八賬無力供煎陳場長遂將灶戶王選庭捕交鹽興縣管押今已半年尚未釋放

鹽署

前後

茲准鹽署函覆開查該元永井場前因貼費加薪發生官灶齟齬釀出抗抄停煎之事於是場員灶戶各執其詞文電交攻按其情節事理顯屬兩有不是當經電令委員查辦而該官灶間猶復各挾已是訴辯爭呈乃又專委妥員于調查場産外務將該官灶等互控請究各情就地嚴密訪查究竟曲直何在必得眞情實據明切詳呈具覆以憑嚴核究辦隨據該密查委員陳光熙遵將飭查情事分案逐切詳查條陳辦理意

見覆呈查核來署當經據情準理分案核明照辦先將關於抗抄停煎一案核定持平辦理俾有結束并將該官灶等互相呈告各情指明人證事由督令澈底查辦均已分別函令有案現正在飭查辦理之中一經查辦結果則虛實究坐自有法律之裁判也今該灶等又續以陳鉫知事被撤忿怒處罰灶戶私賣倉鹽各情具呈告請究辦覆查所指處罰灶戶請釋王選庭一節已據元永場張知事轉呈前情到署業經核以該灶戶王選庭即王銓章係於電令起煎後復敢要挾縣場倡再停煎乃經該縣場會呈將其管押懲辦自不得請為無辜被押當已令縣律擬究結並令場轉飭遵照在案自可勿庸再議至所指私賣倉底存鹽一節查官倉收出鹽數斤兩均關重要據告各情勿論是否屬實自應嚴令場署併案澈查明實覆候嚴重核辦以重倉儲而明懲罰

按願書有兩意一在未釋放王選庭二在陳璠暗賣倉庫私鹽及扣勒鑛滷入倉鹽斤現金小紙幣等今准來咨認第一項為再倡停煎之人依律擬辦不令釋放惟第二項內係四小事今由鹽使咨覆僅指私賣倉底存鹽一事殊不可解其餘各條似含有連

十三

帶關係而不敢出諸口者故任其檢磧掃發有如乞丐索費放滷不啻差役出入斗秤何惜乎官體踶水折扣不問乎天良人謂此皆陳璠一人之私利吾則以爲彼此共同之收入不然陳璠何功而與由雲龍共享三公司名譽之股彼則有罪反爲五鹽井調查之員盖數雖微末聊勝一年之修金性本貪鄙偏喜長手之爪牙嗟夫管劉之鹺綱未振桑孔之網羅已盡哀我滇人其何以堪

前後略

一件元永井灶紳吳本忠十六名等以情輕罰重等情請願一案

竊以課稅爲國家之正供民產乃課稅之由來以民財而充課稅以課稅而修民政是二者之關係至爲密切故法治國之立法恒以人民生活之現象爲標準一方面則以治民一方面則以衛民從未有如鹽興各井之私鹽辦法至酷虐而至慘毒者也夫鹽興各井之民以製鹽爲恒產歷數百年于茲矣其私鹽之辦法咸視乎犯意之有無及犯行之輕重情罰相均處理適當與民國三年十二月二十二日部頒私鹽治罪法如出一轍蓋仁人之執法有道宜其爾也乃至肅運使到任不度情罰不審輿情不

守舊章不遵新律竟以個人之惡想另頒單行之命令凡遇發[illegible]鹽觔不問數目多寡情節輕重事實有無概認爲私鹽沒收財產科以罪刑自是以後仇口栽誣者有之無端受害者有之過失散產者有之種種奇禍防不勝防井民何辜遭此荼毒謹就其不法之點畧爲諸公陳之凡人涉身處世豈能盡如人意且人非聖賢孰能無過自蕭運使慘毒之命令一頒凡與灶戶素有嫌隙者以及無賴之徒衙役之輩平日要求不遂者無論倫獲或陸續乞獲之鹽被鹽巡搜出即仇口相害誣灶戶出售與伊甚至有與鹽巡私相勾結假裝走私被緝情狀故將他處之鹽隨鹽巡負入塲署陷害灶戶者因官署每獲私鹽只須犯人指供灶戶即釋正犯而沒收灶戶產業雖百喙亦莫能辯故奸人利用此計希圖洩忿此仇口栽誣者一也又出產之地零鹽自多有因鋸鹽而碎落者有因潮濕而破裂者灶戶欲收而藏之倫爲官署搜出即指爲蓄意走私加以罪名欲置諸灶房則出入之人最爲複雜難免不被其竊去一經鹽巡拿獲則又謂灶戶販私按律懲處使灶戶進退維谷無處置之方此無端受害者二也又如黑夜深更遇

有穿窬之盜將鹽竊去如爲灶主知覺將人贓幷獲送請究治者官署爲灶戶粗心仍然處罰灶戶開釋竊匪如若人贓未獲則謂爲灶戶私售飾詞搪塞亦將灶產充公科以極刑此等情節雖由灶戶督察失周然無犯意犯行在法律上亦不能成立犯罪且報官驗究其善意有同自首匪惟不援例減免猶復破產治罪此過失散家者　也查立法之原則必意思行爲結果三種備具其罪始能成立如要素不備者即不爲罪未出灶房之鹽尚未具三種條件何得謂爲私鹽即使果有販賣之意思未見諸行爲與結果三者尚缺其二亦不得以犯罪論官署以灶戶沒收之鹽謂爲蓄意走私加以處罰法之不平者一也又查買賣私鹽與私自買賣官物者同出一轍則賣者與買者同罪過有私鹽發現例應雙方處罰乃僅處罰灶家而不處罰私販于法律宗旨殊有背謬于人情天理亦屬不公法之不平者二也又查新刑律中有所謂俱發罪者一人而犯數種罪名亦只能處以較重之一罪不能受數種處罰如灶戶果爾販私應受一罪之處分乃既將灶產充公又復科以徒刑如元井之張澤沛保際康兩家既破產而獲

罪即其明証法之不平者三也兇財產爲全家生命之保障旣沒收其財產即不啻褫奪其全家之生命而速之死矣法律上之犯罪縱受極刑之處分亦不過死犯罪者之一人其無辜之父母昆弟妻孥固可獲免玆因一人犯罪奪其恒產使全家斷絕生路其慘毒苛刻未有甚於此者法之不平者四也凡頒布法律之原則如命令與法律抵觸者則命令歸于消滅前蕭運使所頒處治私鹽之苛酷命令與部頒私鹽治罪法大相抵觸其命令即應歸于消滅乃運署不廢止其命令而仍沿用以禍民法之不平者五也

前後略

玆准鹽署函開查此項特定懲緝灶私辦法自前淸即規定實行民國成立奉部頒發私鹽治罪法及緝私各條例到滇復經蕭前運使聲明成案呈奉鹽務署核准繼續有效歷經遵照辦理故雖以滇省井塲零星散漫雖未能完全禁絕而灶私究不甚盛行未始非此項法令之效現在奉行已久礙難輕議取消准函前由相應函覆

按私鹽治罪法及緝私條例既奉部頒理應遵行即以本省情形不同有所損益亦應

準情度理不大違乎法律不意蕭琨作俑於前由雲龍加厲於後致使各灶民動止得咎手足無措小之沒收其資本大之喪失其身家古語曰秦法立而天下之民皆罪人矣吾亦爲之語曰由運使之鹽法出而雲南之灶民皆犯私者矣吾於是爲灶民之家產危吾於是爲灶民之生命危

一件元永井灶紳李志忠五名等請願該場知事陳璠濫職虐民誤課害煎內稱上下略硔滷乃煎鹽根本灶戶以煎鹽爲世業無不求其多煎而硔硐阻塞求場長修理則云無款灶戶願出款自修則勒令灶戶具結保全硐口並要認定日出硔若干萬勵灶戶不敢負責場署又不修理所以出硔日少引淡作鹹乃元永之特質若遇硐內滷少即放水入硐則鹹滷自多數百年來均如此辦法自陳場長到任不准放水屢次懇求俱未允准暗中瞞混上峯忽而詳貢得鹹滷若干背其實滷水愈拉愈少不敷煎煮此害課者一也灶戶所領薪本均係零星使用場署收商人之薪俱搭花銀三賠其實毫釐未發與灶戶暗中與平利奸商串合每元貼價一角伍場者盡發五十元壹百元大紙

觧以所領之薪本合計只得九聖之數零鹽一項向賣銅元照市發給灶戶今則五十勉一票憑地賣與商人逐日現賣之鹽以竹簽為符號灶戶則濫鹽被折現錢毫無此慮灶者一也灶戶日逐煎鹽願望領獲薪本臨買柴薪今則云無有小紙幣或三日一發或五日一發提修老硐已經得彩而場長縱容磚員勒索禮費壹百元方許過秤此誤煎一也辦竃之事向歸場署選人辦理現因竃頭張興文虧累太鉅力辭不辦場長命灶戶接辦各灶明知百物騰貴難任虧折場長面許代為籌畫彌補今辦三月有餘每井虧累至二千餘元屢求另委接辦俱未允准稅局之竃工有花銀間搭至由場署領出則花銀毫無灶戶薪不敷煎又加竃工賠累何以支持硔滷日少求其設法整頓則云以俟將來近日希權貴之旨日尋灶戶之隙且宣言必以一二家充公灶戶無不兢業自持無如場長[illegible]灶戶往往以私鹽為題深文羅織小則被罰大則傾家度日如年均有時日曷喪之嘆灶戶此時已家具一空萬難勉力供煎設一旦無力支持場長必以停煎要挾蒙蔽上峯陷害灶戶值此時局戶戶皆有逃丁倒灶之現象若再遷

十六

種種蹂躪灶戶將無孑遺矣灶戶此時生機已絕生路已窮處覆盆之下雖見天日雖束手待斃尤恐受無涯之禍准此查此案昨據該灶等電呈各情當經核明覆電飭批責成該灶等一律起煎交官以顧正邊銷額并飭候分別查辦維持及令電縣場兩知事督飭遵辦去後適准會函轉據電呈前情即經分函覆請查照在案隨據縣場稅員分呈各灶因私向三邊鹽公司索貼灶費不遂先後抗抄停煎現遵照電令飭責各灶已於十一月陸續起煎各情前來又經核令飭遵先令電文分別督煎顧額并澈查覆辦亦在案所有本案關於場員灶戶互相電呈各節一俟該鹽興縣併案查實呈覆應即嚴重核辦

一內稱灶戶之停煎也因各灶戶請求陳場知事轉函公司照議津貼乃陳場知事不惟不順輿情反行大肆淫威諭斥各灶汝等無力煎辦儘可一概歇業本場長當另行招商承煎各灶迫處淫威之下不得不遵諭停煎繼奉運司電令遵即起煎是停煎起煎均係遵官署命令辦理並非借故要挾乃陳場知事不自[illegible]其言語行爲處分失當

反謂兩井灶戶借故要挾抗抄停煎先行電稟飾詞聳聽圖置各灶戶於死地溺職害
灶莫此爲甚如運司批督煎煎鹽官灶各有責任督煎者本無迫令停煎而自取咎戾
之理殊陳場知事則反是當時大肆淫威諭斥灶戶一概歇業不知是何居心灶戶明
知停煎恐有虧額誤稅重貽責賠無如迫於淫威誠不得已故奉運司電令遵於即日
起煎可見灶戶之苦衷夫人尚非喪心病狂斷無有不顧自已而害他人之理況以民
告官前清法律懸爲厲禁今民國法律亦不准虛構妄訴他人況告官乎如陳場知事
者種種處分失當溺職害灶灶戶忍無可忍不平則鳴謹依法令訴願會於前呈揭明
上下略
准鹽署覆開查此案先於五月六日午後拾時據元永場知事陳瑶專派緝私排
長由祿豐電話報稱元永兩井灶戶以索費不遂加薪無效藉口力不能支已於本日
停止煎鹽請准分別究辦維持等語時已先據該場知事另文密呈兩井灶戶因爭索
貼費抗捐停抄聚衆挾勢將停煎批擬實行停止即請按律處治先請衡核示遵等
情到署當即依據法案核明事理飛令該場飭集各灶隣以利害權責督責該灶戶等

照常勉力煎鹽供銷以顧國稅民食而保其永遠之利權至於灶情艱難急望調劑應俟將加薪恤灶原議提出緊急會議催商定案以便維持進行該灶等倘仍始終抗違即行擇尤究辦並另籌顧煎辦法以維場稅而杜要挾等因行令去後即據該場知事電話報告前情並據該元永井灶戶全體通電報稱場長苛虐廹令卽日停煎灶戶不能不遵示辦理等情後經核以查該灶戶電文核以陳知事呈電報告其所執各說顯係飾詞聳聽冀諉停煎之咎蓋場官督煎灶戶煎鹽各有應負責任斷無官廹停煎灶即遵辦置課稅民生於不顧之理況場知事果有苛虐灶戶實據亦應提出呈報聽候查辦尤不應藉此停煎致壞鹽政該灶等停煎之舉實屬謬妄已極應即電令鹽興縣知事迅往元永場會同該場知事嚴督各灶尅日一律起煎交官顧額勿再自誤誤公免干重咎其官灶呈電指告各情應俟另文委令查辦至於加薪恤灶一事亦經署所會商同意認可准行應俟查核

按鹽運使覆函謂所有官灶爭持各情應俟查辦結果再行函轉查照云云去後如仍

查辦於今兩月有餘未准咨覆僅聞將該元永場知事陳瑶撤省而該陳瑶扣勒現金營私圖利之罪竟置一不問日未幾彼陳瑶者且坐籐轎擁衛兵施施然奉令充五井委員稱總辦矣夫陳瑶開化邊岸公司之股東也以鹽商而爲場知事已屬非是乃既認其爲有罪而撤之以掩衆人之耳目復假以調查之責任而縱之使報個人之私怨其包庇同堂明目張胆有如此者然其中之關係爲感情乎爲金錢乎明眼人一見而知其底藴矣

一件元永井灶紳施燮元八名等以謀奪井產各情請願內稱（上下略）陳瑶心懷狼毒其欲吞沒兩井之灶口丁產莫如捏呈請設大興鹽業公司一事查元永開闢井口地界南至小橫山北至張起哨西至岔河東至草蘭箐成立有案相傳數百年各灶祖孫相繼擔負開辦費已不下數十百萬至於裕課利民其數更不可思議自陳瑶到任以來刻剝過重井情大變米珠薪桂滷淡碘稀課款有倒懸之虞灶民遭荼毒之苦實爲從來所未有然事關國計民生各灶無論如何困難對於開硐接濟課源本屬分所應爲

除現由兩井各開硐一口外尙加緊覓地再開新硐務期于公有濟如元井之猴子窩永井之南關外大路下五年前已鬬有硐口兩處因厄於款項不濟各灶現已籌劃接續運行豈知陳璠貪婪成性欲趁灶戶十室九空之際謀奪井地衣食誘哄井中無賴之史秉瑜等揑造公司名目蒙蔽上聽呈請由南關外開鬬新井是司馬昭之心路人皆悉但陳璠吸灶民之脂膏剗元永之地皮已屬不遺餘力茲復神手遮天奪取井地之根據利用史秉瑜等爲傀儡所以呈詞內除史秉瑜三人外卽揑造有福謙吉華興利之名且明明攘奪陸井地而開井尙混言之曰新開之井地在元永南關外三岔箐距元永四里許其意不過藉關外等字掩其攘奪之非殊不知設立關卡係便於稽査出入非定爲界址以界址言由三分箐至小橫山係八九里何得謂爲距井四里許況永井在三岔箐所開之硐口尙存尤爲掩無可掩至如史秉瑜等素性蠢蠢庸悍不明事體現在省與陳璠奔走請派員偵察卽可得其底細人僞言僞其究竟不過陳璠一人所主持刻聞已是大張旗鼓氣燄冲天如果聽其橫行眼見兩井百十家灶戶數千

口人民之業產身家盡被陳璠所奪據則課款亦難免不受影響各灶等以為禍在眉
睫與其異日喪產失業毋寧此時痛切呈請查禁維持原狀

上下略

茲准鹽運使署覆函開查此案昨據該紳灶等具呈到署當以查該場前因產變
多絀難濟運銷歷經嚴令督促飭速修舊開新以顧產銷額數並許開放各處鹽產俾
應時勢需要而該場開修新舊井硐久未告成煎燬上復時有停滯致釀風潮適據該
場陳前知事呈轉井地紳商請開新井一案到署按諸時勢事案當然促成進行是以
令由新任張知事查勘產地籌商辦法呈經核准備案令即集款試開各在案茲據呈
原指南關外開井區域該井灶前已闢有硐口陳知事與史秉瑜等不應謀奪是否實
有已開井口可憑應候令場查實具覆再行核奪再本署對於井灶無一不秉大公該
灶民等有何委曲儘可據實詳呈核辦來呈措詞悖謬應行申斥等因批示遵照並令
元永場知事切查具復以憑核奪

按元永場知事陳璠貪婪成性趁灶戶十室九空之際謀奪井地衣食誘哄井中無賴

史秉瑜等捏造公司名目蒙蔽上聽呈請由南關外新硐并陳明所開新硐地點永井于五年前已開有硐口史秉瑜現時在省派員偵察即可得其底細等情按井場慣例所有井硐概屬灶民公有陳璠係該井鹽務行政長官如果爲增益產銷起見到任時即宜督促灶紳修舊闢新應時需要乃於煎製停滯致釀風潮反呈請開闢新硐其居心謀奪井產與史秉瑜等通同作弊當已不問而知運署乃以茲據呈原指南關外開井區域云云切實具復以憑核辦等由函復

省署轉咨本會所請本署對于井灶無一不秉大公之旨安在哉質之國人定當恍然

一件省站富宜全體鹽商（傅慶泰 武聚泰）三十一名等爲（安封馬匹 濫用威權）請願一案

內稱（上下略）竊查地方之設有軍隊所以維持公共之安寧幸福商等茲因匪風未息在井則聽從每鹽百斤抽收五仙在站則承認每月共繳銀肆百元以作保商之兵費祇冀軍隊駐紮各鹽商皆同受其福突詎駐猴井之獨立連駐大腰站之偵緝隊均受官運局之指使將各鹽號素墊有支銀之長脚一併封運官鹽不准代商號馱運而偵緝

隊連長郭正桐尤爲横暴既估封雲盛祥之長脚復毆打該號之辦事人尹純武其濫用威權何如是之甚也現商號之鹽雖永阿已全被官運封抄而黑井尙得分抄三成琅井每鹽百斤既繳手續費二角亦間得抄運且各號之鹽昨因馬被封運軍火尙有發往在途者並官運局既封抄商鹽而又指使軍隊將商號之長脚一併封盡是直使衆商之鹽不得觔兩運省讓彼等於市價極高之時獨專其利其存心壟斷已顯而易見在稍有人心者當亦爲之不平乃獨立連與偵緝隊竟忍助紂爲虐一聽官運局之指使即不雇維持公共安甯幸福之名譽用强廹手段將各號墊有支銀之長脚一律封禁稍一分辯即行毆打商等以血汗之資供給兵費而反被其擾亂何異養虎者之自貽其患耶或曰官運局之鹽係用以救荒故軍隊不得不如是之封馬不知該局近來之鹽每日已運有多數到省竟屬秘賣致令市面之價愈形騰漲所謂救荒者而荒亦何嘗救即果爲救荒起見而商號亦同屬運鹽到省相與補助又何爲祇准馬脚代該局駝運而不准代商號駝運乎況彼之所謂救荒者正彼之所以獨專其利也何獨

立運與偵緝隊竟不查其眞情甘受官運局之指使致令商鹽斤兩不能運省不准數千萬之薪稅積壓在井即數百千元之脚支亦徒自虛懸其損失之大何可勝言商等困苦萬狀含寃莫訴惟有仰懇

仁恩轉咨查照議案尅日取消官運局並一面飛電猴井獨立運長暨楚雄偵緝隊長查明嚴禁嚴加懲處並轉咨運署禁止封運商號運鹽之馬以紓商困而免壟斷

（上下略）昨准運署函復開查此次因軍事要需封僱馬脚各處脚人多皆畏避以致官運局成立將近兩月無法僱運各該奸商又復加價拉脚遂彼抬價肥私之謀故當官運之鹽未定價分銷以前該奸商等所售鹽價竟抬高至十六七元本爲寔行平價便民計乃經商准聯軍總司令部借撥封存軍馬赶運官鹽定價分銷雖因脚價極貴亦僅定價九元六角零布告通市人所共知原呈謬謂官運局指使軍隊封禁商運於價高時獨專其利等語證以如上事實該奸商等信口誣謗其喪心病狂一至於此尤如官運局借運軍馬運鹽在途且被移防募兵軍隊強迫拉封曾據局轉呈函請

聯帥開放鹽馬並通令查辦有案事案具在足備考查該奸商等莠言亂政肆無忌憚
大屬不成事體應請主持紀綱從嚴究辦以儆奸僞而肅政綱准函前由相應函復請
煩查照核辦實叨公便

按吾滇軍事封馬莫繁於援黔援川莫大於護國靖國彼時之鹽未漲價何也因握鹽
政者不敢壟斷營私故也今由雲龍特主掌鹽政之大權出黑心之伎倆威權濫用數
唆軍隊勒封各鹽商已交脚銀倔定之馬匹轉運該使營私之鹽凡鹽之利則歸之一
已過則推之聯帥以遂其殺人越貨之私滇人尚有焦類耶

一件黑井場新山上井灶戶武安之五戶等以援照舊案自煎自賣以顧煎銷各
情請願一案

內稱井略查此井開闢在前清同治年間所需工資概由灶戶祖人自備並未承領公
款洎至宣統三年舊井廢弛另開新井需欵萬捌千餘元亦係灶戶自行擔負匪特此
也煎鹽所墊薪本以及井硐歲修各欵亦並未仰給公家至於鹹淡滷水帝工除每百

斤照章具領一毛一仙四厘外每月不敷洋五六十元悉皆由灶戶自行擔負灶戶自薪煎出之鹽自行照章納稅轉運武定會川銷售歷年已久咸皆有案可稽茲准鹽運使署公署開查此案昨據該灶戶武安之等具呈到署當以查該新山上井自薪鹽斤既係專銷武定會川確有號脚可證自可列入現賣數內照章發售運往行銷庶於慣例現章均無所碍（上下略）茲准鹽運署函覆應准分令場署運局查明照辦等因批示並分令照辦在案

按運署咨覆各案以此案爲最圓滿惟所謂慣例現章語意渾涵當爲解釋新山上井自開闢以來灶煎灶賣民運民銷迄今已有百餘載滿清專制開辦公號該井產鹽均未入其圍範茲由運使照案批准猶令該井自賣之鹽除照章納稅外再照官運局章程每百斤另繳手續費式角直不啻私加鹽價按之平價便民之宗旨是否自相矛盾應請同胞稟公判斷

一件鹽商代表傅慶泰四十一名等以官運把持妨害各情等情請願案

上略官運局之設與稽核分所條例任聽商民自由販運銷售之規定實相牴觸不惟有背部章且成立以來鹽價未見稍減較之未設官運局以前每鹽一百斤價值復加增二三元請願股主張一律查禁一聽人民自由販運買賣同人極端贊成隨付表決照審查報告可決在案除照抄請願書備文咨請　省公署查照辦理外合行佈告仰即知照此佈等因奉此仰見　大會主持公理扶植鹺綱之至意屬在同業感激奚似伏查官運之設不惟營運鹽商全體否認即前此市政公所對于此事亦曾斟酌討論積弊害呈請聯帥省長　即日撤銷並載入市政初期計畫書中宣布周知在案乃言者諄諄聽者藐藐主管鹽政機關爲利所惑不惟佯爲聾瞶且頻施壓力不恤輿論官運局局長宋嘉壽阿陋井場知事金萬鎔以及退職贓吏陳价劣董熊同泰趙裕寶等復內外聯絡狼狽爲奸既在井把持抄鹽又將運到官鹽秘密增價暗地行銷與曾經入股之少數奸商而該商等居爲奇貨抬價銷售致令市面鹽數愈感缺乏價格愈增昂貴以目前論在省城即漲至十五元左右在外縣甚有售至二三十元者較之未設官運局

以前其價格已高三四元若不呈請督促尅日撤銷官運躋居冬場其影響所及何堪設想謹將該局成立後經過情形撮陳于後查官運局自陰歷七月初具報成立屆指至今歷時兩月有餘所轉運來省之鹽即因封馬影響運輸阻滯至少亦有數十萬之多乃該局從未照規定之價懸牌分售均係秘密攤銷與該局辦事人員或從前倒閉之號一如同興泰則爲從前陳价等夥開乾泰祥則爲永利公司辦事人劉瀾波從前開設恆源號則爲永利公司轉鹽人劉靜菴從前開設同德和則爲陳价與劉靜菴夥開均已倒閉茲又恢復幷外行及內行之少數奸黨價値若干外人竟不得聞墨瀋未乾食言而肥其營私圖利矛盾違法有如此者使該局果爲救濟民食平減鹽價起見則將運到之鹽當然懸牌售賣有何不可對人之處而必須密賣耶此經過之情形一也官運局未經北京鹽務署稽核總所認可立案即強迫成立成立後而本省鹽務稽核分所購買鹽稅分所以自由運銷係內地行鹽通章勢處兩難情不得已當電總所請示辦法總所復電暫准收稅幷未允許變更自由運銷定章中爲調停計特規定一

暫時辦法凡黑井全區每日煎出之鹽在未奉總所詳細令文以前暫准收稅期間定
爲官商合抄會兩次函會運署轉令各井場知事遵照在案乃各井場知事多未遵辦
如黑井官抄七成商抄三成元永井初尚官商合抄近用强迫手段概行停抄商鹽專
抄官鹽嗣因稅局阻止而場長既不向局所給稅單復不用稽核分所之出關印及公
製之秤任意作抄其武斷有如是者猴井則在井場違法徵收手續費（按每鹽百斤
須先繳手續費二毛然後由灶戶領回自行銷售）阿井則商鹽一律封抄專售官運
數百家營運商人已繳鹽稅購買鹽票向場抄鹽者金知事則斤兩不發致令衆商數
百萬之稅欵積壓在井并將各號素墊有支銀之長脚一併封運該局之鹽以圖厚利
商困如是民何以蘇稍有天良者必不忍爲該知事乃悍然爲之此經過之情形又一
也鹽爲民生日用之物與米油柴薪同一性質無論爲官爲公爲私均不能壟斷專利
此則
大會所深悉無待煩言者也

東大陸主人言志録

東大陸主人言志録一卷
（民國）唐繼堯撰
民國石印本

東大陸主人言志録一卷

近代唐繼堯撰。唐繼堯（一八八三—一九二七）字蓂賡，别號東大陸主人，雲南會澤人。滇軍主要創始人與領導者，滇系軍閥領導者。一九〇四年至一九〇九年，留學日本東京振武學校、日本陸軍士官學校。一九一一年，參加昆明『重九起義』。一九一五年，與蔡鍔聯合宣佈雲南獨立，發動護國戰爭。

此書洱源縣圖書館藏本與雲南省圖書館藏本同，石印楷體朱絲欄六行十六字，趙藩題寫書名，落款『石禪老人（按：洱源縣圖書館藏本殘缺『老人』二字。）趙藩書检』，鈐趙藩印。趙藩、庾恩暘、任可澄、由雲龍題詞或撰序。全書收詩五十四首，詩歌止於一九一五年，序言撰於一九一六年，此書編定於一九一六年或以後不久。雲南大學圖書館藏本卷首多出袁嘉穀序文一篇（一九一五年作）和王燦題詞一則（一九一四年作）。《近代中國史料叢刊》影印本卷首無趙藩題詩和序文題詞，收録詩歌七十一首，較他本多出十七首，作於一九一六至一九二二年，《又六月行軍自感》《中秋》《九月二日》三詩文字均有訛脱。洱源縣圖書館藏《東大陸主人言志録》收録唐繼堯一九〇四年至一九一五年詩作，一九〇九、一九一〇、一九一一年數量最多。主要記録遊學日本期間的唐繼堯，受到資産階級民主革命思想洗禮，慷慨激昂、愛恨分明，以推翻清廷、重建家園爲己任。反映辛亥革命前後軍旅生涯的唐繼堯理想與現實内心的劇烈衝突，個人野心膨脹的心路變化。①

① 徐新民：《四十年來家國：從〈東大陸主人言志録〉看唐繼堯之心態》，《昆明學院學報》，二〇〇九年，第三一卷，第五期，第一二六—一二九頁。

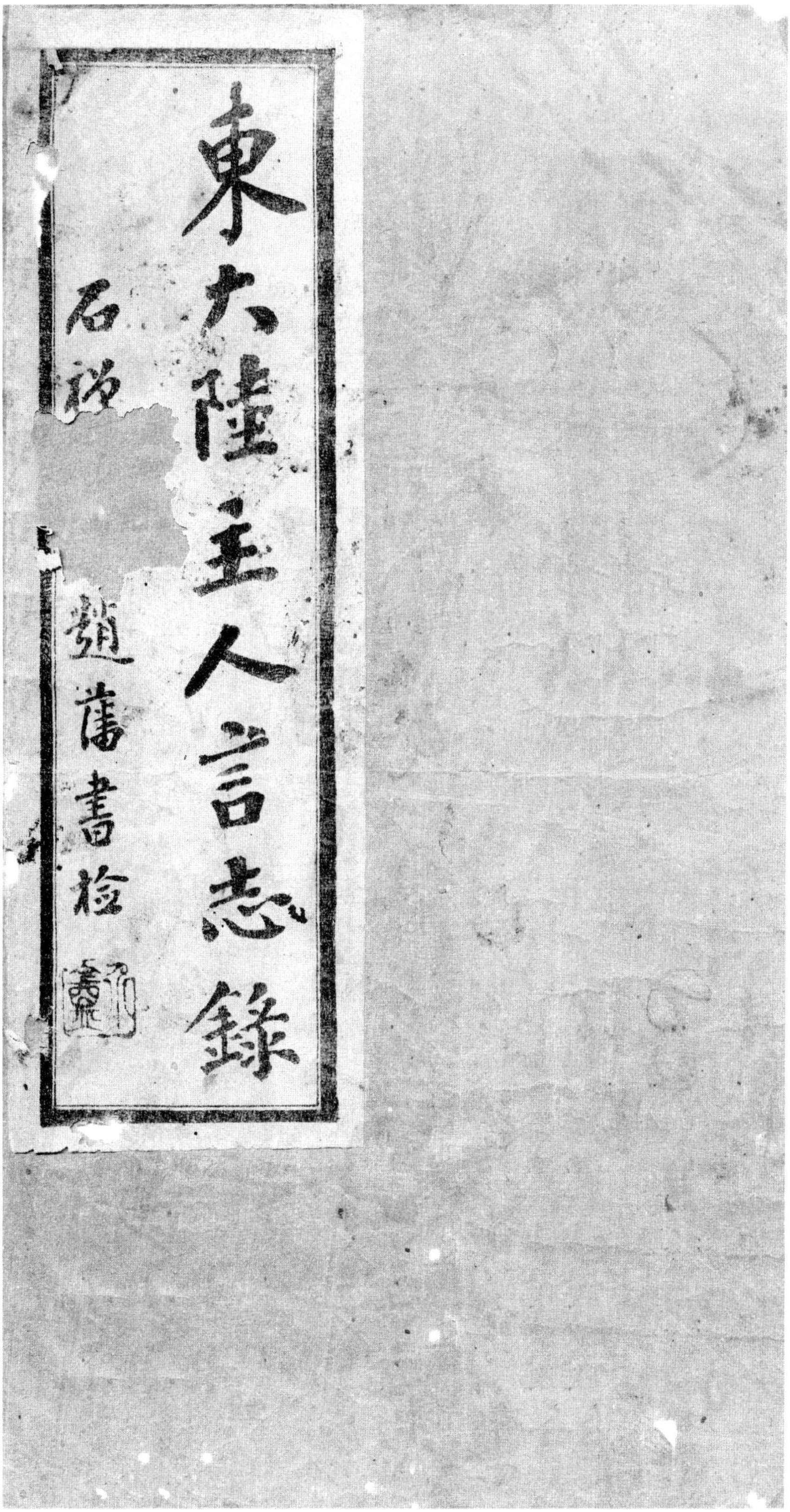

東大陸主人言志錄

石禪　趙藩書檢

震動乾坤奮一椎橫搖詩筆
萬魔摧老夫醉酩麻茶眼金
碧英靈見此才　七律詩翁編
九州骨孱氣綏調咿嗄蘐揮
大志風雷噎曠古吟壇放一頭

石禪老人趙藩讀過拜題

題詞

研席光陰二十年海山長嘯碧霞天與君
共訂擔簦約琨逖聞雞快著鞭
蒼茫一片五華雲更立黔中不世勳我愧
留侯决帷幄燕然石勒漢將軍
狂瀾手挽洗天河晨草軍書夜放歌試問

枚皋馳檄士古今才力較如何
武達文通兩擅長一編詩草自堂堂平原
絲繡洛陽紙雄跨當年郭定襄
民國五年夏墨江庚恩暘未定草

詩言志歌永言尼父所存三百篇大抵賢聖言志之所為作也自國風降為離騷離騷降為漢魏雖淵源相接而體製日新迄於六朝三唐遞相嬗變絺章繪句叶韻調聲半皆流連光景之作以視風雅性靈滂沛寸心者駸駸衰替矣然在文人詞客適

以自成其一家之言至於豪傑挺生天才縱逸隨意抒寫亦足令銅琵琶鐵綽板高唱入雲此則姿稟既異懷抱特殊不婥婥於詞句聲律之末而縱横跌宕自有節奏如岳忠武戚南塘輩皆是也東大陸主人自妙年游學志趣不凡往往流露於歌詠

公至久謂同學諸子將以斯錄付梓俾人
手一編時時如親教言得勉志公之所志
屬一言弁首因並道其景慕如此

普定任可澄序

自武漢首倡光復之業吾黔亦繼滇湘而起不幸宵小貪天竊權毒痛遂徧於全省會澤蓂賡唐公不忍泣庭之請提一旅之衆扶義東來指揮騷除不崇朝而黔事大定黔人想望丰采僉於公武功之盛稱道弗衰可澄迻叅帷幄知公局量深宏迥絕

儔侶而恂恂有儒者氣象實不僅以將畧見長顧猶未知其能詩也已而趙君鼎成持言志録一卷見示則公東遊以來之所作也展誦之餘覺其魄力之雄毅與夫懷抱之偉大往往流露於言外殆不屑屑與詞人墨客爭一字句之短長而浩浩落落

直抒其海涵地負之匈臆者歟乃知茲平
黔亂特小試其端曾未竟公志之什一又以
見豪傑之士能自樹於斯世者胥自平昔
之積累而來其蘊蓄愈深者則其成就愈
益大而絶非可於倉卒旦暮間茍焉以倖
致者也趙君前肄業滇講武學校親炙於

中歸國以来疊遘艱難時多伉爽激昂之句卒之建樹偉奇志與言應皆豈尋常盾鼻磨墨自矜博贍者所及耶乙卯之冬舉兵護國聲名震爆海内外販夫走卒無不知有東大陸主人者海上志士瞻慕神馳屢函索詩於主人主人謙不欲與儕友輩

此葉前原書缺半葉

一冊慫恿乃出言志錄一册屬幕中校印
分餉國人余謂是錄在數年前讀之幾疑
多涉想之詞而自今日觀之則所言皆實
錄也於是而歎主人之志倜乎遠矣
民國五年五月五日姚安由雲龍謹叙

東大陸主人言志録

乙巳夏日偶成

莫對青天嘆奈何掃開憂憤且狂歌壯心
百鍊鋤羣醜寶劍雙飛碎衆魔鑄造蒼生
新模範安排黄種舊山河澄清事業尋常
舉歐亞風雲亦太和

九日步友人韻

沈陸神州最可傷又逢佳節更愁腸黃花不管人間恨猶向疏籬放晚香

平生不解賦離騷高唱軍歌氣自豪菊酒優游等閒事金章寶劍此登高

霸權東亞幾時成破碎江山魂夢驚掬得

太平洋上水快兮霖雨潤蒼生
美雲撩亂歐風狂話到中原淚幾行多少
光陰忙裏過秋風容易又重陽

有感

救亡多半屬青年痛苦投閒萬里天默禱
神州多豪俊暗鋤心地少塵緣、癡情皓齒

歌長恨抱痛蒼生哭倒懸寶劍光芒征馬
壯馳驅大地快揚鞭

松雪

一夜東風雪未消爭春桃李總蕭條平生
勁節超凡卉任是天寒也後凋

入浴書感

身心滌淨竟何如不埽胡塵豈丈夫試向
太華峯頂望淡然山水有曾無

戊申元日

世態炎涼恨未均蒼生多少竟憂貧雄心
起舞劉琨劍揞代天公削不平
十年心事萬夫雄聲滿雲霄氣吐虹歲月

頻增天妬我勞勞戎馬又春風

仲春大雪

百卉爭春太不平梨花濃重柳花輕大公

最是寒天雪點綴乾坤一樣清

雪中偶成時戊申冬月

乾坤一色混西東悟到人間萬事空剩水

殘山憐子弟短刀長劍老英雄龍蛇大陸寒風外鷗鷺前溪暮靄中自煮麥羹聊解渴平生甘苦與人同

游兼六公園

松煌竹霧碧鄰鄰石上青苔不染塵一樹海棠開最晩萬花叢裏獨精神

登卯辰山

足穿雲屐手捫天萬壑犇山羅眼前江海

無涯流不斷年年化雨潤人間

己酉春往杏雲看湘溪病登樓晚眺

同病相憐情益厚且相携手一登樓清風

松葉參僧偈夜月梅花笑杞憂山影亂畔

心自靜濤聲洗耳興偏幽他年雙試飛龍
劍談笑新開第一洲

春夜看劍

挑燈看劍意偏雄質鍊精金氣化龍霹靂
一聲飛出匣八千子弟快從風

壯陸旅夜

澎湃濤聲愁鬼神蓬廬風雨夢無因挑燈
一讀英雄史圓虎池龍笑古人
一片精誠祇為公崙華事業亦平庸酒闌
笑拔飛龍劍千古興亾在眼中

游韓感賦

悲水愁山幾斷腸天公何獨罪東方蒼生

苦惱人相食猶自笙歌祝虎狼
衣冠猶是漢威儀對此如何不淚垂大陸
龍騰三萬里快分霖雨潤藩籬
漢城感閔妃事
宮花苑草不成春慘淡當年舊血痕龍劍
橫飛歐亞日仇人肝膽慰英魂

奉天車中

怪得東方逞虎狼江山大好醉人腸男兒
若遂生平願也應從容併八荒

游兼六公園

石欄杆外草如茵艸上春歸酒半巡山鳥
爭鳴求友切家雞高唱喚人親縱橫恠石

怒濤急爍爛幽花初日新非霧非烟天際
海蛟龍来雨山潛身

中秋

六年書劍老瀛洲佳節良辰付水流耿耿
寸心明似月暢懷何必定中秋

中秋憶碩權

刎頸談心交以神三秋一日黯銷魂解情
最是天邊月替我津門照故人

中秋游京都萬生園並壽古霞三十初
度步琴山韻

縱酒狂歌百丈樓江山滿眼到中秋才消
舊趾三千載人是中原第一流紅袖有心

添我恨黄花無語助人游欲窮曠世男兒
眼立馬崑崙最上頭
柳絲萬縷復千條暮暮朝朝拂畫橋大陸
國魂摧殆盡中原王氣未全銷名花好鳥
誇新圃剩水殘山問舊朝多少憂愁暫拋
卻暢懷權聽玉人簫

他年舉世慶天長喚起嬋娟詠羽裳解脱
慈悲邊佛子潔清身世水仙王茶香花媚
談金粉月白燈紅話玉堂後起英雄偏偉
大前人富貴笑汾陽
功名塵土漫相誇要種神州第一花白玉
欄杆秋玩月青燈樓閣夜評茶婆心愛國

真天性細語親人慧齒牙最是多情楊柳
樹深宵猶送美人車

古霞以西湖紀事詩見示依韻和之
珠簾漫捲靜無風燭影花光雨映紅臺榭
歌聲小兒女江山霸氣老英雄六橋桑柘
關心遠萬古乾坤放眼空峻德何年親百

姓堯天雨露遠追蹤

九日步古霞誌恨原韻

大江水淺隱蛟龍静伺風雲塞太空霹靂

一聲歐亞震崑崙立馬睨羣雄

萬種憂愁暫掃開漢家何代無雄才使右

與我都年少好把江山扶轉来

秋夜偶成

寒驚窗外露涓涓憶到羣生欲問天刀斗
無聲屯戍寂高懸秋月照人眠

北陸大雪留別古霞

萬笏奇山一樣新彼蒼膏澤徧斯民短刀
長劍闢天地舊耻新愁泣鬼神世界無情

悲且憤人間有事僞耶真茫茫大陸知交
別約醉中華第幾春
京奉車中
廿年白眼望中華水剩山殘未足嗟一着
我衣償夙願江山無主盡儂家
步琴山弔大沽韻

天地悠悠一戰場龍驤虎踞鑄興亡雄才
何日舒民困妙手他年治國殤廢壘久荒
邊將守長城枉笑古人防狂瀾應是男兒
挽併亞侵歐自主張

偶感

雙瞳日月視坤球天下安危足運籌睨古

睥兮偏亭重撐天持地亦優游馬蹏怒踏
山河小龍劍橫飛神鬼愁意自公平心自
潔均分霖雨潤滄洲
過越南
萬樹桄榔一曲歌斜陽逕處過紅河江山
錦繡蒼生苦不出斯人奈爾何

乙酉冬旋里馬上得句

連年心事繫中華書劍飄零未顧家野老
天真真爛漫欣然猶自賣茶花
危山立馬望西歐富貴功名肯自求楊柳
千條山萬仞六年猶記故人不
肩輿過處靜無風流水情多送客蹤自喜

湖山真大好天然形勢亂蛟龍
庚戌正月昆明道中偶成
磊落襟懷唱大同昆池水淺且潛龍顧銷
天下蒼生苦都入堯雲舜雨中
雄才幾輩傲崙華千古功名未足誇蔓草
他年收拾淨江山裁徧自由花

寄内

歸来萬里話離衷月影當牕燭影紅又唱
驪歌魂欲斷海棠花下立春風
花滿中庭月滿樓雙燒紅燭看吴鈎神州
從此常多事兒女英雄兩莫愁
飄得青羅盡淚痕果然離別最銷魂憐卿

十三

誤嫁封侯壻辜負年華慣遠征
茶綠燈紅夜欲闌肝腸説盡倚欄杆芳心
一點長相憶明月天涯同樣看
黄衫翠袖兩多情並倚紅樓話此生大陸
縱橫九萬里倉皇戎馬忍忘鄉
雪山萬壑盡中華桃李情高徧著花點綴

乾坤都一樣橫行到處可爲家

餞春

楊柳陰濃策馬過籌邊樓外壯軍歌
笑傲乾坤小肯對春光喚奈何
江山無限亂飛花怨蝶悲蜂各自嗟
紅稀春去也不知今夜在誰家

海塡木石學精衛魂怨江山叫子規解事
最憐嬌兒女五更燈火照書帷
蒼天有意老英雄空負韶華劍未功流水
落花人更遠豪情也自怨東風

三月步韻松諸君西山紀游原韻

江山高聳百層樓俯笑池龍説壯游千古

興亡終一夢歐風亞雨幾經秋

五月送協和赴蜀

蓋世雄才誰與傳祇應砥砫作中流登高
一笑昆明水江海蛟龍貯得不
肝膽交情贈寶刀偕行舊誼詠同袍龍驤
虎踞山河壯留與他年説二豪

蒼生塗炭最堪憐淚灑天涯又七年寶劍
同磨江户水聯床夜夜語中原
不必臨歧作嘆嗟滇池蜀道盡中華曠懷
舉世皆兄弟處處江山總是家
六月預計秋季演兵事夜宿宜良法明
寺有感

狐城鼠社總依然東海歸来又一年壯志
豪情銷欲盡蛟龍困水自傷憐
曉鐘響徹五雲高天外諸山影動揺笑指
眼前綠楊郭夕陽流水度前朝
仲秋與少蘭諸君子泛昆明湖
湖山嬌媚累英雄萬種俠情人語中莫笑

菱花無傲骨也撑清節睨秋風
馬蹏飛渡五更霜萬頃波濤曉日黄對此
風光無限恨聊將濁酒洗愁腸
寶劍由来最解情匣中常作不平鳴光芒
欲奪清秋月惹起蛟龍海上聽
百尺樓臺壯大觀瀟瀟雨歇一憑欄豪情

欲把昆明水滌盡中華萬里山

九日

男兒慷慨賦同袍佳節年年誤寶刀菊酒一杯書一卷殘山剩水此登高

籬下黄英豔吐霞宜人偏在淡生涯精誠擔與西風戰傲骨磷磷晩萬花

蓼疏花散盡成秋萬里江天一釣舟豈是
浮名拋未得達觀猶自笑封侯
壯略南侵未足誇神州也放自由花昆明
湖上滄波遠潤我蒼黎萬萬家

除夕

烈霜寒月兩相宜餖凍梅花第一枝骨格

精神超萬卉勸君莫看未開時

嫖姚博望未為功浩浩披襟賦大風試向
崑崙頭上望羣山低首拜英雄

辛亥春正偶成

男兒鬚短苦心長手破天荒未足狂有限
河山妨虎變無邊風雨助龍驤義持鉄血

新時局劇演興衰幾帝王五夜捫心眠不得披衣躍馬太華望

三月與松波諸右游曇華寺

滌將心鏡淨無瑕照遍人間億萬家不是阿儂偏太苦四方多難忍看花

不出斯人又一年莫將心事問青天春風

也感蒼黎苦紅徧山山泣杜鵑

憶舊遊地 六月

一笑達觀事有無平生肝膽與人殊號風
怒浪舟偏穩薄海從来少丈夫
無限江天一水樓萬家燈火俯星流年来
欲覓銷愁處菡萏花深小釣舟

古柏蒼梅傲歲寒高情留與世人看豪歌
纔罷狂呼酒萬丈垂綸一釣竿

五月寄内

擡洗江山戰血腥神州沈陸每傷情不甘
鸞鏡甘戎馬夫壻英雄太負卿

夏日感事用己酉中秋韻

花欲倚欄人倚樓無端風雨怕成秋乾坤
事物飛雲幻今古功名逝水流每到窮時
偏坦蕩翻於恬處見優游曠懷斯世都平
等何事馨香最上頭
九龍溪畔柳條條月榭風亭近小橋戎馬
功勳人未老沙蟲劫運血難銷君肥民瘠

悲千載鼠鬥蛙爭誤幾朝滿眼瘡痍生意
盡聲敲愁聽賣餳簫
狂笑城誇萬里長何教列國拜冠裳胸襟
欲化今歐亞眼孔曾卑古帝王東土霸權
原泛泛中天揖讓自堂堂蒼天畢竟無偏
倚到眼江山總向陽

二十

堯陶舜鑄縦堪誇到底功名總鏡花小閣
人豪閒看劍深閨兒女笑談茶祇應天上
摶鵬翅漫與人間鬥鼠牙獨立蒼茫無罣
礙歸田何必羨高車

又六月行軍自感

層峯疊嶂步雲霞歌詠歸来興倍賒鼓角

争鳴人意壯旌旗高襯夕陽斜風前磨劍
權招月雨後携鋤且種花知是池中藏不
得飛從天際覷崙華
肝膽交人搘此生世人偏濁我偏清捫心
未短英雄氣愛國終源兒女情宿雨餐風
新趣味空花幻影舊功名輕裘緩帶閒題

句又聽蕉牕夜雨聲
刁斗聲寒玉漏遲平生事業問良知模王
範帝何堪羨侵水略山未足奇庭院有花
應有月屯營無事自無爲神州大局憑誰
挽塗炭生民太不宜
戰馬嘶風意氣豪自將流水壯磨刀英雄

西漢誇三傑兒女東吴説二喬過眼風光都泛泛驚心歲月去滔滔年来誓滌江山垢要捲滄溟萬頃濤

中秋

月滿乾坤花滿樓今宵容易又中秋天公不管人心急祇促年華付水流

襟懷皎潔月同清不為秋來分外明瞰破
塵寰九萬里但憑肝膽照蒼生

九月二日

風雨連宵意若何秋深江上老龍過心甯
草木廿同腐氣作星辰豈易磨畧水侵山
嫌地少撥雲挑霧見天多人間富貴塵沙

二十三

視肯爲功名效枕戈

壬子北伐行營

羅列諸峯放杏花春光偏在野人家三軍
豪氣冰應解萬姓歡迎意轉嗟大地風雲
嘶駿馬胡天雷雨嘯龍蛇澄清事業尋常
舉一戰功成未忍誇

行營寄内

無端花鳥又春風天意催人演大同別債十年償不得深深閨應怨海棠紅

餞春

一杵疏鐘曉夢醒乾坤到處送春行離愁種種銷難盡別債年年積更深飛絮彌天

猶引蜨落花匝地怕聞鶯留卿不得憑卿
去天性纏綿恨此生

由黔移師督滇道中偶成

甲馬旌旗又此行兩年依舊一身輕山花
放卷情常定林鳥飛投意總誠歷史千秋
留泡影神州百戰盡蝸爭瘡痍滿地何年

補慚愧前途父老迎

薄海風潮一劍擔萬山雪月又天南須知

平坦前途穩莫道崎嶇世路難蓋世才從

達處老極天事亦夢中參孕虞育夏尋常

事桑梓歸來酒正酣

甲寅冬月南巡

二十五

漫滌心田別樣新百年依舊此天真蒼茫
塵海應無我澎湃風濤且渡人蕉葉池塘
波卷綠櫻花陌路樹藏春達觀一覺紅塵
夢流水飛雲證夙因
人海蘋飄路欲迷靜觀纔見道心徹揭開
宿霧羣山在飛淨浮雲塵世低戰馬驕嘶

旌鼓壯村農憨喜稻粱肥卅年書劍愁將
老不為蒼生早賦歸
一覺人寰夢未闌祇因談笑挽狂瀾彌天
荆棘刋刪易滿地瘡痍補救難布德恩丁
服桀向宣威介子斬樓蘭西風木葉蕭蕭
去剩有長松傲歲寒

游華亭寺時甲寅十二月

如此江山畫不成萬家燈火勢縱横艱難

國步行猶易涸溺人心洗要清豈是池龍

廿水淺寗知天馬視山平林中一綫邊城

小眼底浮名未足爭

乙卯夏日病中偶成

闢天龍劍作雷鳴底事蒼穹太不平渺渺
塵心天地老茫茫正氣日星明河山遙控
八千路貔虎何難百萬兵臺沿他年三島
上櫻花樓閣笑聞鶯
重任輕擔一病肩飄然裘帶當林泉自觀
五蘊都成幻境到三清始見天燕子泥啣

悲憫人空老舉世沈淪杞獨憂熱血不禁
真愛國冷心翻笑假封侯靜觀一悟曲肱
樂身在天風最上頭
江山放眼誰為主大地滔滔任我行事業
英雄甯有種功名王霸總無情千章老樹
饒生意百尺寒潭訂舊盟舉世由來平等

力問心吾自勵吾生
少年未醒浮雲夢亦復雄心賦大風柏老
彌堅寒歲節花開不減舊年紅模王範帝
今猶昔鎖利韁名色是空睡起披襟狂笑
傲一竿煙月釣潭龍
飯罷從容理釣舟浮生大夢儘風流頻年

新雨後蜂兒花摘曉風前無端救世心偏
熱梧月蕉雲且暫眠

七月黑龍潭養痾

秋来河事有龍鳴小視神州削要平亞陸
風雲原是幻歐州波浪不須驚他年放膽
重經國此日開誠且治兵日馭回天鞭有

看擔憑肝膽照蒼生

大地春風騰驥足

一天雲路展鵬程

抱甕灌園花木何殊沾雨澤

煮粱釀酒饗儐瑞不獻糟糠

翠栢繞新居時聽鳴鳩鳴一詞

林園多種白且尋鵲鴿談天聊

國運興隆惟有治美政平民安物阜

第風移移不外文蔚子孫光大宗恭

附録：洱源縣圖書館藏古籍書目

經部

題名卷數	著者	版本（帶補配）	版式	存卷
四書典林三十卷	（清）江永修	清同治十年（一八七一）刻本	四周單邊	存三卷（二五—二七）
五經味根録三十八卷	（清）劉昌齡撰	清光緒十八年（一八九二）上海同文書局石印本		
經學輯要二十四卷	（清）李鼎祚集解	清光緒十四年（一八八八）上海點石齋石印本		存二十四卷
五經備旨十二卷	（清）鄒聖脈纂集	清光緒十七年（一八九一）京都樂善堂銅活字本		存十二卷
春秋左傳注疏六十卷	（晉）杜預注 （唐）孔穎達疏	清嘉慶二十年（一八一五）江西南昌學府刻本		
詩經備旨八卷	（清）鄒聖脈撰	清光緒十二年（一八八六）上海點石齋石印本		存六卷（三—八）
詩經備旨八卷	（清）鄒聖脈撰	清光緒十二年（一八八六）上海點石齋石印本		存二卷（五、六）
詩經恒解六卷	（清）劉沅注	清光緒三十一年（一九〇五）北京道德學院鉛印本		存五卷（一、三—六）

續表

題名卷數	著者	版本（帶補配）	版式	存卷
春秋三傳二十卷	（明）萬淺原纂輯	清光緒五年（一八七九）雲南書局刻本	十一行二十二字白口四周單邊	存五卷
春秋三傳十六卷	（明）萬淺原纂輯	清光緒五年（一八七九）雲南書局刻本	十一行二十二字白口四周單邊	存四卷
春秋三傳二十卷	（明）萬淺原纂輯	清光緒五年（一八七九）雲南書局刻本	十一行二十二字白口四周單邊	存十一卷
詩經八卷	（宋）朱熹集傳	清刻本	九行一七字白口四周單邊	存五卷（一、三、四、六、八）
硃套禮記易讀四卷	（清）末鹿堂主人題	清道光二十八年（一八四九）宏盛堂三色套印本		存四卷
周禮政要二卷	（清）孫詒讓撰	清光緒二十九年（一九〇三）上海廣通書室鉛印本		存二卷
評點春秋綱目左傳句解六卷	（清）韓菼重訂	清刻本	九行二十二字白口四周單邊	存四卷（三—六）
四書五經義續編□□卷		清光緒二十八年（一九〇二）博文書局刻本		存一卷（一）

續表

題名卷數	著者	版本（帶補配）	版式	存卷
書經六卷	（宋）蔡沈集傳	清刻本	八行十七字白口四周雙邊	
春秋左傳五十卷	（晉）杜預注 （唐）陸德明音義	清光緒三十四年（一九〇八）上海商務印書館石印本		存五十卷
四書十八卷	（宋）朱熹集注	清江南李光明莊刻本		存十八卷
十三經注疏附校勘記十三種四百十六卷	（清）阮元校刻	清光緒十三年（一八八七）上海脤望仙館石印本		存三百二十六卷（尚書一—二〇、尚書注疏校勘記一—二〇，周易兼義一—九、附音義一、周易注疏校勘記一—九，附釋音毛詩注疏一—二〇、毛詩注疏校勘記一—二〇，附釋音周禮注疏一—四二、周禮注疏校勘記一—四二，儀禮一—五〇、儀禮校勘記一—五〇，禮記一—四三）
增補五經備旨精萃四十五卷	（清）鄒梧綱纂輯	清刻本	十一行白口四周單邊	存二十二卷（春秋備旨三—一二，詩經備旨一—六，書經備旨二—三，易經備旨一、四，禮記備旨三、六—七）

續表

題名卷數	著者	版本（帶補配）	版式	存卷
增補五經備旨精萃四十五卷	（清）鄒梧岡纂輯	清刻本	十一行十九字白口四周單邊	存九卷（易經備旨一—二，書經備旨一—七）
春秋左傳五十卷	（晉）杜預注釋 （宋）林堯叟注釋	清光緒十一年（一八八五）掃葉山房刻本		存十六卷（二〇—二四、二八—三四、四七—五〇）
評點春秋左傳綱目句解彙雋六卷	（清）韓菼重訂	清刻本		存二卷（二、五）
增補五經備旨精萃四十五卷	（清）鄒梧岡纂	清刻本	十一行白口四周單邊	存七卷（詩經備旨三—四，易經備旨三—四，書經備旨五—七）
論語註疏解經二十卷	（魏）何晏集解	清嘉慶二十年（一八一五）南昌府學刻本		
十三經註疏附校勘記十三種四百十六卷	（清）阮元校刻	清光緒三十年（一九〇四）脈望仙館石印本		
十三經註疏附校勘記十三種四百十六卷	（清）阮元校刻	清石印本		存五十四卷（毛詩註疏九—二〇、尚書註疏一—一五、周禮註疏一—一二、春秋左傳註疏一—一五）

續表

題名卷數	著者	版本（帶補配）	版式	存卷
周易四卷	（宋）朱熹本義	清光緒五年（一八七九）雲南書局刻本		存四卷
易經離句解四卷	（清）李盤銘輯著	清光緒十一年（一八八五）安順至寶堂刻本	十一行二十五字白口四周單邊	存四卷
禮記備旨十一卷	（清）鄒聖脈輯	清石印本	白口左右雙邊	存八卷（一—五、八—一〇）
易經類駢一卷卦名一卷衆説一卷	（宋）程頤注	清光緒二年（一八七六）京都琉璃廠刻本	八行二十字白口四周雙邊	存三卷
附釋音周禮註疏四十二卷附校勘記四十二卷	（漢）鄭玄注（唐）陸德明疏	清嘉慶二十年（一八一五）江西南昌府學刻本	十行十六字白口左右雙邊	存八十四卷
春秋左傳左繡三十卷首一卷	（晉）杜預撰（唐）陸德明集釋（清）馮李驊輯	清宣統三年（一九一一）上海會文堂刻本	十三行三十四字白口四周雙邊	存三十一卷
太史張天如詳節春秋綱目左傳句解彙雋六卷	（清）韓菼重訂	清刻本	十一行十二五字小字雙行二十六字白口左右雙邊	存二卷（四、五）
書經體注圖大全六卷	（清）錢希祥輯	清光緒十年（一八八四）善成堂刻本	白口左右雙邊	存四卷（一、四—六）

續表

題名卷數	著者	版本（帶補配）	版式	存卷
皇清經解（存一百十八種）	（清）阮元編	清光緒十三年（一八八七）石印本		存八百八十五卷
四書五經義策論續編不分卷	（清）崇石齋編	清鉛印本	十一行三十字白口四周雙邊	
四書合講十九卷	（清）翁複編	清同治八年（一八六九）善成堂刻本	白口左右雙邊	存十九卷
經場捷訣七種十八卷	（清）吕國鈞編	清光緒十九年（一八九三）上海蜚英書局石印本	白口四周雙邊	存十四卷（易經四卷、書經集句二卷、書經禹貢通考二卷、詩經集句二卷、春秋題解類編四卷）
周禮精華六卷	（清）陳龍標輯	清光緒刻本	十五行二十字白口四周雙邊	存三卷（二、三、六）
寄傲山房塾課纂輯御案易經備旨七卷	（清）鄒聖脈輯 （清）鄒廷猷編	清石印本	白口左右雙邊	存四卷（四—七）
新增詩經補注附考備旨八卷	（清）鄒聖脉纂輯	清宏盛堂刻本	白口四周雙邊	存二卷（一、六）
易經體注大全合參四卷	（清）李兆賢輯	清學源堂刻本	白口	存四卷
尚書離句六卷	（清）錢在培輯解 （清）劉梅坨鑑定	清曲靖啓賢堂刻本	十行二十四字白口左右雙邊	存五卷（一—三、五—六）
論語十卷	（宋）朱熹集註	清刻本	白口左右雙邊	存二卷（六、七）

續表

題名卷數	著者	版本（帶補配）	版式	存卷
四書正蒙三辨□□卷	（清）佚名撰	清光緒刻本	七行十六字白口	存一卷
孝經註疏九卷	（唐）李隆基注	清咸豐七年（一八五七）橦藹書屋刻本		存九卷
孝經註解一卷	（唐）李隆基注	清光緒六年（一八八〇）雲南書局刻本	九行二十字白口四周雙邊	存一卷
四書辨真四種	（清）佚名編	清刻本	九行十八字白口四周單邊	
新增四書備旨靈捷解□□卷	（清）張素存著（清）鄒蒼崖增補	清刻本	十二行二十四字白口四周單邊	存一卷
春秋三傳二十卷	（明）萬湵原撰	清光緒五年（一八七九）雲南書局刻本	十一行二十二字白口四周單邊	存五卷
四書考輯要二十卷	（清）陳宏謀輯	清刻本	十一行二十字白口四周雙邊	存一卷（一八）
四書發註□□卷	（宋）朱熹集註	清刻本		存二卷（二、三）
附釋音毛詩註疏二十卷附校勘記二十卷	（漢）鄭玄箋（唐）孔穎達疏	清嘉慶二十年（一八一五）江西南昌府學刻本		存三十八卷
康熙字典十二種附總目檢字辨似等韻備考	（清）張玉書纂（清）奕繪重修	清道光七年（一八二七）刻本		

續表

題名卷數	著者	版本（帶補配）	版式	存卷
禮記十卷	（元）陳澔集説	清同治刻本	八行十七字白口四周雙邊	
詩經精華十卷	（清）薛嘉穎撰	清刻本	十一行十六字白口四周單邊	
新刻書經備旨輯要善本六卷	（清）馬大猷輯 （清）馬寬裕編	清刻本	九行二十四字白口四周單邊	存一卷（四）
詩韻全璧五卷	（清）湯文璐編	清石印本		存一卷（一）
詩韻合璧五卷	（清）湯文璐編	清光緒十三年（一八八七）鉛印本		存一卷（三）
新刊校正增補圓機詩韻活法全書十四卷	（明）王世貞校	清刻本	十一行二十九字小字雙行同白口四周單邊	存六卷（一—四、八、一三）
五方元音二卷	（清）樊騰鳳撰	清刻本	十行二十字小字雙行同白口左右雙邊	存二卷
十三經集字摹本	（清）彭玉雯纂刊 （清）萬青銓校正	清道光二十九年（一八四九）刻本	五行五字上下黑口四周雙邊	存六卷（爾雅、詩經、孟子、禮記、易經、大學）
四書引解二十六卷	（清）鄧柱瀾纂輯	清刻本	九行三十字小字雙行同白口四周單邊	存二卷（二、三）

續表

題名卷數	著者	版本（帶補配）	版式	存卷
御纂周易折中二十二卷首一卷	（清）李光地纂	清光緒十六年（一八九〇）雲南書局刻本	白口四周雙邊	存十五卷
附釋音尚書註疏二十卷附校勘記二十卷	（唐）孔穎達疏	清光緒三十年（一九〇四）點石齋印書局石印本		存二十卷（註疏一—一〇，校勘記一—一〇）
佩文韻府一百六卷	（清）張玉書編	清石印本	白口四周雙邊	存十二卷（七—一八）
欽定儀禮義疏四十八卷首二卷	（清）鄂爾泰撰	清光緒十六年（一八九〇）雲南書局重印刻本	八行不等白口四周雙邊	存一卷（一二）
十三經策案二十二卷	（清）喻祥麟編	清同治七年（一八六八年）京都琉璃廠刻本		
欽定春秋傳說彙纂三十八卷首二卷	（清）王掞等撰	清光緒十六年（一八九〇）雲南書局刻本	十六行二十二字白口四周雙邊	存四十卷
欽定春秋傳說彙纂三十八卷首二卷	（清）王掞等撰	清光緒十六年（一八九〇）雲南書局刻本	十六行二十二字白口四周雙邊	
欽定春秋傳說彙纂三十八卷首二卷	（清）王掞等撰	清光緒十六年（一八九〇）雲南書局刻本	十六行二十二字白口四周雙邊	

續表

題名卷數	著者	版本（帶補配）	版式	存卷
欽定書經傳説彙纂二十一卷首二卷書序一卷	（清）王頊齡等纂	清光緒十六年（一八九〇）雲南書局刻本	十六行二十二字白口四周雙邊	存十七卷（書序一，一—二、四—九、一二—一三、一七、一九—二一）
欽定書經傳説彙纂二十一卷首二卷書序一卷	（清）王頊齡等纂	清光緒十六年（一八九〇）雲南書局刻本	十六行二十二字白口四周雙邊	存二十一卷（首二卷，書序一卷，一—二、四—一一、一四—二一）
欽定詩經傳説彙纂二十一卷首二卷詩序二卷	（清）王鴻緒等撰	清光緒十六年（一八九〇）雲南書局刻本	十六行二十二字白口四周雙邊	
十三經注疏附校勘記四百十六卷	（清）阮元編	清刻本		存二百四十六卷（春秋公羊註疏一九—二八、公羊校勘記一—二八，儀禮一五—五〇，附釋音春秋左傳註疏一六—三〇，附釋音禮記註疏一四—四三、五九—六三，附釋音禮記註疏校勘記一—六三，附釋禮註疏三九—四二，附釋音周禮註疏校勘記一—四二，附釋音毛詩註疏九—一六，附釋音尚書註疏一六—二〇，附釋音尚書註疏校勘記一—二〇）

續表

題名卷數	著者	版本（帶補配）	版式	存卷
欽定詩經傳説彙纂二十一卷首二卷詩序二卷	（清）王鴻緒等撰	清光緒十六年（一八九〇）雲南書局刻本		存十四卷（詩序下、一—六、八、一〇、一三、一五、一九—二一）
康熙字典十二集三十六卷總目一卷檢字一卷辨似一卷等韻一卷備考一卷補遺一卷	（清）張玉書等纂修（清）奕繪等重修	清道光七年（一八二七）宏道堂刻本		存四十一卷
春秋□□卷首一卷		清刻本	白口四周單邊	存八卷
禮記述解闡備彙參十五卷	（元）陳澔集注	清光緒刻本	白口四周單邊	存五卷（一一—一五）
爾雅音義二卷	（唐）陸德明撰	清刻本		存二卷
四書引解□□卷	（清）鄧柱瀾輯	清刻本	九行三十一字小字雙行同白口四周單邊	存三卷（一五—一七）
新訂詩經備旨附考八卷	（清）陳抒孝輯	清刻本	白口四周單邊	存三卷（三、四、五）
禮記易讀□□卷	（清）志遠堂主人輯	清刻本	白口四周單邊	存一卷（一）
書經六卷	（宋）蔡沈集傳	清光緒五年（一八七九）刻本		存三卷（二、三、六）
御案詩經備旨八卷	（清）鄒聖脉纂輯	清安順同知巷陳焕文堂刻本	白口四周單邊	存二卷（一、二）
御纂周易折中二十二卷首一卷	（清）李光地纂	清光緒十六年（一八九〇）雲南書局刻本	白口四周雙邊	存十三卷

續表

題名卷數	著者	版本（帶補配）	版式	存卷
易經體注大全合參四卷	（清）李兆賢輯	清刻本		存二卷（三、四）
書經六卷	（宋）蔡沈集傳	清光緒五年（一八七九）刻本		存五卷
詩經體注大全合參八卷	（清）高朝瓔撰 （清）沈世楷輯	清刻本	白口四周單邊	存一卷（三）
爾雅注疏十一卷	（晉）郭璞注	清光緒二十一年（一八九五）渝城善成堂刻本		存十一卷
小學集解六卷	（清）張伯行纂輯	清光緒刻本	九行二十字白口四周雙邊	存一卷（六）
儀禮注疏五十卷校勘記五十卷	（唐）賈公彥撰	清嘉慶二十年（一八一五）江西南昌府學刻本		存一百卷
十三經策案二十二卷首一卷	（清）王謨彙輯 （清）喻祥麟編	清京都琉璃廠刻本	十行二十字	存二十三卷
寄傲山房塾課纂輯御案易經備旨七卷	（清）鄒聖脈纂輯 （清）鄒廷猷編	清光緒十三年（一八八七）刻本		存五卷（三—七）
五經義續編二卷	（清）朱銘盤等撰	清博文書局刻本	九行二十字白口左右雙邊	存一卷（二）

續表

題名卷數	著者	版本（帶補配）	版式	存卷
爾雅直音二卷	（清）孫偘撰	清光緒六年（一八八〇年）福山王氏天壤閣家刻本		存二卷
爾雅注疏十一卷	（晉）郭璞注（宋）邢昺疏	清光緒六年（一八八〇）雲南書局刻本		存十一卷
爾雅注疏十卷附校勘記十卷	（晉）郭璞注	清嘉慶二十年（一八一五）雲南書局刻本		存二十卷
五經合纂大成四十四卷	（清）佚名編	清光緒十一年（一八八五）上海鴻文書局石印本	白口四周雙邊	存二卷（書經一、二）
五經合纂大成四十四卷	（清）佚名編	清光緒十一年（一八八五）上海鴻文書局石印本	白口四周雙邊	存三十八卷（周易一—四，書經一—二、五—六，詩經三—四、七—八，禮記一—一〇，春秋一—一六）
詩經八卷	（宋）朱熹集傳	清刻本	八行十七字白口四周雙邊	存六卷（一—三、六—八）
新訂四書補注備旨十卷	（明）鄧林撰	清上海錦章圖書局刻本	十五行三十三字白口四周雙邊	存二卷
欽定詩經傳説彙纂二十一卷卷首二卷詩序二卷	（清）王鴻緒等撰	清雍正五年（一七二七）尊經閣刻本		存二十五卷

續表

題名卷數	著者	版本（帶補配）	版式	存卷
校補佩文詩韻二卷	（清）文開運輯	清光緒十五年（一八八九）刻本		存二卷
四書引解二十六卷	（清）鄧柱瀾纂輯	清刻本	九行三十一字小字雙行三十二字白口四周單邊	存二卷（一八、一九）
周易備旨詳解四卷	（明）黄淳耀撰（清）鄒梧岡輯	清刻本	白口四周單邊	存一卷（一）
十三經注疏附校勘記四百十六卷	（清）阮元編	清光緒三十年（一九〇四）石印本	二十行不等白口四周雙邊	存四卷（爾雅注疏一—二、爾雅注疏校勘記一—二）
四書古人典林十二卷	（清）江永編	清刻本	八行二十四字白口四周單邊	存三卷（五—七）
詩經精華十卷	（清）薛嘉穎撰	清光緒二年（一八七六）刻本	白口左右雙邊	存三卷（五—七）
詩經體注大全合參八卷	（清）沈世楷輯	清刻本	小字雙行不等白口四周單邊	存一卷（三）

續表

題名卷數	著者	版本（帶補配）	版式	存卷
十三經注疏附校勘記四百十六卷	（清）阮元編	清光緒十三年（一八八七）上海點石齋重校縮印本	二十行三十八字小字雙行四十六字白口四周雙邊	存二十三卷（尚書注疏一—四、公羊注疏三—四、十三經注疏附校勘記識語一—四、禮記注疏四—六、儀禮注疏一—八、爾雅注疏一—二）
欽定書經傳説彙纂二十一卷首二卷書序一卷	（清）王頊齡纂	清光緒二十八年（一九〇二）上海寶文書局石印本	二十四行五十七字白口四周單邊	存二十四卷
校補蘇氏增批孟子一卷	（清）彭德煇撰	清鉛印本	白口四周雙邊	存一卷
校補蘇氏增批孟子年譜一卷孟子一卷	（清）彭德煇撰	清鉛印本	白口四周雙邊	存二卷
知及之仁能守之莊以涖之□□卷		清刻本		
佩文韻府一百六卷	（清）張玉書等編	清刻本	十二行二十五字白口四周雙邊	
文字發凡四卷	（清）龍志澤編輯	清鉛印本	十三行三十五字白口四周單邊	存一卷（修辭學第三）

續表

題名卷數	著者	版本（帶補配）	版式	存卷
正字通十二卷	（清）廖文英輯	清刻本	五行二十字上下黑口左右雙邊	
詩韻正解六卷	（清）文開運輯	清刻本	白口四周單邊雙邊兼有	存六卷
詩韻含英六卷	（明）劉文蔚輯	清刻本	白口四周單邊	存四卷（三—六）
詩韻含英十八卷	（明）劉文蔚輯	清刻本	白口四周單邊	存四卷（五—八）
新纂五方元音全書二卷	（清）樊騰鳳撰	清善成堂刻本	十行二十一字白口四周單邊	存一卷（卷上）
韻府拾遺一百六卷	（清）張廷玉等校勘	清石印本	白口四周雙邊	存五十六卷（一—五、二三—三〇、四九—五九、七四—八九、九〇—九八、九九—一〇五）
欽定周官義疏四十八卷首一卷	（清）鄂爾泰撰	清光緒十六年（一八九〇）雲南書局刻本	白口四周單邊雙邊兼有	存四十六卷
詩韻集成十卷	（清）余照輯	清光緒刻本		存八卷（三—一〇）
韓詩外傳十卷校注拾遺一卷趙本補逸一卷	（漢）韓嬰撰（清）周廷寀校注	清光緒元年（一八七五）刻本		存十三卷
韓詩外傳十卷	（漢）韓嬰撰	清刻本	十二行二十六字上下黑口四周雙邊	存三卷（三—五）
詩韻集成十卷	（清）余照輯	清刻本	九行白口四周單邊	存二卷（三、四）

續表

題名卷數	著者	版本（帶補配）	版式	存卷
四書味根録三十七卷	（清）金澄撰	清石印本	九行字白口四周單邊	存六卷（論語七—一二）
四書正蒙三辨二卷		清刻本	四周單邊	存二卷（孟子上下）
孟子七卷	（宋）朱熹集注	清刻本	白口左右雙邊	存五卷（一—三、六—七）
孟子要略五卷	（宋）朱熹集注	清道光二十九年（一八四九）刻本	十行二十四字上下黑口四周單邊	存五卷
四書引解二十六卷	（清）鄧柱瀾輯	清刻本	白口四周單邊	存一卷（一五）
重刊宋本毛詩注疏附校勘記二十卷	（唐）孔穎達疏（清）阮元校勘	清光緒十八年（一八一五）湖南寶慶務本書局刻本	白口左右雙邊	存七卷（一—七）
春秋三傳二十卷	（明）萬淺原撰	清刻本	九行十七字白口四周單邊	存七卷（二、八—九、一一下—一二、一四—一六）
韓詩外傳十卷校注拾遺一卷毛詩陸注二卷	（漢）韓嬰撰（清）周廷寀校注	清刻本	十二行二十四字白口四周雙邊	存五卷（六—一〇）
四書正蒙三辨二卷		清光緒刻本	八行白口	存四卷
禮記十卷	（元）陳澔集説	清刻本	九行十七字白口四周單邊	存一卷（八）

續表

題名卷數	著者	版本（帶補配）	版式	存卷
禮記		清石印本	白口四周雙邊	
十三經注疏附校勘記四百十六卷	（清）阮元編	清光緒十三年（一八八七）上海點石齋重校石印本	二十行三十八字小字雙行四十六字白口四周雙邊	存九卷（周易注疏一—四、周易注疏校刊記一—四、周易釋文一）
詩經體注大全合參八卷	（清）沈世楷輯	清刻本		存三卷（六—八）
書經六卷	（宋）蔡沈集傳	清刻本	八行十七字小字雙行同白口四周雙邊	存三卷（一、四—六）
欽定周官義疏四十八卷首一卷	（清）鄂爾泰撰	清光緒十六年（一八九〇）雲南書局刻本	白口四周雙邊	存四十九卷
欽定周官義疏四十八卷首一卷	（清）鄂爾泰撰	清光緒十六年（一八九〇）雲南書局刻本	白口四周單邊雙邊兼有	
欽定儀禮義疏四十八卷首二卷	（清）鄂爾泰撰	清光緒十六年（一八九〇）雲南書局刻本	白口四周單邊雙邊兼有	存五十卷
欽定儀禮義疏四十八卷首一卷	（清）鄂爾泰撰	清光緒十六年（一八九〇）雲南書局刻本	白口四周雙邊	
四書典林三十卷	（清）江永編	清同治十年（一八七一）刻本	四周單邊	存十九卷（一—六、九—一一、一九—二四、二八—三一）

續表

題名卷數	著者	版本（帶補配）	版式	存卷
欽定儀禮義疏四十八卷首二卷	（清）鄂爾泰撰	清光緒十六年（一八九〇）雲南書局刻本	八行二十二字白口四周雙邊	存四十六卷
經藝淵海不分卷	（清）常安室主人輯	清石印本		
麗德新刻詩經正文國風		清刻本	九行二十字白口四周單邊	存一卷（一）
春秋全經左傳句解八卷	（宋）朱申注釋（明）顧梧芳較正	清道光二十五年（一八四五）令德堂刻本		存六卷（一、二、五—八）
康熙字典□□卷		清石印本		存九卷
欽定禮記義疏八十二卷首一卷	（清）鄂爾泰撰	清光緒十六年（一八九〇）雲南書局刻本	白口四周單邊雙邊兼有	存七十八卷
詩經八卷	（宋）朱熹集傳	清刻本	九行十七字小字雙行同白口四周單邊	存四卷（三、四、六、八）
欽定儀禮義疏四十八卷首二卷	（清）鄂爾泰撰	清光緒十六年（一八九〇）雲南書局重印刻本	八行二十二字白口四周雙邊	存一卷（卷首上）
寄傲山房塾課纂輯書經備旨蔡注捷録七卷	（清）鄒聖脉纂	清刻本		存一卷（一）

續表

題名卷數	著者	版本（帶補配）	版式	存卷
欽定禮記義疏八十二卷首二卷	（清）鄂爾泰撰	清光緒十六年（一八九〇）雲南書局刻本	白口四周單邊雙邊兼有	存六十八卷
欽定儀禮義疏四十八卷首二卷	（清）鄂爾泰撰	清光緒十六年（一八九〇）雲南書局重印刻本	八行二十二字白口四周雙邊	
春秋□□卷首一卷		清刻本	白口四周單邊	存一卷
欽定禮記義疏八十二卷首一卷	（清）鄂爾泰撰	清光緒十六年（一八九〇）雲南書局刻本	白口四周單邊雙邊兼有	存五十二卷

史部

題名卷數	著者	版本（帶補配）	版式	存卷
山海經十八卷	（晉）郭璞注	清刻本	十行二十字白口四周單邊	存四卷（二—五）
前漢書一百卷	（漢）班固撰 （唐）顔師古注	清同治十年（一八七一）成都書局刻本	十行二十一字白口左右雙邊	存一百卷
全校水經注四十卷補遺一卷附録二卷	（北魏）酈道元注 （清）全祖望校	清光緒刻本	下黑口左右雙邊	存九卷（四、五、二六—二八、四〇、補遺一、附録二）
左傳紀事本末五十三卷	（清）高士奇撰	清光緒鉛印本	十五行三十九字白口四周雙邊	存十四卷（三二—四五）
左傳紀事本末節録三卷	（清）高士奇輯	清鉛印本	十行二十五字白口四周雙邊	存一卷（二）
瀛寰全志七編八十卷	謝洪賚編	清光緒三十一年（一九〇五）鉛印本		存八十卷
五代史七十四卷	（宋）歐陽脩撰	清光緒元年（一八七五）成都書局刻本	十行二十一字白口左右雙邊	存七十四卷
史記導窽□□卷		清刻本	左右雙邊	存一卷（三）

續表

題名卷數	著者	版本（帶補配）	版式	存卷
皇朝文獻通考三百卷	（清）嵇璜纂（清）曹仁虎纂	清鉛印本	十六行四十三字白口四周單邊	存八卷（一六九—一七六）
地球一百名人傳三卷	（英國）李提摩太・菩岳譯	清宣統元年（一九〇九）上海廣學會石印本		存二卷（一、二）
西國近事彙編三十六卷	（美國）林樂知口譯	清石印本	二十四行四十四字白口四周雙邊	存二卷
中國地理學教科書三卷	（清）屠寄纂	清鉛印本	十行二十五字白口四周雙邊	存一卷（一）
高等小學中國歷史教科書不分卷	（清）姚祖義編	清鉛印本	十行二十七字白口四周雙邊	
欽定明鑑二十四卷首一卷	（清）托津等纂	清刻本	八行二十字白口四周雙邊	存十六卷（三—一四、一七、一八、二三、二四）
書目答問四卷	（清）張之洞撰	清光緒上海淞隱閣石印本		存一卷（經）
蒙學外國歷史教科書四篇	（清）文明書局譯	清文明書局鉛印本	九行二十字白口四周雙邊	存三卷（一—三）
鼎鍥趙田了凡袁先生編纂古本歷史大方綱鑑補四十卷	（明）袁黄編纂（清）張廷玉等撰	清刻本	十一行二十八字白口四周單邊	存二卷（二、一二）
九通分類總纂二百四十卷	（清）汪鍾霖編	清光緒二十八年（一九〇二）上海文淵書局石印本		存二卷（二一〇、二一一）

續表

題名卷數	著者	版本（帶補配）	版式	存卷
山海經十八卷	（晋）郭璞注	清光緒元年（一八七五）湖北崇文書局刻本	十二行二十四字上下黑口四周雙邊	存十八卷
汲冢周書十卷	（晋）孔晁注	清刻本	十行二十字白口四周單邊	
增補足本聖武記十卷附聖武記餘事四卷	（清）魏源撰	清道光二十六年（一八四六）和記書莊鉛印本	白口四周雙邊	存十四卷
約章分類輯要三十八卷	（清）蔡乃煌等輯	清刻本	十一行二十三字下黑口左右雙邊	存二十五卷（一上、六下、七、一三—一六、二〇—二四、二七、二九—三〇、三一下、三二、三六下、三七）
盛世危言全集十四卷	（清）鄭觀應撰	清光緒二十三年（一八九七）劍南同德會刻本	十行二十五字白口四周雙邊	存十二卷（一—七、一〇—一四）
歷代名臣言行録二十四卷	（清）朱桓輯	清光緒刻本	十行二十一字白口四周單邊	存一卷（二一）
九通分類總纂二百四十卷	（清）汪鍾霖編	清光緒二十八年（一九〇二）文瀾書局石印本	二十行四十四字白口四周單邊	
歷代名臣言行録二十四卷	（清）朱桓輯	清光緒二十四年（一八九八）石印本	二十行四十六字白口四周雙邊	存二十四卷

續表

題名卷數	著者	版本（帶補配）	版式	存卷
續西國近事彙編□□卷	（清）鍾天緯編	清光緒二十三年（一八九七）石印本		存十四卷
文史通義八卷附校讎通義三卷	（清）章學誠撰	清刻本	十行二十一字上下黑口左右雙邊	存七卷（文史卷通義三—六、校讎通義一—三）
欽定續文獻通考二百五十卷	（清）嵇璜纂	清光緒二十七年（一九〇一）上海圖書集成局遵武英殿聚珍版鉛印本	十六行四十三字白口四周單邊	存一百六十三卷（一—六、一八—一〇〇、一一四—一三四、一六〇—一七五、一八九—二三六）
十朝東華録□□卷	（清）王先謙編	清光緒二十年（一八九四）上海積山書局石印本	二十四行五十字白口四周雙邊	存一百七十七卷（天聰八—一一，崇德一—八，順治二三—三五，康熙二五—一〇八，雍正一—五、一六—一九，嘉慶八—一一、一二—一七，咸豐一—九、二七—六〇、七七—八二）
皇朝文獻通考三百卷	（清）嵇璜纂 （清）曹仁虎纂	清光緒二十七年（一九〇一）上海圖書集成局鉛印本		
歷代地理志韻編今釋二十卷	（清）李兆洛輯	清石印本	十四行白口四周雙邊	存三卷（八—一〇）

續表

題名卷數	著者	版本（帶補配）	版式	存卷
歷代名臣言行録二十四卷	（清）朱桓輯	清光緒元年（一八七五）刻本	白口左右雙邊	
欽定四庫全書簡明目録二十卷	（清）永瑢等編	清刻本	九行二十字白口左右雙邊	存二十卷
欽定四庫全書簡明目録二十卷	（清）永瑢等編	清光緒二年（一八七六）刻本	九行二十一字白口左右雙邊	存二十卷
朱子小學集解六卷	（清）張伯行纂	清刻本	小字雙行四十字白口四周雙邊	
廣治平略三十六卷	（清）蔡方炳編	清石印本	十二行三十一字白口四周單邊	存三十六卷
通商約章類纂三十五卷	（清）張開運等纂輯	清光緒二十四年（一八九八）北洋石印官書局刻本		存十三卷（一—一三）
欽定大清會典一百卷	（清）允祹纂修	清光緒二十五年（一八九九）上海圖書集成書局石印本	十八行四十字白口四周雙邊	存一百卷
東華録三十二卷	（清）蔣良騏編	清北京琉璃廠榮錦書坊刻本	八行十六字白口四周單邊	存三十二卷
貳臣傳十二卷	（清）國史館纂修	清北京琉璃廠榮錦書坊刻本		存十二卷

續表

題名卷數	著者	版本（帶補配）	版式	存卷
欽定大清會典□□卷		清石印本	十三行四十字小字雙行同白口四周單邊	存五十八卷（三二—六二、七三—九九）
小學萬國地理新編二卷	（清）陳乾生著（清）雲南學務處增訂	清鉛印本	十行二十五字白口四周雙邊	存一卷（卷下）
欽定大清會典一百卷		清光緒二十七年（一九〇一）上海文林石印本	十八行四十字小字雙行同上下黑口四周雙邊	存十一卷（一—一一）
杜氏通典二百卷考證一卷	（唐）杜佑撰	清光緒二十七年（一九〇一）上海圖書集成局鉛印本	十六行四十三字白口四周單邊	存二百一卷
歐美政治要義十八章	（清）端方撰	清宣統元年（一九〇九）影印本	九行二十二字白口四周雙邊	存五章（一—五）
文史通義八卷	（清）章學誠撰	清刻本	十五行三十四字下黑口四周雙邊	存一卷（七）
東南紀事十二卷	（清）邵廷采撰	清光緒刻本	白口四周單邊	存十二卷
逆臣傳四卷	（清）國史館編	清刻本	九行白口四周單邊雙邊兼有	存二卷（三、四）
皇朝掌故彙編內編六十卷	（清）張壽鏞編	清鉛印本	十一行三十字白口四周雙邊	存五卷（五—六、一六—一八）

續表

題名卷數	著者	版本（帶補配）	版式	存卷
道命録十卷	（宋）李心傳撰	清刻本	九行二十一字小字雙行同黑口左右雙邊	存三卷（八—一〇）
清賢紀六卷	（明）尤鏜撰	清鉛印本	十一行二十九字黑口四周雙邊	存三卷（四—六）
國語解二十一卷	（吴）韋昭撰	清刻本		存四卷（一—四）
盛世危言全編十四卷	（清）鄭觀應輯	清光緒二十三年（一八九七）同德會刻本		存一卷（一）
增批輯注東萊博議四卷	（宋）吕祖謙撰	清宣統三年（一九一一）石印本	十六行三十八字小字雙行五十八字白口四周單邊	存四卷
文獻通考三百四十八卷	（元）馬端臨撰	清鉛印本	十六行四十三字小字雙行同白口四周單邊	存七卷（二七一—二七七）
皇朝文獻通考詳節二十六卷		清光緒二十七年（一九〇一）石印本	白口四周雙邊	存十八卷（一—三、七—九、一二—一六、二〇—二六）
唐陸宣公奏議讀本四卷首一卷	（唐）陸贄撰　（清）汪銘謙編	清光緒二十六年（一九〇〇）馬氏石印本	十二行二十四字白口四周雙邊	存五卷
增批輯注東萊博議四卷	（宋）吕祖謙撰	清石印本	十六行三十八字小字雙行五十八字白口四周雙邊	存四卷

續表

題名卷數	著者	版本（帶補配）	版式	存卷
增批輯注東萊博議四卷	（宋）吕祖謙撰	清石印本	十六行三十八字小字雙行五十八字白口四周雙邊	存一卷（二）
東萊博議四卷附增補虚字註釋	（宋）吕祖謙撰	清光緒二十七年（一九〇一）刻本	九行二十一字小字雙行同下黑口四周雙邊	存三卷（一、三、四）
中興名臣事略八卷	（清）朱孔彰撰	清石印本	二十行四十三字上黑口四周雙邊	存六卷（三—八）
文獻通考三百四十八卷考證三卷	（元）馬端臨撰	清光緒二十七年（一九〇一）上海圖書集成局鉛印本	十六行四十三字白口四周單邊	存一百五十卷（一—七二、二六四—二六七、二七八—三四八、考證三卷）
楊忠愍公年譜一卷附録遺囑		清光緒二十八年（一九〇二）刻本	八行二十字白口四周單邊	存一卷（一）
文昌雜録六卷	（宋）龐元英著	清乾隆二十一年（一七五六）刻本	十行二十一字白口左右雙邊	存六卷
西湖志四十八卷	（清）王詒壽校勘	清刻本	九行二十一字白口左右雙邊	存三卷（三五—三七）
西南紀事十二卷	（清）邵廷采撰	清光緒十年（一八八四）刻本	九行二十二字白口四周單邊	存十二卷

續表

題名卷數	著者	版本（帶補配）	版式	存卷
鈍齋東遊日記	（清）賀綸夔編	清鉛印本	十行二十五字白口四周雙邊	
中國度支考不分卷	（英國）哲美森編 （美國）林樂知譯	清光緒二十七年（一九〇一）精一書局鉛印本		
奏定大學堂章程不分卷	（清）張百熙著	清刻本	十二行二十六字白口左右雙邊	
海國圖志一百卷首一卷	（清）魏源輯	清光緒二十一年（一八九五）上海積山書局石印本	二十三行四十二字白口四周雙邊	存十一卷（首一、一—一〇）
積古齋鐘鼎彝器款識十卷	（清）阮元編録	清刻本	十行二十四字白口四周單邊	存二卷（三、四）
續雲南通志稿一百九十四卷卷首六卷	（清）王文韶修	清刻本	十三行二十五字黑口四周單邊	存四卷（七一—七四）
滇海虞衡志十三卷	（清）檀萃撰	清刻本	九行二十二字白口四周雙邊	存八卷（一—八）
雲南政治官報不分卷	（清）雲南憲政調查局編	清鉛印本	十四行三十九字白口四周雙邊	
三國志六十五卷	（晉）陳壽撰 （南朝宋）裴松之注	清刻本	十二行二十五字小字雙行三十七字白口左右雙邊	存四十九卷（八—一三、一八—五五、六一—六五）
皇朝文獻通考詳節二十六卷	（清）佚名編	清石印本	二十行四十五字白口四周雙邊	存二十三卷（四—二六）
聖武記十卷附聖武餘事四卷	（清）魏源撰	清道光二十六年（一八四六）和記書莊鉛印本	白口四周雙邊	存十四卷

續表

題名卷數	著者	版本（帶補配）	版式	存卷
白雲洞志五卷	（清）黄享輯	清道光十八年（一八三八）刻本	十行二十一字白口四周雙邊	存三卷（一—三）
海國圖志一百卷	（清）魏源輯	清刻本	九行二十一字白口四周雙邊	存七十八卷（五—二〇、二五—八八、九三—一〇〇）
武功縣志三卷首一卷	（明）康海纂修 （清）孫景烈評注	清同治十二年（一八七三）湖北崇文書局刻本		存四卷
學部官報	（清）學部編	清光緒三十二年至宣統三年（一九〇六—一九一一）鉛印本	十三行三十字下黑口四周雙邊	
外交報丁未年	（清）張元濟編	清光緒三十三年（一九〇七）上海商務印書館鉛印本	十二行三十二字上下黑口四周雙邊	
治麗箴	（清）黄金銜撰	清光緒刻本	六行二十字白口四周雙邊	
史論正鵠初集四卷二集四卷三集八卷	（清）王樹敏評點	清光緒二十七年（一九〇一）上海久敬齋石印本		存六卷（初集四卷，三集五、七）
滇繫四十卷	（清）師範纂	清刻本	九行二十四字白口四周雙邊	存一卷（八）

續表

題名卷數	著者	版本（帶補配）	版式	存卷
史記一百三十卷	（漢）司馬遷撰（南朝宋）裴駰集解	清乾隆四年（一七三九）刻本	十行二十一字白口左右雙邊	存三卷（四一—四三）
漢書評林一百卷	（明）凌稚隆輯	清光緒二十七年（一九〇一）上海天章書局石印本	白口四周雙邊	存四十五卷（一—四五）
史記一百三十卷	（漢）司馬遷撰（南朝宋）裴駰集解	清光緒八年（一八八二）石印本		存十七卷（一—一七）
奏定學堂章程五卷	（清）張百熙編	清光緒三十年（一九〇四）雲南高等學堂刻本	十二行二十六字下黑口四周雙邊	存一卷（大學堂章程附通儒院）
書目答問四卷	（清）張之洞撰	清刻本	白口四周雙邊	存三卷（史、子、集）
學堂管理通則		清鉛印本	白口四周雙邊	
綱鑑易知録九十二卷	（清）吴乘權輯	清刻本	九行二十字白口四周單邊	存四十卷（一—三、七—九、一五—一六、三一—三八、四二—四四、四七—四八、五四—五五、五九—六〇、六六—六八、七一—七五、七八—七九、八八—九二）

續表

題名卷數	著者	版本（帶補配）	版式	存卷
文獻通考三百四十八卷	（元）馬端臨撰	清崇仁謝氏刻本	十行二十一字白口左右雙邊	存八卷（一五三—一六一）
萬國史記二十卷	（日本）岡本監輔撰	清光緒二十八年（一九〇二）上海書局石印本		存二十卷
文史通義八卷	（清）章學誠撰	清刻本	十行二十一字上下黑口左右雙邊	存一卷（文史通義六）
北行日譜一卷	（明）朱祖文撰	清刻本	九行二十一字上下黑口四周單邊	存一卷
歷代史論十二卷附左傳史論二卷元史論一卷明史論四卷	（明）張溥撰	清石印本	十三行三十四字白口四周雙邊	存四卷（五—八）
綱鑑總論	（清）陳受頤撰	清抄本		
史記評林一百三十卷卷首一卷	（明）凌稚隆輯	清光緒二十七年（一九〇一）石印本		存四十二卷（卷首、一—三八）
敬避字样一卷辨似一卷正譌一卷附摘誤一卷諸字誤讀一卷		清刻本	八行十八字小字雙行三十字白口左右雙邊	

續表

題名卷數	著者	版本（帶補配）	版式	存卷
五代史纂誤三卷	（宋）吴縝撰	清刻本	九行二十一字上下黑口左右雙邊	存三卷
舊唐書二百卷	（晉）劉昫等撰	清乾隆四年（一七三九）武英殿刻本	十行二十一字白口四周單邊	存四卷（一六〇—一六三）
萬國近政考略十六卷	（清）鄒弢編	清光緒二十二年（一八九六）鉛印本	十四行四十字白口四周單邊	存四卷（一三—一六）
大文堂綱鑑易知録九十二卷	（清）周之炯輯	清刻本	九行二十字白口四周單邊	存二卷（一三、一四）
東洋史要二卷	（日本）桑原隲藏撰	清鉛印本	十五行三十二字上下黑口四周雙邊	存一卷（下）
歐洲史略十三卷	（清）艾約瑟譯	清光緒二十四年（一八九八）石印本		存十三卷
增訂課見鑑畧妥註善本四卷	（明）李廷機手著 （明）張瑞圖校正	清刻本	十行二十八字白口四周單邊	存二卷（一、二）
四裔編年表四卷	（美國）林樂知譯 （清）李鳳苞輯	清石印本		存二卷（二、四）

續表

題名卷數	著者	版本（帶補配）	版式	存卷
前漢書一百卷	（漢）班固撰 （唐）顔師古注	清光緒十三年（一八八七）金陵書局刻本	十二行二十五字白口左右雙邊	存九十九卷（一—一四、一六—一〇〇）
歐羅巴通史四卷	（清）徐有成譯	清光緒二十七年（一九〇一）刻本	九行十九字白口四周雙邊	存一卷（一）
奏定大學堂章程不分卷	（清）張百熙著	清刻本	十二行二十六字白口左右雙邊	
萬國分類時務大成四十卷卷首一卷	（清）錢豐選輯	清光緒二十三年（一八九七）石印本		存四十一卷
隋書八十五卷	（唐）長孫無忌等撰	清乾隆四年（一七三九）刻本	十三行四十字白口四周單邊	存五十卷（二〇—二四、三一—七五）
綱鑑正史約三十六卷附歷代國號歌一卷	（明）顧錫疇撰	清光緒十七年（一八九一）刻本		存二十三卷（卷首一、一、三、五、七、九、一三、一五、一七、一九、二一—三一、三四、三六）
前漢書一百卷	（漢）班固撰 （唐）顔師古注	清光緒十八年（一八九二）竹簡齋石印本	白口左右雙邊	存六十二卷（一—一六、二七—七六）

續表

題名卷數	著者	版本（帶補配）	版式	存卷
御批歷代通鑑輯覽一百二十卷	（清）傅恒等撰	清石印本	二十四行五十字白口四周雙邊	存二十九卷（二二—三三、六九—七三、一〇七—一一九）
御批增補了凡綱鑑四十卷首一卷	（明）袁黃編纂	清光緒二十九年（一九〇三）萃文書局石印本		存四十一卷
御撰資治通鑑綱目三編四種二十卷	（清）張廷玉撰	清光緒二十九年（一九〇三）上海同文書局石印本		存六卷（一種一—五、二種六、七）
增補綱鑑輯要□□卷	（明）袁黃編	清刻本	十一行二十八字白口四周單邊	存一卷（一）
宋百名人小傳		清抄本		
陳書三十六卷	（唐）姚思廉撰	清光緒十四年（一八八八）上海圖書集成印書局石印本	十三行四十字白口四周單邊	存三十六卷
前漢書一百卷	（漢）班固撰 （唐）顏師古注	清刻本	十二行二十五字白口左右雙邊	存七十五卷（一四—二五、二七、三〇—三三、三七—四〇、四五—一〇〇）
袁王綱鑑合編三十九卷首一卷附録明紀綱目	（明）袁黃輯 （明）王世貞編	清光緒三十年（一九〇四）上海商務印書館鉛印本		存四十六卷

續表

題名卷數	著者	版本（帶補配）	版式	存卷
袁了凡綱鑑三十九卷	（明）袁黃編	清光緒二十五年（一八九九）石印本	二十五行四十九字白口四周雙邊	存九卷（一—九）
五代史七十四卷	（宋）歐陽脩撰	清刻本	十行二十一字白口左右雙邊	存五十四卷（七—一七、二七—三五、三六—四二、四三—四八、四九—五五、六二—六六、六七—七四）
御批歷代通鑑輯覽一百二十卷	（清）傅恒等撰	清石印本	二十行四十八字小字雙行同白口四周雙邊	存四十一卷（二二—二七、五三—六二、八五—九一、九五—一〇〇、一〇九—一二〇）
御批歷代通鑑輯覽一百二十卷	（清）傅恒等撰	清光緒二十四年（一八九八）湖北書局刻本	十一行二十二字小字雙行同白口四周單邊	存一百八卷（三—一〇、一三—二二、二五—四八、五一—六〇、六三—一〇六、一〇九—一二〇）
御批歷代通鑑輯覽一百二十卷	（清）傅恒等撰	清光緒二十四年（一八九八）湖北書局刻本	十一行二十二字小字雙行同白口四周單邊	存一百二十卷
前漢書一百卷	（漢）班固撰（唐）顔師古注	清石印本	白口左右雙邊	存十四卷（二七—三〇、六八—七七）

續表

題名卷數	著者	版本（帶補配）	版式	存卷
前漢書一百卷	（漢）班固撰 （唐）顏師古注	清刻本	白口左右雙邊	存二十卷（一—五、八—一四、一九、二〇、二五—二七、七一—七二、七六）
史論正鵠	（清）王樹敏編	清石印本	十五行三十六字白口四周雙邊	存六卷
御批歷代通鑑輯覽一百二十卷	（清）傅恒等撰	清石印本	二十行四十八字小字雙行同白口四周雙邊	存二十六卷（二七—五二）
兩漢雋言十六卷	（宋）林越輯 （明）淩迪知校	清刻本	八行十七字小字雙行同白口左右雙邊	存十三卷（四—五、六—八、九—一一、一二—一六）
御批歷代通鑑輯覽一百二十卷	（清）傅恒等撰	清光緒二十九年（一九〇三）石印本	二十行四十八字白口四周雙邊	存九卷（一—五、五七—六〇）
御批歷代通鑑輯覽一百二十卷	（清）傅恒等撰	清石印本	十八行四十字白口四周雙邊	存五十一卷（六三—一一四）

續表

題名卷數	著者	版本（帶補配）	版式	存卷
五代史七十四卷	（宋）歐陽脩撰	清光緒十五年（一八八九）刻本	十行二十一字白口左右雙邊	存四十七卷（一—三、一六—二二、二三—二五、三〇—三四、三五—三九、四〇—四三、四四—四六、五〇—五三、五四—五六、五七—五八、五九—六一、六二—六四、七三—七四）
御批歷代通鑑輯覽一百二十卷	（清）傅恒等撰	清石印本	十八行四十一字白口四周單邊	存五卷（一〇六—一一〇）
欽定前漢書一百二十卷	（漢）班固撰（唐）顏師古注	清光緒二十六年（一九〇〇）焕文書局石印本	白口四周雙邊	存二十八卷（一—一四、一八—二六、九六—一〇〇）
資治通鑑綱目五十九卷	（明）陳仁錫評閱	清刻本	七行十八字小字雙行同白口四周雙邊	存五卷（三九、四一、四三上下、四四）
綱鑑擇語十卷	（清）司徒修輯	清刻本	九行二十一字白口四周單邊	存十卷
增評加批歷史綱鑑補三十九卷首一卷御撰資治通鑑綱目三編六卷	（明）王世貞編纂	清光緒二十八年（一九〇二）上海富强齋石印本	二十二行五十八字白口四周雙邊	存五卷（三一—三五）

續表

題名卷數	著者	版本（帶補配）	版式	存卷
前漢書精華録四卷後漢書精華録二卷		清光緒二十五年（一八九九）石印本	十六行三十五字白口四周雙邊	存六卷
通鑑紀事本末二百三十九卷	（宋）袁樞編輯（明）張溥論正	清光緒十四年（一八八八）石印本	十五行四十字白口四周雙邊	存一百九十二卷（一—一八八、二一一—二一五）
御批歷代通鑑輯覽一百二十卷	（清）傅恒纂（清）周子璋校字	清光緒三十年（一九〇四）石印本		存一百十五卷
續資治通鑑綱目二十七卷		明刻本	七行十八字白口四周單邊	存二卷（一〇、一六）
何博士備論二卷李忠定輔政本末一卷	（宋）何去非撰	清光緒元年（一八七五）湖北崇文書局刻本	十二行二十四字上黑口四周雙邊	存三卷
積古齋鐘鼎彝器款識十卷	（清）阮元編録	清刻本	十行二十四字白口四周單邊	存十卷
續漢書八志三十卷	（晉）司馬彪撰（梁）劉昭注補	清刻本	十二行二十五字白口左右雙邊	存三十卷
資治通鑑綱目五十九卷	（明）陳仁錫撰	清刻本	七行十八字白口四周雙邊	存一卷（五）
歷代史論正編十二卷	（明）張溥著	清石印本	十三行三十四字白口四周雙邊	存二卷（三—四）
明史紀事本末八十卷	（清）谷應泰輯	清石印本（藍印本）	十五行四十字白口四周雙邊	存四十五卷（一一—五五）

續表

題名卷數	著者	版本（帶補配）	版式	存卷
歐羅巴通史四卷	（日本）箕作元八撰	清刻本	十行二十五字白口四周雙邊	存三卷（二—四）
御覽闕史二卷	（唐）高彦休撰	清光緒三年（一八七七）湖北崇文書局刻本	十二行二十四字上黑口四周雙邊	存二卷
宋史紀事本末一百九卷	（明）陳邦瞻編輯 （明）張溥論正	清光緒十四年（一八八八）石印本	十五行四十字白口四周雙邊	存一百九卷
御撰資治通鑑綱目三編二十卷	（清）張廷玉撰	清光緒三十年（一九〇四）刻本	十一行二十二字白口四周單邊	存四卷（四—七）
西史綱目二十卷	（清）周維翰編纂	清石印本	十三行二十八字白口四周雙邊	存十卷（七—一六）
史通削繁四卷	（清）紀昀輯	清道光十三年（一八三三）廣州兩廣節署刻本	十行二十一字白口左右雙邊	存四卷
後漢書一百卷續漢書八志三十卷	（南朝宋）范曄撰 （晉）司馬彪撰	清刻本	十二行二十五字白口左右雙邊	
左傳紀事本末五十三卷	（清）高士奇撰	清石印本	十五行四十字白口四周雙邊	存十卷（二二—三一）
竹書紀年統箋十二卷前編一卷雜述一卷	（梁）沈約注	清光緒三年（一八七七）浙江書局刻本	九行二十一字小字雙行同白口左右雙邊	存十四卷

續表

題名卷數	著者	版本（帶補配）	版式	存卷
遼金紀事本末遼史四十卷金史五十二卷	（清）李有棠編	清光緒二十八年（一九〇二）石印本	十五行四十字白口四周雙邊	存六十五卷（遼史一—四〇、金史一三—三七）
西夏紀事本末三十六卷首二卷	（清）張鑑著	清光緒十四年（一八八八）石印本	十五行四十字白口四周雙邊	存三十八卷
南齊書五十九卷	（梁）蕭子顯撰	清光緒十四年（一八八八）石印本	十三行四十字白口四周單邊	存五十四卷（一—九、一五—五九）
三國志六十五卷	（晉）陳壽撰 （南朝宋）裴松之注	清光緒十四年（一八八八）上海圖書集成印書局石印本	十三行四十字白口四周單邊	存三十二卷（魏志一—二二、吴志一一—二〇）
御撰資治通鑑綱目三編四種二十卷	（清）張廷玉撰	清刻本	十一行二十二字白口四周單邊	存八卷（七—一四）
前漢書一百卷	（漢）班固撰 （唐）顏師古注	清宏文書院刻本	十行二十一字白口左右雙邊	存十七卷（一七—二四、四三—五〇、五四—五六、六七—六九、八五—八七、九七—九八）
史外□□卷	（清）汪有典著	清同治四年（一八六五）刻本	九行二十字白口四周雙邊	存一卷（八）

續表

題名卷數	著者	版本（帶補配）	版式	存卷
御批歷代通鑑輯覽一百二十卷	（清）傅恒等撰	清刻本	十一行二十二字白口四周雙邊	存五十八卷（五—一〇、一三—一六、一九—二二、二五—二八、三一—二一、三五—三六、三九—四六、四九—五〇、五三—五六、五九—六、六三—六四、六七—六八、七一—七四、八一—八二、八七—八八、九三—九四、九九—一〇二、一〇五—一〇六）
御批歷代通鑑輯覽一百二十卷	（清）傅恒等撰	清石印本	二十行三十七字白口四周雙邊	存二十卷（六一—七〇、八六—九五）
南史八十卷	（唐）李延壽撰	清光緒十四年（一八八八）上海圖書集成印書局石印本		存八十卷
廿二史綜編八卷	（清）陶有容撰	清咸豐三年（一八五三）刻本	九行二十二字小字雙行同白口四周單邊	存八卷
御批歷代通鑑輯覽一百二十卷	（清）傅恒等撰	清刻本	十一行二十二字白口四周雙邊	存四卷（三五—三六、四九—五〇）

續表

題名卷數	著者	版本（帶補配）	版式	存卷
史畧□□卷		清石印本	二十二行四十五字白口四周雙邊	存十卷（七七—八六）
學史四十八卷	（清）王希廉輯	清光緒二年（一八七六）鉛印本	十一行二十四字白口四周雙邊	存四十八卷
御批歷代通鑑輯覽一百二十卷	（清）傅恒等撰	清刻本	十一行二十二字白口四周雙邊	存九十四卷（三—四、七—八、一三—一六、一九—二二、二五—二八、三一—三六、四三—四六、四九—八八、九三—一二〇）
後漢書一百二十卷	（南朝宋）范曄撰（唐）李賢注	清乾隆四年（一七三九）石印本	十六行三十一字小字雙行同白口左右雙邊	
御批歷代通鑑輯覽一百二十卷	（清）傅恒等撰	清刻本	十一行二十二字白口四周雙邊	存三十卷（九一—一二〇）
後漢書一百卷	（南朝宋）范曄撰（唐）李賢注	清光緒金陵書局刻本	十二行二十五字小字雙行不等白口四周單邊	存四卷（列傳六六—六九）
史記一百三十卷	（漢）司馬遷撰（南朝宋）裴駰集解		十六行三十一字白口左右雙邊	存十七卷（九〇—一〇六）

續表

題名卷數	著者	版本（帶補配）	版式	存卷
御批歷代通鑑輯覽一百二十卷	（清）傅恒等撰	清石印本	二十行四十六字白口四周雙邊	存五十四卷（六一—一一四）
蜀志十五卷	（晉）陳壽撰（宋）裴松之注	清刻本	十行二十一字白口左右雙邊	存五卷（一—五）
御批歷代通鑑輯覽一百二十卷	（清）傅恒等撰	清光緒六年（一八八〇）雲南書局刻本	十一行二十二字白口四周雙邊	存一百三卷（一—三四、三九—五二、五七—六〇、六三—八三、八六—八九、九三—九五、一〇四—一一三、一一八—一二〇）
後漢書一百二十卷	（南朝宋）范曄撰（唐）李賢注	清石印本	十四行三十字白口四周雙邊	存二十三卷（三三—四〇、四七—五七、七七—八一）
後漢書一百二十卷	（南朝宋）范曄撰（唐）李賢注		二十二行四十二字白口四周雙邊	存十三卷（一〇八—一二〇）
南北史捃華八卷	（清）周嘉猷輯	清光緒六年（一八八〇）廣州翰墨園刻本	九行二十字白口左右雙邊	存八卷
續西國近事彙編二十八卷	（清）鍾天緯編輯（清）鄭昌棪編輯	清石印本	二十行白口四周雙邊	存八卷（六—七、一三、一五—一七、二二—二三）

續表

題名卷數	著者	版本（帶補配）	版式	存卷
後漢書一百二十卷	（南朝宋）范曄撰（唐）李賢注		十三行四十字白口四周單邊	存六卷（一一五—一二〇）
欽定五代史七十四卷	（宋）歐陽脩撰	清光緒戊子（一八八八年）上海圖書局鉛印本	十三行四十字細黑口四周單邊	存七十四卷
史記一百三十卷	（漢）司馬遷撰（南朝宋）裴駰集解	清光緒四年（一八七八）金陵書局刻本	十二行二十五字白口左右雙邊	存一百三十卷
後漢書一百卷	（南朝宋）范曄撰（唐）李賢注	清光緒十三年（一八八七）刻本	十二行二十五字白口左右雙邊	存一百卷
廿一史約編前後編二卷	（清）鄭元慶評述	清刻本	九行二十一字白口四周單邊	存二卷
鄧川州志十六卷首一卷末一卷	（清）鈕方圖纂修（清）楊柄鋥纂修	清刻本	九行二十二字白口四周雙邊	存十四卷
海國圖志一百卷首一卷	（清）魏源輯	清石印本	二十三行四十二字白口四周雙邊	存六卷（三三—三八）
史記一百三十卷	（漢）司馬遷撰（南朝宋）裴駰集解（唐）司馬貞索隱	清刻本	十行二十一字白口左右雙邊	存六卷（八七—九二）
增訂南詔野史二卷	（明）楊慎輯（清）胡蔚訂正	清光緒六年（一八八〇）雲南書局刻本	九行二十二字白口四周單邊	存二卷

續表

題名卷數	著者	版本（帶補配）	版式	存卷
三國志六十五卷	（晉）陳壽撰 （南朝宋）裴松之注	清刻本	十行十八字白口四周單邊雙邊兼有	存十卷（五—一四）
雲南備徵志二十一卷	（清）王崧輯	清宣統二年（一九一〇）雲南官報局鉛印本	十二行三十二字白口四周雙邊	存十九卷（一、四—二一）
雲南通志稿二百一十六卷首三卷	（清）阮元纂修 （清）王崧纂修	清刻本	十行二十二字白口四周雙邊	存二卷（一〇七—一〇八）
浪穹縣志十三卷	（清）周沆輯	清刻本	十行二十二字白口四周雙邊	存十三卷
雞足山志十卷首一卷	（清）范承勳纂修	清刻本	六行二十字下黑口四周雙邊	存十一卷
雲南備徵志二十一卷	（清）王崧輯	清宣統二年（一九一〇）雲南官報局鉛印本	十二行三十二字白口四周雙邊	存十二卷（一〇—二一）
浪穹縣志畧十三卷	（清）周沆纂修	清刻本	十行二十二字白口四周雙邊	存一卷（一一）
浪穹縣志畧十三卷	（清）周沆纂修	清刻本	十行二十二字白口四周雙邊	存十一卷（一—一一）
浪穹縣志畧十三卷	（清）周沆纂修	清刻本	十行白口四周雙邊	存二卷（七、八）
巴塘鹽井鄉土地理志二卷	（清）段鵬瑞纂修	清宣統二年（一九一〇）鉛印本	十行二十五字白口四周雙邊	存二編（上、下）
大清礦務正章不分卷	（清）農工商部修	清鉛印本	十行二十五字白口四周雙邊	

續表

題名卷數	著者	版本（帶補配）	版式	存卷
明治維新三十年史十二編	東京博文館編	清石印本	十二行三十五字白口四周雙邊	存五卷（五—七、一一—一二）
山海經十八卷	（晉）郭璞注	清刻本	九行二十字白口四周單邊	存二卷（一—二）
山海經圖讚不分卷山海經補注不分卷	（晉）郭璞注	清刻本	十二行二十四字上下黑口四周雙邊	
宣統元年秋季條例不分卷		清宣統元年（一九〇九）鉛印本	九行二十三字下黑口四周雙邊	
通鑑明紀全載輯略十六卷	（清）朱璘撰	清武林蔣氏刻本	十二行二十八字白口四周雙邊	存六卷（四〇—四一、四四—四五、四八—四九）
漢書一百二十卷	（漢）班固撰（唐）顏師古注	清光緒十三年（一八八七）刻本		

子部

題名卷數	著者	版本（帶補配）	版式	存卷
至游子二卷		清光緒元年（一八七五）湖北崇文書局刻本		存二卷
吕氏春秋二十六卷	（戰國秦）吕不韋撰	清光緒元年（一八七五）湖北崇文書局刻本		存二十六卷
吕氏春秋二十六卷	（戰國秦）吕不韋撰（漢）高誘注	清光緒元年（一八七五）浙江書局據畢氏靈巖山館刻本		存二十卷（一—一四、二一—二六）
晏子春秋七卷	（春秋齊）晏嬰撰	清光緒元年（一八七五）湖北崇文書局刻本		存三卷（一—三）
河洛理數七卷	題（宋）陳摶撰 題（宋）邵雍述	清菱香書屋刻本		存七卷
策學淵萃四十六卷目録二卷	（清）王維璠輯	清光緒石印本	十三行二十六字白口左右雙邊	存四十八卷
神異經十二卷	題（漢）東方朔撰	清光緒元年（一八七五）湖北崇文書局刻本		存十二卷
道德真經註四卷	（元）吴澄述	清光緒元年（一八七五）湖北崇文書局刻本	十二行二十四字上下黑口四周雙邊	存四卷

續表

題名卷數	著者	版本（帶補配）	版式	存卷
陰符經一卷關尹子一卷	（漢）張良注	清光緒元年（一八七五）湖北崇文書局刻本	十二行二十四字上下黑口四周雙邊	存二卷
增廣詩句題解彙編四卷姓氏考一卷	（清）同文書局編	清石印本	白口四周單邊	存二卷（姓氏考一、增廣詩句題解彙編一）
春秋繁露十七卷卷首一卷	（漢）董仲舒著	清光緒三年（一八七七）湖北崇文書局刻本	十二行二十四字上下黑口四周雙邊	存十八卷
典林博覽十二卷	（清）鍾運堯輯	清刻本	十二行三十字白口左右雙邊	存一卷（一〇）
自强軍創制公言二卷	（清）沈敦和編	清光緒石印本	十行二十字白口四周雙邊	存一卷（卷下）
佛説阿彌陀經不分卷	（姚秦）三藏法師鳩摩羅什譯	清同治十年（一八七一）屏山居士袁嘉谷抄本	六行二十字白口	
景岳全書二十四集六十四卷	（明）張介賓著	清光緒二十年（一八九四）上海圖書集成印書局鉛印本	十三行四十字白口四周單邊	存六十四卷
五子近思録發明十四卷	（清）施璜注	清刻本	九行二十字白口左右雙邊	存十一卷（二—六、九—一四）
五子近思録十四卷	（宋）朱熹撰（清）江永注	清光緒十五年（一八八九）金陵書局重刻本	九行二十一字白口左右雙邊	存十四卷

續表

題名卷數	著者	版本（帶補配）	版式	存卷
五子近思録發明十四卷	（清）施璜注	清刻本	九行二十字白口左右雙邊	存十一卷（四—一四）
搜神記二十卷後記十卷	（晉）干寶撰 （晉）陶潛撰	清光緒元年（一八七五）湖北崇文書局		存三十卷（搜神記一—二〇、搜神后記一—一〇）
太平御覽一千卷目録十五卷	（宋）李昉等纂	清光緒十八年（一八九二）刻本	十三行二十二字白口四周單邊	存三百十六卷（目録二、六，太平御覽一—一五、一三一—一五三、一六二—二九九、四八〇—四八六、六一六—六二六、七三八—八〇七、八〇八—八二一、九二五—九三〇、九四〇—九五八、九九〇—一〇〇〇）
世説新語補二十卷	（南朝宋）劉義慶撰	清刻本	九行二十字下黑口四周雙邊	存十三卷（三—五、一一—二〇）
世説新語六卷	（南朝宋）劉義慶撰 （南朝梁）劉孝標注	清石印本	十二行二十八字白口四周單邊雙邊兼有	存五卷（一—四、六）
世説新語六卷附佚文一卷引用書目一卷攷證一卷校勘小識一卷補一卷	（南朝宋）劉義慶撰 （南朝梁）劉孝標注	清刻本	十一行二十四字上下黑口左右雙邊	存七卷

續表

題名卷數	著者	版本（帶補配）	版式	存卷
太平御覽一千卷目録十五卷	（宋）李昉等纂	清刻本	十三行二十二字白口四周單邊	存二十四卷（二七〇—二七十七、八九六—九〇四、九二一—九二七）
增補事類統編九十三卷	（清）黄葆真增輯	清刻本	九行二十三字小字雙行同白口四周雙邊	存三卷（三一—三三）
世説新語四卷	（南朝宋）劉義慶撰（明）何良俊繪	清光緒六年（一八八〇）刻本		存四卷
新政應試必讀六卷	（清）顧厚焜編	清光緒石印本	十四行三十二字白口四周雙邊	存二卷（二—三）
右臺仙館筆記十六卷	（清）俞樾撰	清刻本	十行二十一字白口四周單邊雙邊兼有	存十六卷
涑水記聞十六卷	（宋）司馬光撰	清光緒三年（一八七七）湖北崇文書局刻本	十二行二十四字上下黑口四周雙邊	存十二卷（一—一二）
典林博覽十二卷	（清）鍾運堯撰	清刻本		
增補事類統編九十三卷	（清）黄葆真增輯	清石印本	十五行四十二字小字雙行同白口四周單邊	存三十四卷（九—四二）
日知録集釋三十二卷刊誤二卷續刊誤二卷	（清）顧炎武撰	清刻本	十一行二十二字上下黑口四周雙邊	存二十卷（日知録集釋一七—三二、刊誤一—二、續刊誤一—二）

續表

題名卷數	著者	版本（帶補配）	版式	存卷
增補事類統編九十三卷	（清）黄葆真增輯	清咸豐十年（一八六〇）刻本		存五十八卷（一—三〇、三四—四九、五二—五三、五七—五八、七八—九三）
潛夫論十卷	（漢）王符撰	清刻本	十二行二十四字白口四周雙邊	存五卷（五—一〇）
樊山政書二十卷	（清）樊增祥撰	清宣統二年（一九一〇）上海政學社鉛印本		存八卷（一—四、七—一〇）
困學紀聞二十卷首一卷	（宋）王應麟撰（清）翁元圻注	清光緒十五年（一八八九）汝東資善堂刻本		存二十卷（首卷、卷一—四、卷六—二〇）
困學紀聞注二十卷	（宋）王應麟撰	清咸豐元年（一八五一）小嫏嬛山館刻本		存十一卷（一—二、四—八、一三—一六）
盛世危言□□卷 盛世危言續編□□卷	（清）杞憂生輯	清石印本		存二卷（盛世危言卷二、盛世危言續編四）
東亞普通讀本六卷	（日本）泰東同文局原本	清鉛印本	十行二十四字白口四周雙邊	存四卷（一—二、五—六）
東亞普通讀本六卷	（日本）泰東同文局原本	清鉛印本	十行二十四字白口四周雙邊	存二卷（五—六）
世説新語六卷	（南朝宋）劉義慶撰	清上海埽葉山房石印本	四周雙邊	存一卷（五）

續表

題名卷數	著者	版本（帶補配）	版式	存卷
意林五卷	（唐）馬總撰	清刻本	十二行二十四字上下黑口四周雙邊	存三卷（三—五）
科場異聞録四種	（清）吕相燮輯	清刻本	九行二十一字白口左右雙邊	
申鑒五卷 中論二卷	（清）荀悦撰 （魏）徐幹撰	清光緒元年（一八七五）湖北崇文書局刻本		存七卷
宋元學案一百卷	（清）黄宗羲輯	清光緒五年（一八七九）文瑞樓刻本	十五行三十五字小字雙行同上下黑口四周雙邊	存二十四卷（七七—一〇〇）
人譜三篇附類記六卷	（明）劉宗周著	清光緒三年（一八七七）湖北崇文書局刻本	十二行二十四字上下黑口四周雙邊	存九卷
清賢紀六卷	（明）尤鏜撰	清宣統三年（一九一一）國學扶輪社鉛印本	十一行二十九字黑口四周雙邊	存六卷
國朝漢學師承記八卷	（清）江藩纂	清光緒丙申年（一八九六）成都志古堂刻本	十行二十一字白口四周單邊	存五卷（一—五）
潛夫論十卷	（漢）王符撰	清光緒元年（一八七五）湖北崇文書局刻本	十二行二十四字上下黑口四周雙邊	存四卷（一—四）

續表

題名卷數	著者	版本（帶補配）	版式	存卷
新書十卷	（漢）賈誼撰	清光緒元年（一八七五）湖北崇文書局刻本		存十卷
老學庵筆記十卷	（宋）陸遊撰	清光緒三年（一八七七）湖北崇文書局刻本		存十卷
益古演段三卷附録粟布演草一卷	（元）李冶撰	清刻本	白口四周雙邊	存四卷
封氏聞見記十卷	（唐）封演撰	清乾隆二十一年（一七五六）刻本	十行二十一字白口四周單邊	存十卷
新增詩句題解彙編十二卷	（清）葉湘秋輯	清同治十二年（一八七三）刻本		存十二卷
東亞普通讀本六卷	（日本）泰東同文局原本	清鉛印本	十行二十四字白口四周雙邊	存二卷（五—六）
新語二卷	（漢）陸賈撰	清光緒元年（一八七五）湖北崇文書局刻本		存二卷
淮南子二十一卷	（漢）劉安撰	清光緒二十三年（一八九七）鉛印本	十三行四十字白口四周單邊	存十一卷（一—一一）
重彫足本監誡録		清刻本	九行二十一字白口四周單邊	存一卷

續表

題名卷數	著者	版本（帶補配）	版式	存卷
梅花喜神譜二卷	（宋）宋伯仁輯	清知不足齋刻本	九行二十一字上下黑口左右雙邊	存二卷（一、二）
儒林宗派十六卷	（清）萬斯同撰	清宣統三年（一九一一）上海國學扶輪社鉛印本	十一行三十字上下黑口四周雙邊	存十六卷
自西徂東五卷	（德國）花之安撰	清鉛印本	十一行二十五字小字雙行三十四字白口四周雙邊	存二卷（二、三）
樗繭譜不分卷	（清）鄭珍纂	清光緒七年（一八八一）遵義華氏刻本	八行二十字白口四周單邊	
書譜□□卷	（唐）孫過庭撰	清刻本		存二卷（七、八）
三農紀二十四卷	（清）張宗法著	清刻本	十一行二十二字白口四周單邊	存五卷（八—一〇、一三、一四）
子史精華一百六十卷	（清）吳士玉編	清刻本	八行十二字小字雙行二十四字白口四周雙邊	存六卷（一〇九、一一〇、一二七—一三〇）
龍華經三卷	（清）張泗澤抄	清抄本	九行十六字白口四周單邊	存三卷（三）
新刻劍嘯閣批評西漢演義傳十卷	（明）甄偉撰	清刻本	十行三十字白口四周單邊	存二卷（四、八）

續表

題名卷數	著者	版本（帶補配）	版式	存卷
東周列國全志二十三卷	（清）蔡元放評點	清刻本	十一行二十五字白口四周單邊	存二卷（五、六）
删註脈訣規正二卷	（清）沈鏡注	清刻本	十行二十四字白口	存二卷
鶡冠子三卷	（春秋）鶡冠子撰 （宋）陸佃解	清寶慶經綸堂刻本	十二行二十四字小字雙行同上下黑口四周雙邊	存三卷
説緯六卷	（清）王崧著	清刻本	九行二十二字白口四周雙邊	存一卷（三）
山法全書十九卷卷首二卷	（清）葉泰輯	清刻本		存四卷（二、三、一一、一二）
趙註孫子五卷	（清）梁見孟校刊	清刻本	十一行二十八字白口四周雙邊	存一卷（四）
鹽鐵論十卷	（漢）桓寬撰	明刻本	十二行二十四字白口四周雙邊	存一卷
神仙綱鑑□□卷	（清）尹相湯編	清上海棋盤街振餘物産廠刻本	十三行三十字白口四周雙邊	存一卷（三）
洗冤録詳義四卷首一卷	（清）許槤編	清刻本	九行二十三字白口四周單邊	存二卷（首卷、一）
神仙綱鑑□□卷		清鉛印本	十三行三十字白口四周雙邊	存一卷（一一）
説苑二十卷	（漢）劉向撰	清光緒元年（一八七五）湖北崇文書局刻本	十二行二十四字黑口四周雙邊	存十五卷（六—二〇）

續表

題名卷數	著者	版本（帶補配）	版式	存卷
求闕齋讀書録十卷	（清）曾國藩著	清光緒二年（一八七六）傳忠書局刻本	十行二十四字上下黑口左右雙邊	存八卷（三—一〇）
泰西藝學通攷十六卷	（清）何良棟編輯（清）徐毓洙校正	清石印本	十六行四十二字白口四周雙邊	存三卷（三—五）
子書百家一百一種	（清）湖北崇文書局輯	清光緒元年（一八七五）湖北崇文書局刻本		存四十三卷（孔子家語一—五、孔子集語一—二、揚子法言一、方言一—三、孫子一—三、吴子一—二、伸蒙子一—三、素履子一—三、列子一—二、抱樸子内篇一—二、文中子中説一、莊子一—三、莊子闕誤一、）
同仁堂藥目	（清）樂鳳鳴編	清光緒十五年（一八八九）刻本		
燕丹子三卷	（清）孫星衍輯	清光緒元年（一八七五）湖北崇文書局刻本		存三卷
臟腑圖説症治合璧□□卷	（清）羅定昌撰	清刻本	八行二十五字白口左右雙邊	存一卷（卷上）

續表

題名卷數	著者	版本（帶補配）	版式	存卷
本草求真九卷目録二卷後編二卷	（清）黄宫繡撰	清乾隆三十九年（一七七四）刻本	九行二十字白口四周單邊雙邊兼有	存十二卷
五知齋琴譜八卷	（清）周魯封纂	清刻本	七行不等白口左右雙邊	存一卷（三）
五子近思録發明十四卷	（清）施璜注	清刻本	九行二十字白口左右雙邊	存二卷（七、八）
中國地理教科書	（清）學務大臣審定	清鉛印本		存一卷
本草綱目五十二卷 本草綱目拾遺十卷	（明）李時珍撰	清光緒十九年（一八九三）鴻寶齋石印本		存二十五卷（本草綱目拾遺一—一〇，本草綱目一九—三四、三八—四三、五〇—五二）
傅青主男科二卷	（清）傅山著	清刻本	十行二十一字白口四周雙邊	存一卷（男科上）
對數表解一卷	（美國）赫士譯	清光緒二十四年（一八七五）鉛印本		存一卷
珍珠囊藥性賦二卷	（元）李杲著	清宣統二年（一九一〇）抄本		存二卷
産科心法二卷	（清）汪喆撰	清抄本		存二卷

續表

題名卷數	著者	版本（帶補配）	版式	存卷
陳修園醫書五十種一百三十卷	（清）陳念祖撰	清光緒三十一年（一九〇五）上海商務印書館石印本	十六行三十三字白口四周雙邊	存九十四卷（神農本草經讀一—四、時方歌括一—二、景岳新方砭一—四、女科要旨一—四、醫學實在易一—八、醫學從衆録一—八、金匱要略淺注一—一〇、金匱方歌括一—六、傷寒論淺注一—六、長沙方歌括一—六、傷寒醫訣串解一—六、經驗百病内外方一、白喉治法抉微一、白喉症治歌括一、福幼編一、咽喉脈證通論一、救迷良方一、太乙神鍼一、霍亂論一—二、弔腳痧方論一、爛喉丹痧輯要一、急治喉痧要法一、瘧疾論一、養生鏡一、達生編一、春温三字訣一、痢症三字訣一、保嬰要旨一、引痘略一、濕熱條辨一、本經便讀一、温熱贅言一、本草經百種録一、婦科雜症一、醫壘元戎一、名醫別録一、平辨脈法歌括一、局方發揮一、醫法心得一、食物秘書一）

續表

題名卷數	著者	版本（帶補配）	版式	存卷
三指禪三卷	（清）夢覺道人著	清刻本	九行二十二字白口四周雙邊	存三卷
橫雁浦轉		清光緒二十三年（一八九七）石印本		存一卷
學算筆談十二卷	（清）華蘅芳撰	清石印本		存三卷（四—六）
大清律集解附例三十卷律例總類六卷圖一卷服制一卷	（清）朱軾纂修	清刻本	九行二十字白口四周雙邊	存二卷（一、一四）
新增繪圖幼學故事瓊林四卷首一卷	（清）程允升原本 （清）鄒梧岡增補	清光緒三十年（一九〇四）上海鴻寶齋石印本		存三卷（卷首、一、二）
神農本草經讀四卷	（清）陳念祖撰	清刻本	十行二十六字白口四周單邊雙邊兼有	存四卷
醫方捷徑指南全書二卷	（明）王宗顯輯	清刻本	十行二十二字白口左右雙邊	存一卷（卷下）
吴氏醫學迷□□卷		清刻本		存一卷（六）
醫方集解三卷	（清）汪昂輯	清康熙二十一年（一六八二）聚錦堂刻本	十一行二十八字白口	存一卷（上）
圖注八十一難經四卷	（明）張世賢注	清刻本	九行二十字白口四周單邊	存二卷（一、二）
醫書彙參輯成二十四卷	（清）蔡宗玉輯	清次知齋刻本	九行二十七字白口左右雙邊	存二卷（一七、一八）

續表

題名卷數	著者	版本（帶補配）	版式	存卷
醫學三字經四卷	（清）陳念祖撰	清刻本	八行二十字白口四周雙邊	存二卷（一、二）
醫學實在易八卷	（清）陳念祖撰	清刻本	九行二十二字白口四周單邊雙邊兼有	存二卷（一、二）
太上寶筏圖説不分卷	（清）黄正元撰	清光緒十八年（一八九二）石印本	十四行三十一字白口四周雙邊	
本草備要四卷	（清）汪昂著	清刻本	白口四周單邊	存二卷（三、四）
辨證録十四卷	（清）陳士鐸著述	清刻本	九行二十二字白口左右雙邊	存二卷（一一、一二）
緝古算經細草三卷	（清）張敦仁撰	清刻本		存三卷
臨證指南醫案十卷	（清）葉桂著	清刻本	十行二十二字白口四周單邊	存五卷（一、二、七—九）
醫學心悟五卷	（清）程國彭著	清刻本	十一行二十二字白口左右雙邊	存二卷（二、三）
較正醫林狀元壽世保元十集五十五卷	（清）龔廷賢編	清刻本	十三行三十字白口四周單邊	存一卷（丙集卷三）
中西武備兵書二十一種	（清）俞樾輯	清光緒石印本	十七行三十六字白口四周雙邊	存七卷（行軍電報要略一、行軍造橋圖説一、行軍測繪學一—二、槍法圖解一、礮臺説略一—二）

續表

題名卷數	著者	版本（帶補配）	版式	存卷
巢氏諸病源候總論五十卷	（隋）巢元方撰	清嘉慶十三年（一八〇八）刻本	十行十九字白口四周單邊	存五十卷
女科要旨四卷	（清）陳念祖撰	清刻本	十行二十六字白口四周雙邊	存二卷（一、二）
原機啓微二卷附録一卷	（明）倪惟德著	清刻本	十二行二十四字白口左右雙邊	存三卷
醫理元樞十二卷附餘二卷	（清）朱永清輯	清刻本	八行二十二字白口四周單邊	存三卷（五、附卷一—二）
奏定陸軍行營禮節一卷	（清）奕劻編	清光緒三十一年（一九〇五）鉛印本	九行二十三字白口四周雙邊	存一卷
御纂醫宗金鑑九十卷	（清）吴謙撰	清石印本	二十行四十二字白口四周雙邊	存八卷（一八—二五）
新刻校正大字李東垣先生珍珠囊二卷	（元）李杲撰	清刻本	十行二十三字白口四周單邊	存二卷
自强軍西法類編十八卷	（清）沈敦和輯	清石印本	十行二十字黑口四周雙邊	存二卷（二、五）
傷寒醫訣串解六卷	（清）陳念祖撰	清刻本	九行二十一字白口四周單邊雙邊兼有	存六卷
丹桂籍四卷	（清）顔正廷撰	清刻本	九行二十字下黑口四周雙邊	存一卷（四）
學算筆談十二卷	（清）華蘅芳撰	清石印本	白口四周雙邊	存六卷（七—一二）

續表

題名卷數	著者	版本（帶補配）	版式	存卷
御製數理精蘊五十三卷	（清）梅瑴成編	清石印本	白口四周雙邊	存十三卷（下編一—一二、表二）
筆算數學二十四章	（美國）狄考文輯	清光緒二十四年（一八九八）鉛印本		存八章（一—八）
目耕齋讀本四卷	（清）徐楷評	清光緒十四年（一八八八）湖南文昌書局刻本	九行二十字白口四周雙邊	存二卷（大學、論語）
增訂本草備要四卷附湯頭歌訣一卷經絡歌訣一卷	（清）汪昂著	清刻本	八行二十二字白口左右雙邊	存一卷（本草備要一）
新刊良朋彙集六卷	（清）孫偉輯	清刻本	十行二十字白口四周單邊	存一卷（五）
季康子問仲由一卷		清刻本		存一卷
子史精華一百六十卷	（清）吴士玉編	清刻本	八行二十四字小字雙行同白口四周雙邊	存七十六卷（一—四〇、一二一—一五二、一五七—一六〇）
繪圖東周列國志二十七卷首一卷	（清）蔡界評點	清宣統元年（一九〇九）上海錦章書局石印本	四周雙邊	存八卷（一六—二三）

續表

題名卷數	著者	版本（帶補配）	版式	存卷
大醫院增補醫方捷徑二卷青囊藥性賦直解二卷	（明）羅必煒參訂	清刻本	十二行白口四周單邊	存四卷
驗方新編□□卷	（清）鮑相璈編輯	清刻本	十二行二十二字白口四周單邊	存一卷（八）
神農本草經讀四卷	（清）陳念祖撰	清刻本	十行二十六字白口四周單邊雙邊兼有	存二卷（三、四）
繪圖東周列國志二十七卷首一卷	（清）蔡界評點	清上海中原書局石印本	四周雙邊	存五卷（六—八、一二—一三）
離騷草木疏四卷	（宋）吴仁傑撰	清光緒三年（一八七七）湖北崇文書局刻本	十二行二十四字四周雙邊	存四卷
繪圖東周列國志二十七卷首一卷	（清）蔡界評點	清宣統元年（一九〇九）上海錦章書局石印本	四周雙邊	存十九卷（卷首、二—五、八—一一、一六—二五）
白喉治法忌表抉微一卷附録一卷	（清）耐修子撰	清刻本	十行二十二字白口四周單邊	存二卷
白喉治法忌表抉微一卷附録一卷	（清）耐修子撰	清刻本	十行二十二字白口四周單邊	存二卷

續表

題名卷數	著者	版本（帶補配）	版式	存卷
傅子一卷續孟子二卷	（晉）傅玄撰	清光緒元年（一八七五）湖北崇文書局刻本		存三卷
韓非子二十卷	（戰國韓）韓非撰	清光緒二十三年（一八九七）吴氏影印本	十三行四十字白口四周單邊	存十卷（一—一〇）
雷公藥性解六卷	（明）李中梓編	清石印本	白口四周雙邊	存六卷
孔子家語十卷	（魏）王肅注	清刻本	十二行二十四字上下黑口四周雙邊	存四卷（六—一〇）
雷公藥性解六卷	（明）李中梓編	清石印本	白口四周雙邊	存六卷
抱朴子外篇五十卷	（晉）葛洪撰	清刻本	十二行二十四字上下黑口四周雙邊	存二卷（三、四）
一草亭目科全書	（明）鄧苑撰	清抄本		
果樹栽培全書三卷	（日本）福羽逸人著	清石印本	上下黑口四周雙邊	存三卷
玉律金科□□卷		清刻本	九行二十字白口四周雙邊	存一卷（四）
萬金一統要論		抄本		
白芙堂算學叢書六卷	（清）丁取忠撰	清石印本	白口四周雙邊	存六卷
萬法歸中		抄本		

續表

題名卷數	著者	版本（帶補配）	版式	存卷
亢倉子一卷玄真子一卷天隱子一卷無能子三卷胎息經附胎息經疏二卷	（唐）張志和等撰	清光緒元年（一八七五）湖北崇文書局刻本	十二行二十四字上下黑口四周雙邊	存八卷
新鐫曆法便覽象吉備要通書二十九卷	（清）魏鑑輯	清刻本	白口四周單邊	存二卷（一二、一三）
老子道德經二卷	（晉）王弼注	清光緒元年（一八七五）湖北崇文書局刻本		存二卷
博物志十卷	（晉）張華撰	清光緒元年（一八七五）湖北崇文書局刻本		存十卷
日記	（清）佚名撰	清抄本		
繡像東周列國志二十七卷一百八回	（清）蔡界評點	清上海商務印書館鉛印本	十七行三十五字白口四周單邊	存四卷（二〇—二三）
增像全圖三國演義六十卷一百二十回	（明）毛宗崗評	清上海錦章圖書局石印本	十六行三十二字白口四周雙邊	存二十卷（二九—三二、三七—五二）
繪圖東周列國志二十七卷首一卷	（清）蔡界評點	清宣統元年（一九〇九）上海錦章書局石印本	四周雙邊	存二卷（二、三）

續表

題名卷數	著者	版本（帶補配）	版式	存卷
文昌帝君陰騭文	（清）畿南劉氏撰	清光緒十一年（一八八五）刻本	白口	
漢溪書法通解八卷	（清）戈守智著 （清）鍾大乾編	清刻本	九行二十一字白口四周單邊	存一卷（一）
精選故事黄眉十卷	（明）鄧志謨編	明刻本	白口四周單邊	存四卷（一、二、八、九）
雲林神彀	（明）龔廷賢著	清刻本	十二行二十四字白口左右雙邊	存二卷（二、三）
典林博覽十二卷	（清）鍾運堯輯	清刻本	十二行三十字白口四周單邊	存一卷（一〇）

集部

題名卷數	著者	版本（帶補配）	版式	存卷
經史百家雜鈔二十六卷	（清）曾國藩纂	清上海商務印書館鉛印本	十四行三十三字白口四周雙邊	存二卷（七、八）
滇秀集初編五卷	（清）許印芳輯	清光緒二十三年（一八九七）刻本	九行二十五字白口四周雙邊	存三卷（一—三）
昌黎先生全集四十卷外集十卷昌黎先生集遺文一卷	（宋）李漢編	清石印本	十二行二十八字小字雙行同白口四周雙邊	存五十一卷
三魚堂全集□□卷	（清）陸隴其撰	清埽葉山房石印本	十五行三十二字小字雙行同白口四周雙邊	存二十二卷（文集一—七、外集一—三、勝言一—一二）
皇朝駢文類苑十四卷首一卷	（清）姚燮撰	清光緒七年（一八八一）刻本	九行二十字上下黑口左右雙邊	存十五卷
昌黎先生全集四十卷外集十卷朱子編昌黎先生傳一卷	（宋）李漢編	清宣統三年（一九一一）石印本	十二行二十八字小字雙行同白口四周雙邊	存五十一卷
桐村駢文二卷	（清）陳榮昌著	清光緒石印本	十行二十二字下黑口四周單邊雙邊兼有	存一卷（卷上）
吴梅邨文集二十卷	（清）周瓚編	清宣統二年（一九一〇）上海國學昌明鉛印本		存二十卷

續表

題名卷數	著者	版本（帶補配）	版式	存卷
陸象山先生全集三十六卷	（宋）陸九淵撰	清石印本	十四行四十二字白口	存十二卷（六—一〇、一一—一六、三五）
錢南園先生遺集五卷	（清）袁文撰	清光緒二十一年（一八九五）刻本	十行二十一字白口四周單邊	存五卷
鮚琦亭集三十八卷卷首一卷 全謝山先生經史問答十卷	（清）全祖望撰	清刻本	十一行二十一字白口四周單邊	存三十一卷（一—一八、三一—三八，經史問答六—一〇）
顏魯公文集三十卷附世系表年譜	（清）黃本驥編	清刻本	十行二十一字白口四周雙邊	存十四卷（一—六、一二—一五、二〇—二三）
評選四六法海八卷	（清）蔣士銓評選	清石印本		存七卷（二—八）
升庵外集一百卷	（明）楊慎著 （明）焦竑編	清道光刻本	十行二十字白口四周單邊	存十四卷（二〇—二五、四九—五一、七〇—七一、八一—八三）
宋王忠文公文集五十卷目録一卷	（宋）王十朋撰	清石印本	十五行三十二字白口四周雙邊	存四十六卷（目録一、一—二九、三五—五〇）
滇秀集初編五卷	（清）許印芳輯	清刻本	九行二十五字白口四周雙邊	存三卷（一—三）

續表

題名卷數	著者	版本（帶補配）	版式	存卷
四此堂稿十卷	（清）魏際瑞著	清光緒三十三年（一九〇七）成都文倫書局鉛印本	十行二十四字白口四周雙邊	存七卷（一—二、五—七、九—一〇）
御選唐宋文醇五十八卷	（清）高宗弘曆編	清光緒六年（一八八〇）浙江書局刻本	九行二十二字白口四周單邊	存三十三卷（一—二、五—六、一一—一六、一九—二四、二六—二九、三六—三七、四〇—四一、四六—四七、五〇—五一、五四—五八）
杜文集注	（唐）杜甫撰 （清）仇兆鼇注	清刻本	十行二十二字小字雙行同白口左右雙邊	存一卷（二五）
國朝試律				
庚子山集十六卷總釋一卷	（清）倪魯玉注釋	清刻本	四周單邊	存十七卷
笠翁一家言全集十六卷	（清）李漁著	清上海會文堂書局石印本	十六行三十六字下黑口四周單邊	存四卷（賦一、七言律六、飲饌部五、頤養部六）
全蜀藝文志六十四卷	（明）楊慎輯	清刻本	十一行二十四字白口四周雙邊	存十六卷（三〇—三二、四八中—五二上、五七—六四）

續表

題名卷數	著者	版本（帶補配）	版式	存卷
御選唐宋文醇五十八卷	（清）高宗弘曆編	清刻本	九行二十二字白口四周單邊	存三十二卷（五—一二、一六—一八、二二—二四、三一—三六、四七—五八）
八家四六文注八卷	（清）吴鼒原編（清）許貞幹注（清）陳衍補注	清光緒十八年（一八九二）上海圖書集成印書局鉛印本	白口四周單邊	存八卷
御選唐宋文醇五十八卷	（清）高宗弘曆編	清刻本	九行二十二字白口四周單邊	存六卷（一七—一九、四七—四九）
陶淵明集十卷	（清）陶潛撰	清宣統元年（一九〇九）石印本		存十卷（一—一〇）
昭明文選十種六十卷	（梁）蕭統編	清光緒十一年（一八八五）上海同文書局石印本		存三十七卷（甲部一—六、丁部一九—二四、戊部二五—三〇、己部三一—三六、庚部三七—四二、壬部四九—五五）
補學軒文集四卷	（清）鄭獻甫撰	清刻本	十一行二十三字白口四周雙邊	存三卷（一、三—四）
古文苑二十一卷	（宋）章樵注	清光緒十二年（一八八六）蘇州江蘇書局刻本		存二十一卷

續表

題名卷數	著者	版本（帶補配）	版式	存卷
昭明文選六十卷	（梁）蕭統編	清乾隆三十七年（一七七二）海録軒刻本		存五十六卷
評注昭明文選十五卷	（清）于光華注	清埽葉山房石印本	十四行三十一字白口四周雙邊	存八卷（一—八）
文選六十卷	（梁）蕭統編	清嘉慶十四年（一八〇九）鄱陽胡氏刻本	十三行二十三字白口四周單邊	存四卷（二一—二四）
凝翠集五卷	（明）王元翰撰	清刻本	白口四周單邊	存四卷（尺牘一、墓誌銘一、詩集一、文集一）
藝舟雙楫五卷	（清）包世臣撰	清光緒刻本	九行二十一字下黑口四周雙邊	存五卷
昭明文選六十卷	（梁）蕭統編	清海録軒刻本	十二行二十五字白口四周單邊	存四十八卷
東坡集八十四卷	（宋）蘇軾著	清道光刻本	九行二十五字上下黑口左右雙邊	存二十三卷（三〇—三一、三六—三七、四四—五一、五六—五九、七八—八四）
笛漁小藁十卷附曝書亭集六十八卷	（清）朱昆田撰（清）朱彝尊撰	清刻本	十二行二十三字白口	存七十八卷
古香書屋詩鈔十二卷	（清）趙輝璧著	清光緒十八年（一八九二）刻本	九行二十一字白口四周雙邊	存十二卷

續表

題名卷數	著者	版本（帶補配）	版式	存卷
古文辭類纂七十四卷	（清）姚鼐編	清光緒二十年（一八九四）湖南書局刻本		存七十四卷
續古文辭類纂三十四卷	（清）王先謙編	清光緒八年（一八八二）刻本		存八卷
重訂文選集評十五卷首一卷末一卷	（清）于光華編次	清刻本	九行二十字白口四周單邊	存五卷（一、九、一一—一三）
古香書屋文鈔二卷	（清）趙輝璧著	清光緒十八年（一八九二）刻本		存二卷
昭明文選集成六十卷	（清）方廷珪評點	清刻本	九行二十四字白口四周單邊	存三卷（一五—一七）
焕文堂重訂古文釋義新編八卷	（清）余誠注	清刻本	白口四周單邊	存四卷（二、三、五、六）
蘇東坡尺牘八卷黄山谷先生尺牘十卷	（宋）蘇軾、黄庭堅撰	清宣統三年（一九一一）石印本		存十八卷
文選六十卷	（梁）蕭統編	清刻本	十二行二十一字白口四周單邊	存十一卷（一一、一六—二〇、五六—六〇）

續表

題名卷數	著者	版本（帶補配）	版式	存卷
古文辭類纂七十四卷	（清）姚鼐編	清刻本	十三行二十二字白口四周單邊雙邊兼有	存四十四卷（三一—七四）
陶園詩集二十四卷詩餘二卷文集八卷附六如亭傳奇二卷	（清）張九鉞撰	清道光七年（一八二八）刻本		
適軒尺牘八卷	（清）徐菊生著	清光緒元年（一八七五）刻本	十行二十三字白口四周單邊	存八卷
文選六十卷	（梁）蕭統撰	清刻本	十二行二十五字白口四周單邊	存四卷（四一—四四）
李太白文集三十六卷	（唐）李白撰	清乾隆二十五年（一七六〇）錢塘王氏寶笏樓刻本	十行二十字小字雙行同白口四周單邊	存三十六卷
古文辭類纂七十四卷	（清）姚鼐編	清刻本	十三行二十二字白口左右雙邊	存三十六卷（一〇—一四、二一—三七、五三—五九、六八—七四）
李太白文集三十六卷	（唐）李白撰	清乾隆二十五年（一七六〇）錢塘王氏寶笏樓刻本	十行二十字白口四周單邊	存十卷（八—一四、二二—二四）
曾文正公家書十卷家訓二卷大事記四卷附榮哀録一卷	（清）曾國藩撰	清光緒石印本		存十五卷

續表

題名卷數	著者	版本（帶補配）	版式	存卷
目耕齋□□卷	（清）沈叔眉著	清光緒十八年（一八九二）湖南文昌書局刻本		存八卷
續古文辭類纂三十四卷	（清）王先謙編	清刻本	十三行二十二字白口	存十六卷（四—九、一三—二二）
鳴原堂論文二卷	（清）曾國藩編	清同治十二年（一八七三）刻本		存二卷
經正書院課藝四種二十四卷	（清）陳榮昌輯	清光緒二十四年（一八九八）刻本	白口四周雙邊	存一卷（二集一）
國朝二十四家文鈔二十四卷	（清）徐斐然輯	清道光十年（一八三〇）刻本	十行二十一字白口四周雙邊	存九卷（一—九）
經正書院課藝四種二十四卷	（清）陳榮昌輯	清光緒二十四年（一八九八）刻本	白口四周雙邊	存二十四卷
蒲編堂訓蒙草不分卷	（清）李元度輯 （清）路德撰	清刻本	九行二十五字白口左右雙邊	

續表

題名卷數	著者	版本（帶補配）	版式	存卷
欒城集四十八卷附録一卷後集二十四卷三集十卷應詔集十二卷	（宋）蘇轍撰	清道光十二年（一八三二）刻本		存四十五卷（欒城集一—三、一三—四八、後集一二—二〇、應詔集一—七）
皇朝經世文編一百二十卷	（清）賀長齡輯	清光緒九年（一八八三）刻本	十一行二十四字白口左右雙邊	存六十六卷
新刊校正增補圓機詩學活法全書二十四卷新刊校正增補圓機韻學活法全書十四卷	（明）楊淙編 題（明）王世貞校正	清刻本	十二行白口四周單邊	存十二卷（存圓機詩學活法全書九—一〇、一三—一四、二一—二四，圓機韻學活法全書五—八）
忠雅堂文集十二卷	（清）蔣士銓撰	清嘉慶二十一年（一八一六）藏園刻本		存十二卷
新刻校正圓機活法詩學全書□□卷	（明）楊淙編 題（明）王世貞校勘	清刻本	十二行二十三字白口四周雙邊	存一卷（二）
三蘇策論十二卷	（宋）蘇洵、蘇軾、蘇轍著	清光緒二十七年（一九〇一）鴻寶書局石印本	白口四周雙邊	存二卷（一—二）

續表

題名卷數	著者	版本（帶補配）	版式	存卷
皇朝經世文編一百二十卷	（清）賀長齡輯	清鉛印本	十七行四十四字白口四周單邊	存八十二卷（一—一六、二二—三六、四八—七八、八四—八七、九四—一二〇）
御定歷代賦彙一百四十卷	（清）陳元龍編輯	清雙梧書屋石印本	二十行四十一字白口四周單邊	存四十卷（五二—六四、八八—九九、一一二—一二六）
疏草一卷尺牘一卷墓志一卷詩集一卷文集一卷	（明）朱泰禎撰	清嘉慶五年（一八〇〇）刻本		存一卷（疏草一）
大題文富		清石印本	白口四周單邊	
文選六十卷	（梁）蕭統輯（唐）李善注	清重刻鄱陽胡氏刻本		存六十卷
策學纂要十六卷	（清）戴明輯（清）黄卷輯	清刻本	十二行二十六字白口左右雙邊	存十六卷
皇朝經世文續編一百二十卷	（清）葛士濬輯	清光緒二十二年（一八九六）石印本		存十四卷（一—六、一八—二五）
西堂雜組一集八卷二集八卷三集八卷	（清）尤侗撰	清康熙刻本	十行二十一字白口四周單邊	存十三卷（一集一—三、二集七—八、三集一—八）

續表

題名卷數	著者	版本（帶補配）	版式	存卷
擬明史樂府一卷	（清）尤侗撰	清刻本	十行二十一字白口四周單邊	存一卷
五鳳樓試貼四卷	（清）佚名編	清光緒十四年（一八八八）石印本	白口四周單邊	存四卷
二曲全集二十六卷四書反身録十七卷	（清）李顒撰	清光緒十七年（一八九一）刻本		存四十三卷
皇朝經世文續編一百二十卷	（清）葛士濬輯	清石印本	十一行四十八字白口四周雙邊	存四十六卷
百末詞六卷	（清）尤侗撰	清刻本	十行二十一字白口四周單邊	存四卷（一—四）
湘中草六卷	（明）湯傳楹撰	清刻本	十行二十一字白口四周單邊	存五卷（二—六）
補學軒文集四卷	（清）鄭獻甫撰	清光緒二年（一八七六）桂林鴻文堂刻本	十一行二十三字白口四周雙邊	存一卷（一）
看雲草堂集八卷	（清）尤侗撰	清刻本	十行二十一字白口四周單邊	存八卷（一—八）
陳檢討四六二十卷	（清）陳維崧撰	清刻本		存八卷（一—二、一一—一三、一六—一八）
皇朝經世文編續集	（清）饒玉成輯	清刻本	十一行二十四字白口四周單邊	存五卷（九、七七—七八、八三、八九）

續表

題名卷數	著者	版本（帶補配）	版式	存卷
西堂剩稾二卷附西堂秋夢録一卷	（清）尤侗撰	清刻本	十行二十一字白口四周單邊	存三卷
兩漢策要十二卷	（宋）陶叔獻撰	清影印本	六行不等黑口四周雙邊	存一卷（前策一）
國文典二編三十章	（日本）兒島獻吉郎撰	清鉛印本	十行二十五字白口四周雙邊	存十一章（國文典下編一二：一—一一章）
皇朝經世文續編一百二十卷	（清）葛士濬輯	清石印本	十一行四十八字白口四周雙邊	存八十五卷（七—一七、二六—九三、一〇九—一一四）
怡志堂文初編六卷	（清）朱琦撰	清同治三年（一八六四）運甓軒刻本	十行二十一字白口四周雙邊	存六卷
目耕齋讀本不分卷目耕齋二刻不分卷目耕齋三刻不分卷	（清）沈叔眉編	清刻本	九行二十五字白口四周單邊雙邊兼有	
嶺南三大家詩選二十四卷	（清）王隼編	清同治七年（一八六八）陳氏刻本		存二十四卷

續表

題名卷數	著者	版本（帶補配）	版式	存卷
皇朝經世文編一百二十卷	（清）賀長齡輯	清鉛印本	十六行四十二字白口四周雙邊	存五十四卷（一—三、一〇—一四、二〇—二九、三〇—三九、四九—五二、六二—六七、七四—七八、九九—一〇四、一一一—一一五）
存我軒偶録	（清）陸鍾渭撰	清光緒二十七年（一九〇一）文彙書局刻本	白口四周雙邊	
文腋類編十卷	（清）劉燕訂	清鉛印本		存二卷（二、八）
寄庵文鈔二卷續二卷	（清）劉大紳撰	清刻本	十行二十一字上下黑口四周雙邊	存一卷（一）
古今文致十卷	（明）劉士鏻編	清刻本	九行二十字	存二卷（九—一〇）
李太白文集三十六卷	（清）王琦注	清刻本	十行二十字白口左右雙邊	存十卷（五—七、一五—二一）
海棠七家詩□□卷		清刻本	白口四周單邊雙邊兼有	存四卷（二—五）
皇朝經世文新增時務續編	（清）三畫堂主人輯	清光緒二十三年（一八九七）埽葉山房鉛印本	十八行四十四字白口四周單邊	存十九卷（一—一九）
增補策問□□卷		清石印本		存一卷（五）

續表

題名卷數	著者	版本（帶補配）	版式	存卷
壯悔堂文集十卷遺稿一卷四億堂詩集六卷	（清）侯方域著	清同治十一年（一八七二）刻本		存十七卷
策論正宗四卷	（清）陳鷴編	清光緒二十四年（一八九八）滇南務本堂刻本	十行二十二字白口四周雙邊	存三卷（一、二、四）
兩般秋雨盦隨筆八卷	（清）梁紹壬纂	清咸豐刻本	九行二十一字上下黑口左右雙邊	存五卷（一、三、五、六、八）
欽定國朝詩別裁集三十二卷	（清）沈德潛纂評	清刻本	八行十六字白口四周單邊	存三十二卷
寄菴文鈔□□卷	（清）劉大紳撰	清刻本	十行二十一字上下黑口四周雙邊	存二卷（二、三）
增補分類試策問封十卷	（清）王統仝纂	清光緒五年（一八七九）石印本		存一卷
施註蘇詩四十二卷目録二卷遺補二卷	（宋）蘇軾撰	清影印本	十行二十一字上下黑口四周單邊	存四十六卷

續表

題名卷數	著者	版本（帶補配）	版式	存卷
皇朝經世文統編一百八卷	（清）邵之棠輯	清石印本	二十二行四十六字白口四周雙邊	存四十六卷（一一—一五、一七—二七、三七—四〇、四三—四五、四八、五五、六六—六八、七五—七九、八七—九五、一〇二、一〇五—一〇七）
御選唐宋詩醇四十七卷目録二卷	（清）高宗弘曆編	清刻本	九行十九字白口四周單邊	存三十四卷（一四—四七）
國朝滇南詩畧□□卷	（清）袁文揆輯	清刻本	十行二十一字四周雙邊	存四卷（九—一〇、一五—一六）
近科全題新策法程不分卷	（清）劉坦之輯	清光緒十四年（一八八八）刻本		
皇朝經世文編一百二十卷	（清）賀長齡輯	清鉛印本	二十三行五十字白口四周雙邊	存六十八卷（一—一九、三〇—三九、五〇—八八）
三蘇策論十二卷	（宋）蘇洵、蘇軾、蘇轍撰	清石印本	十五行白口四周單邊雙邊兼有	存四卷（七—一〇）

續表

題名卷數	著者	版本（帶補配）	版式	存卷
中國文學指南二卷	（清）邵伯棠編輯	清宣統二年（一九一〇）上海會文堂粹記石印本	十二行二十四字白口四周單邊	存一卷（卷上）
漢文教授法十二卷	（清）戴克敦撰	清鉛印本	十行二十五字白口四周雙邊	存四卷（九—一二）
皇朝經世文編一百二十卷	（清）賀長齡輯	清鉛印本	十六行四十二字白口四周雙邊	存八十八卷（一—二九、三五—四四、五〇—八九、九五—九九、一〇六—一〇九）
重訂唐詩別裁集二十卷	（清）沈德潛選	清務本堂刻本		存八卷（一—八）
古文釋義新編八卷	（清）余誠注	清刻本		存二卷（一、五）
居易軒詩文遺鈔二卷	（清）趙炳龍撰	清刻本	九行二十一字上下黑口四周雙邊	存一卷（詩遺鈔一卷）
重訂事類賦三十卷	（宋）吴淑撰（明）華麟祥校刊	清道光二十二年（一八四二）文盛堂刻本	白口四周雙邊	存三十卷（三〇）
皇朝經世文編續集	（清）饒玉成輯	清刻本	十一行二十四字白口四周單邊	存六卷（五七—五九、七六—七七）

續表

題名卷數	著者	版本（帶補配）	版式	存卷
北洋公牘類纂□□卷		清光緒三十三年（一九〇七）鉛印本	十四行四十字白口四周雙邊	存三卷（五、一七、一八）
後山詩注十二卷	（宋）陳師道撰	清刻本	九行二十一字白口四周雙邊	存七卷（三—六、一〇—一二）
居易軒詩文遺鈔二卷	（清）趙炳龍撰	清刻本	九行二十一字上下黑口四周雙邊	存一卷（詩遺鈔一）
滇秀集初編五卷	（清）許印芳輯	清光緒二十三年（一八九七）刻本	九行二十五字白口四周雙邊	存四卷（一—四）
漢文教授法十二卷	（清）戴克敦撰	清鉛印本	十行二十四字白口四周雙邊	存四卷（一—四）
滇秀集初編五卷	（清）許印芳輯	清光緒二十三年（一八九七）刻本	九行二十五字白口四周雙邊	存四卷（一—四）
滇秀集初編五卷	（清）許印芳輯	清光緒二十三年（一八九七）刻本	九行二十五字白口四周雙邊	存三卷（一—三）
辨學啓蒙二十八卷	（英國）艾約瑟譯	清光緒二十四年（一八九八）石印本	白口四周雙邊	存二十八卷

續表

題名卷數	著者	版本（帶補配）	版式	存卷
許漸莾先生存稿二卷	（清）許漸莾撰	清光緒七年（一八八一）刻本		存一卷（卷上）
制義腋斑四卷	（清）檀沐清考訂	清刻本	九行二十五字白口四周單邊	存三卷（二—四）
滇詩嗣音集二十卷補遺一卷	（清）黄琮輯	清刻本	十一行二十一字白口四周單邊雙邊兼有	存九卷（一—二、一一—一三、一八—二〇、補遺）
精選歷代策論四卷	（清）佚名編	清光緒二十八年（一九〇二）滇官書局刻本		存二卷（策上、論下）
時藝核二種	（清）路德撰	清刻本	九行二十五字白口四周單邊	
徧行堂集十六卷	（清）釋今釋撰	清宣統三年（一九九一）上海國學扶輪社鉛印本	十三行三十字白口四周雙邊	存十四卷（一—四、七—一六）
歷代賦鈔三十二卷	（清）趙維烈編	清康熙二十五年（一六八六）刻本		
巘棲棋菴詩合刻二卷	（清）釋昌雲撰（清）釋續亮撰	清光緒二十九年（一九〇三）刻本	十行二十二字	存二卷
靜春堂詩集四卷附録三卷	（元）袁易撰	清刻本	十行二十一字左右雙邊	存九卷

續表

題名卷數	著者	版本（帶補配）	版式	存卷
新政真詮初編六種六卷	（清）何啓撰 （清）胡禮垣撰	清光緒二十六年（一九〇〇）鉛印本	十三行二十八字白口四周雙邊	存二卷（序二卷）
御選唐宋詩醇四十七卷目録二卷	（清）高宗弘曆編	清光緒六年（一八八〇）雲南書局刻本		存四十七卷（一—六、九—四七、目録二卷）
攻媿集鈔　清雋集鈔	（清）吴之振等編	清抄本		
策論正宗四卷	（清）陳鶚編	清刻本	十行二十二字白口四周雙邊	存一卷（三）
漢魏六朝文繡四卷續鈔一卷	（清）淩德編	清光緒八年（一八八二）刻本	九行二十字白口四周單邊雙邊兼有	存五卷
歷代賦彙一百四十卷目録二卷	（清）陳元龍編	清光緒十二年（一八八六）石印本		存八卷（一—六、目録一—二）
古文筆法百篇二十卷	（清）李扶九編	清宣統二年（一九一〇）石印本	十六行三十字白口四周單邊	存三卷（一—三）
御選唐宋詩醇四十七卷目録二卷	（清）高宗弘曆編	清乾隆二十五年（一七六〇）珊城遺安堂刻本		存七卷（一一—一四、目録上卷、三八—三九）
雪中人	（清）蔣士銓填詞	清刻本	九行二十二字小字雙行同白口四周單邊	存一卷

續表

題名卷數	著者	版本（帶補配）	版式	存卷
東洲艸堂詩鈔二十七卷詩餘一卷	（清）何紹基撰	清同治六年（一八六七）無園刻本	十二行二十四字	存二十八卷
御選唐宋詩醇四十七卷目録二卷	（清）高宗弘曆編	清刻本	九行十九字白口四周單邊	存二卷（一七、一八）
求闕齋讀書録十卷	（清）曾國藩撰	清光緒二年（一八七六）傳忠書局刻本		存二卷（一、二）
旌孝録□□卷		清刻本	七行十八字白口四周雙邊	存二卷
浙西六家詩鈔六卷	（清）吴應和編	清道光七年（一八二七）刻本		存五卷（一、三—六）
昌黎先生詩集注十一卷	（唐）韓愈撰（清）顧嗣立删補	清光緒九年（一八八三）顧氏膺德堂刻本	白口四周雙邊	存十一卷
論兒書不分卷	（清）吴汝綸著	清宣統二年（一九一〇）鉛印本	十二行二十五字白口四周雙邊	
巢經巢詩鈔後集四卷鳬氏爲鍾圖説一卷	（清）鄭珍撰	清光緒二十年（一八九四）貴筑高氏刻本	九行二十二字下黑口左右雙邊	存五卷

續表

題名卷數	著者	版本（帶補配）	版式	存卷
唐宋八家文讀本□□卷	（清）沈德潛評點	清石印本	十五行四十字小字雙行同白口四周雙邊	存十卷（一七—二一、二六—三〇）
集翠軒詩稿二卷附好湖山樓詩鈔一卷	（清）陳鷴撰	清光緒二十一年（一八九五）刻本		存二卷（集翠軒詩稿上卷、好湖山樓詩鈔）
宋文鑒一百五十卷目録三卷	（宋）吕祖謙編	清光緒十二年（一八八六）江蘇書局刻本	十四行二十五字白口左右雙邊	存四十二卷（八—三三、一三九—一五一、目録）
望溪先生文集十八卷望溪先生集外文十卷	（清）方苞撰	清乾隆十一年（一七四六）刻本	十一行二十一字白口四周雙邊	存十卷（文集一—二、一三—一八，外文一—二）
曾文正公詩集三卷	（清）曾國藩撰	清光緒二年（一八七六）刻本		存三卷
增注賦學指南十卷	（清）余丙照編	清書業堂刻本	十行二十三字白口四周雙邊	存七卷（二—六、九、一〇）
杜工部集二十卷	（唐）杜甫撰 （清）錢謙益箋註	清宣統三年（一九一一）石印本		存二十一卷

續表

題名卷數	著者	版本（帶補配）	版式	存卷
欽定全唐詩三十二卷	（清）聖祖玄燁編（清）曹寅校閲	清光緒十三年（一八八七）上海同文書局石印本		存三十一卷（一—一六、一八—三二）
御選唐宋詩醇四十七卷目録二卷	（清）高宗弘曆編	清乾隆二十五年（一七六〇）紫陽書院刻本	九行十九字白口四周單邊	存十三卷（一—一三）
升菴外集一百卷	（明）楊慎著	清刻本	十行二十字白口四周單邊	存六卷（七〇—七五）
尚絅堂詞集二卷文集二卷詩集五十二卷	（清）劉嗣綰撰	清道光六年（一八二六）鉛印本		存五十六卷
續廣事類賦三十卷	（清）王鳳喈注	清刻本	十一行二十五字白口四周單邊雙邊兼有	存二十五卷（一—一〇、一三—一八、二二—三〇）
小題三萬選不分卷	（清）求是齋主人輯	清光緒石印本	白口四周單邊	
述祖詩一卷于京集五卷	（清）尤侗撰	清刻本	十行二十一字白口四周單邊	存六卷
古文淵鑒六十四卷	（清）徐乾學編	清康熙二十四年（一六八五）刻本	九行二十字白口四周單邊	存二十九卷（一—六、二一—二三、三二—三六、三九—四二、四七—四八、五〇、五二、五五—五八、六一—六四）

續表

題名卷數	著者	版本（帶補配）	版式	存卷
明人詩鈔續集十四卷	（清）朱琰編次	清乾隆刻本	十行十九字白口四周單邊	存十四卷
廣廣事類賦三十二卷	（清）吴世旃撰注	清刻本	九行二十一字白口四周單邊雙邊兼有	存二十一卷（一—一一、二二—三二）
尺澤齋詩鈔八卷	（清）蔡元燮撰	清光緒八年（一八八二）刻本		存八卷
尺澤齋詩鈔八卷	（清）蔡元燮撰	清光緒八年（一八八二）刻本		存八卷
時藝核續編不分卷	（清）路德等撰	清道光刻本	九行二十五字白口四周單邊	
大毛詩艸		清光緒二十三年（一八九七）抄本		
俞俞齋文稿初集四卷	（清）史念祖撰	清光緒十八年（一八九二）滇南刻本	十行二十五字白口四周雙邊	存四卷
重訂廣事類賦四十卷	（清）華希閔著（清）華希閎重訂	清刻本	九行二十一字白口四周單邊雙邊兼有	存三十卷（一—一八、二九—四〇）
哀絃集五卷哀絃集後一卷	（清）尤侗撰	清刻本	十行二十一字白口四周單邊	存六卷

續表

題名卷數	著者	版本（帶補配）	版式	存卷
古文淵鑒六十四卷	（清）徐乾學編	清康熙二十四年（一六八五）刻本		存四十三卷
杜詩詳註二十四卷	（唐）杜甫撰 （清）仇兆鰲輯註	清刻本		存一卷（二四）
鮚埼亭詩集十卷	（清）全祖望著	清光緒十六年（一八九〇）慈谿童氏大鄮山館刻本		存五卷（六—一〇）
重訂廣事類賦四十卷	（清）華希閔著 （清）華希閎重訂	清刻本	九行二十一字白口四周單邊雙邊兼有	存十七卷（一—六、一五—一七、二七—三〇、三三—三六）
杜工部集二十卷	（唐）杜甫撰 （清）錢謙益箋註	清鉛印本		存六卷（三—五、一一—一三）
十三經集句類聯□□卷		清刻本		存二十卷（一—一三、二二—二八）
陶詩彙評四卷	（晉）陶潛撰	清埽葉山房石印本	十二行二十五字小字雙行同白口四周雙邊	存二卷（三、四）
漁洋山人古詩選三十二卷	（清）王士禎撰	清同治七年（一八六八）湘鄉曾氏刻本	十行二十二字上下黑口四周單邊	存五卷（一—五）

續表

題名卷數	著者	版本（帶補配）	版式	存卷
滇詩拾遺六卷	（清）陳榮昌輯	清宣統元年（一九〇九）刻本	十行二十三字白口四周雙邊	存三卷（一—二、五）
古詩源十四卷	（清）沈德潛編	清刻本	十行十九字上下黑口左右雙邊	存十卷（一—八、一三—一四）
明滇南詩略十卷首一卷國朝滇南詩略二十二卷流寓詩略二卷滇南明詩略續刻二卷國朝滇南詩略續刻八卷	（清）袁文典輯 （清）袁文揆輯	清光緒二十六年（一九〇〇）五華書院刻本		存四十五卷
盧溪集鈔一卷漫塘詩鈔一卷義禮集鈔一卷	（宋）王庭珪撰			存三卷
滇詩嗣音集二十卷補遺一卷	（清）黃琮輯	清光緒重刻本	十一行二十一字白口四周雙邊	存二十一卷
唐詩三百首註疏六卷	（清）孙洙編	清光緒二十年（一八九四）刻本	十行二十字小字雙行同上黑口四周雙邊	存六卷
事類賦補遺十四卷	（清）張均編撰	清刻本	八行十八字白口四周單邊雙邊兼有	存十一卷（四—一四）

續表

題名卷數	著者	版本（帶補配）	版式	存卷
古唐詩合解十二卷	（清）王堯衢註	清刻本	十行二十四字白口四周單邊	存二卷（一—二）
唐詩三百首續選	（清）于慶元編	清刻本	十行二十字白口四周雙邊	
曾文正公文集三卷批牘六卷	（清）曾國藩撰	清光緒二年（一八七六）傳忠書局刻本		存九卷
明滇南詩略十卷首一卷國朝滇南詩略二十二卷流寓詩略二卷滇南明詩略續刻二卷國朝滇南詩略續刻八卷	（清）袁文典輯 （清）袁文揆輯	清光緒二十六年（一九〇〇）五華書院刻本		存二十一卷（明滇南詩略，滇南明詩略續刻一—二、滇南詩略續刻一—八）
古唐詩合解十二卷	（清）王堯衢註	清刻本	九行二十四字小字雙行同白口四周單邊	存四卷（一—四）
近九科同館賦鈔四卷	（清）孫欽昂輯	清刻本	八行二十字白口左右雙邊	存四卷
白香山詩長慶集二十卷後集十七卷補遺二卷別集一卷	（唐）白居易撰 （清）汪立名編訂	清刻本	十二行二十一字白口左右雙邊	存九卷（長慶集一六—二〇、後集一—四）
古唐詩合解十二卷附古詩四卷	（清）王堯衢注	清刻本	十一行二十四字白口四周單邊	存三卷（一—三）

續表

題名卷數	著者	版本（帶補配）	版式	存卷
古唐詩合解□□卷	（清）王堯衢註	清刻本	十行二十三字小字雙行二十五字白口四周單邊	存二卷（一一、一二）
古唐詩合解十二卷附古詩四卷	（清）王堯衢註（清）李模校（清）李桓校	清刻本	十行二十四字小字雙行同白口四周單邊	存三卷（一、八、九）
五塘詩草六卷	（清）許印芳撰	清刻本	十一行二十二字下黑口四周單邊	存三卷（一—三）
策學總纂大全四十六卷	（清）蔡壽祺輯	清光緒十四年（一八八八）石印本	白口四周雙邊	存十七卷（一—四、一九—三一）
古唐詩合解□□卷	（清）王堯衢註	清刻本	十行二十四字小字雙行同白口四周單邊	存四卷（四—七）
斜川集六卷	（宋）蘇過撰	清道光六年（一八二六）刻本	九行二十五字上下黑口四周單邊	存三卷（一—三）
陶詩彙注四卷首一卷末一卷	（清）吳瞻泰輯	清光緒二十二年（一八九六）滇中五塘山人刻本		存六卷
古唐詩合解□□卷	（清）王堯衢註	清刻本	十行二十四字小字雙行同白口四周單邊	存二卷（三—四）

續表

題名卷數	著者	版本（帶補配）	版式	存卷
河清海晏頌□□卷		清刻本	九行二十字上下黑口左右雙邊	存一卷（一）
東坡先生編年詩五十卷	（宋）蘇軾撰	清刻本	十行二十一字白口左右雙邊	存十三卷（一—一三）
出山小草□□卷	（清）歐陽霽撰	清光緒十六年（一八九〇）刻本	九行二十字白口四周雙邊	
曝書亭集八十卷	（清）朱彝尊撰	清康熙刻本	十二行二十三字白口左右雙邊	存四卷（二〇—二三）
杜詩鏡銓二十卷附録一卷讀書堂杜工部文集注解二卷	（清）楊倫輯（清）張溍評注	清光緒十八年（一八九二）石印本	白口四周雙邊	存二十三卷
飣餖吟十二卷	（清）石贄清撰	清刻本	九行二十一字白口四周雙邊	存六卷（四—五、九—一二）
華碧軒詩鈔		清刻本	十二行二十二字上下黑口四周單邊	
杜詩鏡銓二十卷附録一卷讀書堂杜工部文集注解二卷	（清）楊倫輯（清）張溍評注	清光緒十八年（一八九二）石印本	白口四周雙邊	存六卷（一—二、一一—一五）

續表

題名卷數	著者	版本（帶補配）	版式	存卷
七家詩選不分卷	（清）劉嗣綰著	清朱墨套印本	十行二十字白口四周單邊	
諸家詠杜附録一卷	（清）仇兆鰲注	清刻本	十行二十二字白口左右雙邊	存一卷
宋詩鈔初集一百一十卷	（清）吴之振編 （清）吕留良編	清康熙十年（一六七一）吴氏鑑古堂刻本	十二行二十二字黑口四周單邊	存二卷（農歌集鈔一、秋崖小藁鈔一）
古文淵鑒六十四卷	（清）徐乾學編	清刻本	九行二十字白口四周單邊	存二卷（二四—二五）
關中書院課士賦	（清）路德評撰	清刻本	九行二十五字白口左右雙邊	
培遠堂手札評二卷	（清）劉樹堂評	清刻本	十行二十一字下黑口四周單邊	存一卷（卷下）
文選集腋二卷	（清）胥斌輯	清刻本	十行二十字白口四周單邊	存一卷（卷下）
選注六朝唐賦四卷	（清）馬傳庚注	清光緒六年（一八八〇）刻本	七行二十字白口左右雙邊	存四卷
梅氏叢書輯要六十二卷	（清）梅文鼎撰 （清）梅瑴成輯	清石印本	白口四周雙邊	存七卷（五六下—六二）
山谷詩集注二十卷外集詩注十七卷别集詩集注二卷	（宋）史容注	清影宋刻本	九行十六字上下黑口左右雙邊	存八卷（存山谷詩集注一九—二〇、外集詩注二—五、一四—一五）

續表

題名卷數	著者	版本（帶補配）	版式	存卷
寶笏堂遺稿	（清）段生玉撰	清刻本	八行二十字白口	
增補繪圖四千字文	（清）宋鶴齡增補	清刻本	七行八字白口四周單邊	
大埠橋新戲	（清）倜儻生撰	清鉛印本	白口四周雙邊	
杜詩詳註二十五卷首一卷附編二卷	（唐）杜甫撰（清）仇兆鰲注	清康熙三十二年（一六九三）刻本	十行二十二字上黑口左右雙邊	存一卷（附編下）
宋文鑒一百五十卷	（宋）吕祖謙編	清刻本	十四行二十五字白口四周單邊	存七卷（七二—七八）
五言七言古體□□絶句全部	（清）馬光益書	清抄本	十一行二十八字	
止齋詩鈔一卷 誠齋詩鈔一卷	（清）吴之振等編	清刻本	十二行二十二字白口左右雙邊	存二卷
對聯彙海十四卷	（清）邱日虹編	清刻本	九行二十六字白口四周單邊	存三卷（四—六）
廣開覺路□□卷		清刻本	白口四周雙邊	存二卷（二、三）
古詩源箋注四卷	（清）沈德潛編	清鉛印本	十四行三十字小字雙行三十四字白口四周雙邊	存三卷（一—三）
唐陸宣公集二十二卷	（唐）陸贄撰	清刻本	十行二十字白口四周雙邊	存六卷（八—一三）
三魚堂外集六卷附録一卷	（清）陸隴其著	清宣統三年（一九一一）上海埽葉山房石印本	十五行三十二字白口四周雙邊	存四卷（外集四—六、附録一）

續表

題名卷數	著者	版本（帶補配）	版式	存卷
王曆謨訓□□卷		清刻本	九行二十二字白口四周雙邊	存一卷（一〇）
關中書院課士詩不分卷	（清）關中書院編	清同治八年（一八六九）聚堂刻本	九行二十五字白口四周單邊	
點蒼山人詩鈔八卷	（清）沙琛撰	清嘉慶二十三年（一八一八）刻本	十行二十一字白口左右雙邊	存二卷（四、五）
斜川集六卷	（宋）蘇過撰	清刻本	九行二十一字白口四周單邊	存三卷（一、二、六）
分類文腋八卷	（清）李楨選注	清刻本	九行二十五字白口四周單邊	存二卷（七、八）
仁在堂核	（清）路德評選	清刻本	九行二十五字白口左右雙邊	
斜川集六卷	（宋）蘇過撰	清刻本	八行二十五字上下黑口四周單邊	存二卷（五、六）
滇詩拾遺六卷	（清）陳榮昌輯	清宣統元年（一九〇九）刻本	十行二十三字白口四周單邊	存四卷（二、三、五、六）
復園遺文	（清）楊棫林撰	清光緒二十二年（一八九六）刻本		

續表

題名卷數	著者	版本（帶補配）	版式	存卷
漢魏六朝百三名家集一百三種一百一十八卷	（明）張溥編	清刻本		存八卷（陳思王集一、陳記室集一、王侍中集一、阮元瑜集一、劉公幹集一、應德璉集一、應休璉集一、阮步兵集一）
文選六十卷	（梁）蕭統編	清刻本	十二行二十六字白口四周單邊	存四卷（五七—六〇）
南來堂詩集四卷附録一卷	（明）釋行敏輯	清刻本	十行二十一字左右雙邊	
滇詩拾遺六卷	（清）陳榮昌輯	清宣統元年（一九〇九）刻本	十行二十三字白口四周單邊	存五卷（二—六）
唐詩三百首旁訓二卷	（清）孫洙編	清刻本		存一卷
鶴陽新河詩集一卷	（清）朱洪章著	清刻本	七行十八字白口四周雙邊	存一卷
制義合編	佚名編	抄本		
松泉詞鈔	趙鶴清撰	抄本		
國朝試律金針續選前集二卷後集三卷	（清）黄爵滋編輯（清）黄秩林、黄秩榘注釋	清道光二十九年（一八四九）刻本	十行二十一字白口四周雙邊	存三卷（後集一—三）
文林智珠		清刻本		存五卷（三—七）
正氣軒詩集	楊應明著	抄本		存二卷（七—八）

續表

題名卷數	著者	版本（帶補配）	版式	存卷
汝内文宗		抄本		
精選歷代策論四卷		清光緒二十八年（一九〇二）滇官書局刻本	十一行二十五字白口四周雙邊	存一卷（論下）
哭趙介盒先生五十首		清石印本		

叢書部

題名卷數	著者	版本（帶補配）	版式	存卷
説鈴（存二十二種）		清刻本	九行二十一字左右雙邊	存二十七卷
秘書廿一種九十四卷	（清）汪士漢輯	清刻本	十行二十字白口四周單邊	存二十二卷
知不足齋叢書三十種	（清）鮑廷博輯	清刻本	九行二十一字白口四周單邊	存三十一卷（五總志一、古今紀要逸編一、曲洧舊聞一、侯鯖録五—八、益古演段上中、松總百説一、北軒筆記一、清雋集一、一百二十園詩集一、道命録一—七、吹劍録外集一、皇宋書録三、鑒誡録一—五、五行大義一—二）
新政真詮六編	（清）何啓撰 （清）胡禮垣撰	清光緒二十七年（一九〇一）吴雲記廣譯書局鉛印本	十三行二十八字白口四周雙邊	存一卷（四）
入幕須知五種十卷	（清）張廷驤輯	清光緒十八年（一八九二）浙江書局刻本	十行二十字白口四周雙邊	存三卷（幕學舉要一、刑幕要略一、贅言十則一）
格致彙編	（英國）傅蘭雅編	清光緒十八年（一八九二）鉛印本		存三卷

續表

題名卷數	著者	版本（帶補配）	版式	存卷
鋏香室叢刻十種	（清）李世勛輯	清光緒沔陽李氏鋏香室刻本	十三行二十四字下黑口四周雙邊	存五卷（初集罪言存略一卷、續集出洋瑣記一卷、續集滬遊脞記一卷、續集使西紀程二卷）
算經十書十五種三十七卷		清鴻寶齋石印本	白口四周雙邊	存二十卷

後記

『讓收藏在禁宮裏的文物、陳列在廣闊大地上的遺産、書寫在古籍裏的文字都活起來。』在中共中央政治局第十二次集體學習時，習近平總書記曾經這樣寄語文化發展工作。整理、影印、出版古籍，是『存亡繼絶』的工作，功在當代、利在千秋。大理被譽爲『文獻名邦』，大理州和各縣（市）圖書館珍藏著大量寶貴的文化典籍，其中不乏鴻篇鉅製。它們不僅是歷史的見證者，也是文化的訴説者。

我們有一個宏大的願望，就是把這些館藏珍稀古籍整理、影印出版，讓這些古籍裏的文字真正都『活』起來。影印出版《洱源縣圖書館藏古籍善本彙編》是我們的第一個目標。二〇一六年列爲洱源縣圖書館重大專案，與大理大學科技處、民族文化研究院合作，共同組成課題組，從洱源縣圖書館館藏的六千多部古籍中遴選出最具代表性、文化價值較高、出版價值較高的部分古籍，進行影印、整理，彙編成册。二〇一七年五月本專案獲得雲南省哲學社會科學學術著作出版專項經費資助，解決了出版經費問題。項目完成後，由出版珍稀文獻經驗豐富的廣西師範大學出版社出版。

在一年多的整理過程中，爲保證成果品質，全面展現古籍原貌，課題組成員付出了大量的心血和努力，完成了大量的工作。按照全書統一的體例格式，課題組成員沉下心來，相互配合，羅勇承擔了基礎性工作，鄒穎、寸雲激、楊瑞花等對課題的進展提出了很多寶貴意見，課題組其他成員也付出了很多辛勤的勞動。

學術界對本專案給予了很多關注。張文勳、何耀華、林超民、張勇、王水喬等專家學者對本專案給予了大量的指導、關心和幫助，保證了成果的學術價值、歷史價值和社會效益，在此一併致謝。

還要感謝廣西師範大學出版社馮愛琴編輯、肖愛景編輯和郭洋辰編輯，他們的熱情支援和認真負責的精神是本成果順利出版的保證。此外，要特别感謝大理大學民族文化研究院的研究生宏瑩、顔敏，以及雲南大學王飛虎碩士在資料整理方面的辛勤工作。

由於基礎薄弱、水準有限，且本項目從啓動到完成的時間較爲倉促，因此還有很多相關研究工作未能及時展開。洱源縣圖書館所藏古籍文獻雖有六千餘册，但保存較爲完整的古籍并不多；限於課題組成員的能力和水準，在入選古籍的選擇上尚有種種不足。在下步工作中，我們會一一克服困難，不斷完善提高，奉獻出更多更有價值、更高水準的古籍整理出版成果。

《洱源縣圖書館藏古籍善本彙編》編委會

二〇一七年七月